石油高职高专规划教材

石油高职院校军训教程
（第二版）

主　编　张福成　邢秋菊
副主编　刘群英

石油工业出版社

内 容 提 要

为增强石油高职院校学生的国防观念和忧患意识，提高大学生的综合素质，体现石油高职院校爱军尚武和红色传承，进一步诠释大庆精神铁人精神的精髓和渊源，本书结合多所石油高职院校教师的教学经验，系统阐述了军事理论、军事训练和军地特色等方面的内容，并将党的二十大精神贯穿始终，让学生在军训中感受石油文化的坚韧和顽强。

本书可作为石油高职高专院校学生的军训课教材。

图书在版编目（CIP）数据

石油高职院校军训教程/张福成，邢秋菊主编．
—2版．—北京：石油工业出版社，2024.9（2024.9重印）
石油高职高专规划教材
ISBN 978-7-5183-6679-8

Ⅰ.①石… Ⅱ.①张…②邢… Ⅲ.军事训练—高等职业教育—教材 Ⅳ.①G641.8

中国国家版本馆 CIP 数据核字（2024）第 088843 号

出版发行：石油工业出版社
（北京市朝阳区安华里二区1号楼 100011）
网　　址：www.petropub.com
编辑部：（010）64523733
图书营销中心：（010）64523633
经　　销：全国新华书店
排　　版：北京密东文创科技有限公司
印　　刷：北京中石油彩色印刷有限责任公司

2024年9月第2版　2024年9月第2次印刷
787毫米×1092毫米 开本：1/16 印张：16.25
字数：356千字

定价：39.80元
（如发现印装质量问题，我社图书营销中心负责调换）
版权所有，翻印必究

第二版前言
PREFACE

《石油高职院校军训教程》自2020年出版以来，受到广大教师和学生的一致好评。基于国家、能源行业发展实际和军民融合走深走实趋势，为进一步增强石油高职院校学生国防观念和忧患危机意识，现推出第二版，以期为石油高职院校学生提供更新更好的国防教育爱军尚武知识和红色传承榜样。

修订后的教材主要体现以下四大特点：

第一，将习近平强军思想贯穿于各章节的始终，及时将国防战略新动态、军事理论新发展、国防和军队改革新成果、军事科技新进步、信息化战争新趋势、军民融合新突破和大学生征兵退役保障新举措等内容编入相关章节，既完善和丰富了教材的内容体系，又增加了教材的权威性和时效性。

第二，把条令教育、队列训练和入伍退役实务作为基础内容合理地放在教材相应位置，体现教材的基础性、爱军拥军和兵役实务的统一性。

第三，寻找军民深度融合契合点，增强创新未来的责任感。加大了信息化装备介绍、建设、应用和发展趋势的信息量，既可强化"将来地方企业为部队提供更多更好信息化装备"的可能性和军地人才工作创新的着力点，也有利于增强学生创新未来的责任感。

第四，基于地方高校军事课教学"党管武装"要求和教材的国防教育政治、政策、国家安全的属性和特点，本教材系统地融入了党的二十大精神、习近平总书记在2024年全国两会期间的重要讲话精神和国内外最新动态信息。

再版教材由天津石油职业技术学院张福成、邢秋菊担任主编，刘群英担任副主编，刘艳旺参与编写，具体编写分工为：第一、二、三章由张福成编写，第四、五章由邢秋菊编写，第六、七、八章由刘群英编写，第九、十章和附录由刘艳旺编写。张福成对全书进行了整理和统稿。

本书在编写过程中得到了天津石油职业技术学院教务处的大力支持，在此表示诚挚的感谢。

由于编者水平有限，书中错误在所难免，恳请读者批评指正。

编 者

2024年4月

第一版前言
PREFACE

国防教育,是国家为防备和抵抗侵略,制止武装颠覆,保卫国家的主权、统一和领土完整,对全体公民进行的具有特定目的和内容的普及性教育活动。国防教育是国防建设的重要组成部分,是建设和巩固国防的基础,是增强民族凝聚力、提高全民素质的重要途径。

高校国防教育作为全民国防教育的重要组成部分,是全民国防教育的基础。高校国防教育可以增强大学生的国防观念与意识,能够从思想、政治和技术等方面对大学生实施全面的国防教育,使大学生服务于国防现代化。

本书以2019年1月教育部、中央军委国防动员部联合编制的《普通高等学校军事课教学大纲》为依据,确定课程目标的课程体系。在编写过程中,把握当前国内外军事发展的最新成果及趋势,将国防战略新动态、军事理论新发展、国防和军队改革新成果、军事科技新进步、信息化战争新趋势等内容编入书中,丰富了本书的内容体系,同时也保证了本书的权威性和时效性。

本书由天津石油职业技术学院李振萍、张超、邢秋菊三位老师共同编写完成,其中第一、二、三、四章由李振萍完成,第五、六、七章由张超完成,第八、九、十章和附录由邢秋菊完成。李振萍对全书进行了整理和统稿。本书在编写过程中得到了天津石油职业技术学院教务处的大力支持,在此表示诚挚的感谢。

由于编者水平有限,书中错误在所难免,恳请读者批评指正。

编 者
2020年2月

目 录
CONTENTS

第一章　中国国防 ··· 1
　第一节　国防概述 ··· 1
　第二节　国防法规 ··· 10
　第三节　国防建设 ··· 14
　第四节　武装力量 ··· 22
　第五节　国防动员 ··· 28
　思考题 ·· 31

第二章　国家安全 ··· 32
　第一节　概述 ·· 32
　第二节　国际战略格局 ··· 37
　第三节　中国周边安全环境 ··· 46
　思考题 ·· 54

第三章　军事思想 ··· 55
　第一节　军事思想概述 ··· 55
　第二节　中国古代军事思想 ··· 60
　第三节　中国现当代军事思想 ·· 66
　思考题 ·· 86

第四章　军事高技术 ·· 87
　第一节　军事高技术概述 ·· 87
　第二节　高技术在军事上的应用 ·· 94
　第三节　核生化武器与新概念武器 ·· 109
　思考题 ·· 119

第五章　信息化智能化战争 ·· 120
　第一节　信息化智能化战争概述 ··· 120
　第二节　信息化智能化战争的基本特征 ·· 124
　第三节　信息化智能化战争的作战原则 ·· 128

第四节　信息化智能化战争的作战样式············129
　　第五节　信息化智能化战争的发展趋势············132
　　第六节　信息化智能化战争对国防建设的要求············135
　　思考题············141

第六章　信息化装备············142
　　第一节　信息化装备概述············142
　　第二节　综合电子信息系统············148
　　第三节　信息化作战平台············153
　　思考题············167

第七章　条令教育与队列训练············168
　　第一节　共同条令简介············168
　　第二节　队列动作训练············171
　　第三节　阅兵············183
　　思考题············186

第八章　轻武器射击············187
　　第一节　轻武器常识············187
　　第二节　简易射击原理············193
　　第三节　武器操作与实弹射击············197
　　思考题············204

第九章　战备基础与军事地形图············205
　　第一节　战备基础············205
　　第二节　军事地形图············207
　　思考题············219

第十章　综合训练············220
　　第一节　行军············220
　　第二节　宿营············223
　　第三节　野外生存············227
　　思考题············236

附录1　中华人民共和国国防法············237

附录2　中华人民共和国兵役法············246

参考文献············254

第一章 中国国防

【学习目标】

1. 了解国防的内涵和类型。
2. 熟悉我国国防法规的基本内容。
3. 了解我国武装力量的现状。
4. 了解国防动员的相关内容。

国防是国家生存与发展的安全保障。中国坚持走和平发展的道路，坚定不移地奉行防御性的国防政策。加强国防和军队现代化建设，维护国家安全统一，确保全面建设小康社会的顺利进行，是中国国防的主要任务。国防与普通国民的生存与发展息息相关。"天下兴亡，匹夫有责"，当代大学生乃国之栋梁，更应该时刻关注国防，尽己所能参与国防建设。

第一节 国防概述

一、国防的内涵、类型及要素

（一）国防的内涵

国防，是一门求生学问，也是国家的防务，是指为捍卫国家主权、领土完整，防备外来侵略和颠覆所进行的军事及与军事有关的政治、外交、经济、文化等方面的建设和斗争。

国防伴随国家的产生而产生，服务于国家利益。丘吉尔说："我们没有永恒的朋友，也没有永恒的敌人，只有永恒的利益。"这说明国防直接关系国家的安全、民族的尊严、社会的发展。

现代国防又叫社会国防、大国防、全民国防，包括武装建设、国防体制、军事科技和工业、国防工程、军事交通通信、人力动员、国防教育、国防法规诸多方面，是一个庞大而复杂的系统。从最高元首到每个公民，从军事到政治、经济、文化、教育、科技和意识形态，都与国防密切相关。

现代国防以军事力量为核心，还包括有关的非军事力量；它重视国家的战争潜力，特别是战争时期的动员效率；它还是以经济和科技为主的综合国力的竞争。现代军队是知识和科技密集的武装集团，强调质量建军胜过"人海战术"。和平时期国防的作用是威慑，要求不战而胜；战争时期国防的责任是实战，目标是战而胜之。

(二) 国防的类型

一个国家的国防系统，是与本国的利益和战略需要相适应的。按照不同的标准，国防可分为不同的类型。按军事战略和国防建设的目标，当今世界各国的国防可分为以下四种类型。

1. 扩张型

采取扩张型国防的国家通常是那些经济发达的大国。这类国家为了维护本国在世界许多地区的利益，实行霸权主义侵略扩张政策，打着防卫的幌子，对别国进行侵略、渗透和颠覆。这些国家把本国的"安全"建立在别国屈服的基础上，把"国防"作为侵犯别国主权和领土、干涉他国内政的代名词。美国是一个典型的扩张型军事大国，自第二次世界大战以来，曾先后发动过朝鲜战争、越南战争、海湾战争、科索沃战争、阿富汗战争、伊拉克战争等多场战争。

2. 自卫型

采取自卫型国防的国家在国防建设上以防止外敌入侵为目的，主要依靠本国的力量，广泛争取国际上的同情和支持，以维护本国安全、周边地区和世界的和平与稳定。中国是社会主义国家，坚定不移地奉行防御性的国防政策，国家独立自主、自力更生地建设和巩固国防；在国防力量的运用上，坚持自卫立场，实行积极防御的战略方针；在处理国际事务中，与各国友好合作，不依附任何大国，不与别国结盟。

3. 联盟型

采取联盟型国防的国家以结盟形式联合一部分国家，来弥补自身力量的不足。联盟型国防按军事战略的不同可分为联盟扩张型和联盟自卫型两种。按联盟国之间的关系可分为一元体系联盟和多元体系联盟。一元体系联盟有一个大国处于盟主地位，其余国家处于从属地位；多元体系联盟的国家基本处于伙伴关系，共同协商防卫大计。

4. 中立型

一些中小发达国家，为了保障本国的繁荣和安全，严守和平中立的国防政策，制定了总体防御战略和寓兵于民的防御体系，如瑞士、奥地利、爱尔兰、哥斯达黎加、土库曼斯坦等国。中立型国家除明确宣示中立型国防类型外，还必须获得国际社会承认。

(三) 国防的要素

国防的基本要素包括以下四个：

(1) 国防的主体。国防的主体是国防活动的实行者，国家是国防的主体。

(2) 国防的对象。国防要防备和抵抗的是"侵略"，国防应把"武装侵略"作为制止的对象。

(3) 国防的目的。国防的目的主要是捍卫国家主权、统一、领土完整和安全。

(4) 国防的手段。军事手段：国防的主要手段，它最具有威慑性、有效性，属于最后手段；政治手段：与军事有关的政治活动；经济手段：经济是基础，经济制度决定国防活动的性质；外交手段：军事外交。

二、现代国防

现代国防不只是传统的捍卫主权、统一和领土完整，而是放眼深海、极地、外层空间、电磁空间、网络空间及人的思维认知空间。现代国防不只有战争时期打赢战争的功能，也有和平时期遏制战争的威慑功能；不只有对人力、物力、财力的消耗，也有对经济促进的"增值"功能；不只强调武装力量的数量建设，更重视知识、技术密集型的国防工业和武装力量的质量建设。现代国防不只是为了应对、抵御外敌入侵的局部、短期行为，而是为了国家利益全局、长期经营的神圣事业。因此，现代国防是社会国防、大国防、全民国防。

(一) 现代国防是综合国力的较量，斗争形式多样化

综合国力主要由人力、自然实力、政治实力、经济实力、科技实力、精神实力、国防实力和民族凝聚力等组成，其中经济实力是基础，国防实力是支柱，民族凝聚力是灵魂。现代国与国之间的较量，除传统的军事武力较量外，更是在综合国力的基础上，通过政治和经济斗争、科技较量、外交谈判、军备控制与竞争等非武力方式进行综合角逐。此外，现代国防不仅依赖国家的现实实力，而且依赖国家的潜力，更强调将潜力转化为现实实力的能力。

例如伊拉克战争中，交战双方依托于各自综合国力，不仅在军事领域进行激烈对抗，而且在政治、外交、心理和精神等领域展开针锋相对的斗争。美军不仅打击伊拉克的地空导弹阵地、雷达系统和通信设备等军事目标，而且更加注重对伊拉克的炼油厂、发电厂、道路、桥梁、机场等民用基础设施展开攻击，这体现的是美军对伊拉克战争潜力的破坏。

(二) 现代国防既是一种国家行为，又是一种国际行为

经济全球化的发展趋势，使世界各国的发展离不开国际环境，世界的和平与战争已成为制约一个国家安全与发展的重要因素。国家的安全和发展离不开有利的国际环境，国际政治、经济的有序发展也离不开各国国防的巩固。可见，现代国防在作为一种国家基本行为的同时，也日益成为一种国际行为。

(三) 现代国防具有多层次的目标

由于世界各国国家利益不同，因此国防战略也各有不同，再加上各国军事实力和综合国力的差异，使得现代国防呈现出多层次的目标体系。从范围上讲，有些国家基于本国政治制度和自身实力等因素，只能将国防目标定位在自卫层面上，着眼于维护国家主权和领土完整；有些国家虽然在世界范围都有自己的经济利益，但不奉行扩张政策，或者军事实力达不到全球范围，所以将防卫目标锁定在本国及周边区域；也有少数实力雄厚、推行扩张政策的国家，出于拓展本国利益、称霸世界的企图，将国防的目标延伸到全球，以维护世界和平稳定和消除战争危险为旗号，进行侵略扩张，将自己的意志强加给别国。从内涵上看，当今大多数国家基于保证国家生存、民族独立而发展国防，称为生存目标；也有少数国家生存无忧，民族独立无虑，其目标在于争取一个适合国家发展的空间，称为发展目标。

三、我国的国防历史与启示

我国先后经历了奴隶社会、封建社会、半殖民地半封建社会和目前的社会主义社会，国防不断经历强盛与衰弱的轮转交替，给后人留下了丰富而宝贵的国防遗产，积累了深刻的历史经验和教训。

(一) 古代国防

从公元前21世纪第一个奴隶制王朝——夏朝的建立开始，到1840年第一次鸦片战争爆发为止，这是我国古代国防历史时期。

1. 国防政策和国防理论

随着奴隶制国家夏朝的建立，作为抵御外来侵犯和征伐他国的武备——国防的雏形便产生了。随后的几千年征战中，为保家卫国，逐渐形成了我国古代的国防政策和国防理论，诸如"以民为体""居安思危"的国防指导思想、"富国强兵""寓兵于农"的国防建设思想、"爱国教战""崇尚武德"的国防教育思想、"不战而胜""安国全军"的国防斗争策略。

2. 兵制建设

兵制，也称军制，是国家或政治集团组织、管理、维持、储备和发展军事力量的制度。兵制建设是我国古代国防的一个重要方面，它包括武装力量体制、军事领导体制、兵役制度等方面的内容。

夏朝统治者组建了由少数不参加生产劳动的贵族上层成员组成的卫队，担任王室警卫，一旦发生战争，便临时征集平民组成军队。贵族的卫队是军队的核心和骨干，这种贵族卫队就是夏朝最初形式的国家军队，也就是后世国家常备军的雏形。到了商朝，甲骨文记载"王作三师右中左"，国家军队已经有固定的编制。牧野之战时，已有"戎车三百乘，虎贲三千人，甲士四万五千人，以东伐纣"（《史记·周本纪》）的记载。周朝已经出现"六师""八师"这样的常备军，部队的组成也出现了不同的类型，有虎贲、甲士、车兵、步卒、厮徒等。

春秋战国时期，随着战车数量的增加，各国又出现了军的编制，多数编为左、中、右三军，每军有战车二百乘左右。继车兵、步兵之后，春秋战国时期还产生了骑兵，并成为战场上的一个重要兵种。有的诸侯国（如楚国）为了战争的需要，水师也成为能独立作战的兵种。

军事领导体制上，春秋战国时期出现了将相分职、以将为主组成的军事领导机构。秦朝设太尉为最高军事性质长官。隋朝开始设兵部专门管军事。宋朝设枢密院为军事领导的最高机构，有权调兵、无权指挥。

古代兵役制度不断变化。奴隶社会时期，生产力低，人口少，战争规模小，实行兵民合一的民军制度。封建社会时代，秦汉实行征兵制，魏晋南北朝时期实行世兵制，隋唐实行府兵制，宋朝实行募兵制，明朝实行卫所制等。

3. 国防工程建设

在中国漫长的古代，为保卫诸侯王朝既得领土的安全，防范少数民族的侵扰，抵御外国势力的入侵，修筑了数量众多、规模庞大的国防工程。

1）城池

大多数城池都是由城墙和护城河组成，依等级的不同，可分为府级、县级、厅级、堡级等。一般来说，层级越高，规模也越大。城墙是城市的主要防御线，也界定出城市的范围。材料大多就地取材，初期以竹、木栅为主，发展到一定程度后，改为土石或砖等材料为墙。而护城河则是人工开凿一条壕沟，引水注入，形成人工河作为城墙的屏障，以阻止攻城者的进入，这是古人在防御手段上对水的妙用。中国古代城池建设中的典范莫过于北京城的故宫和兵家必争之地的襄阳城。

2）边防

著名的万里长城，是我国古代民族内部纷争中分裂的各国在漫长的岁月中修建起来的巨大的国防工程。

春秋战国时期，长城的建筑已经开始。秦始皇统一六国后，为了巩固国防，防御北方匈奴的南侵，于公元前214年开始将秦、赵、燕三国北部的长城连为一个整体，形成西起临洮、北傍阴山、东至辽东的宏伟工程。后经各个朝代的多次修建，到明代形成了东起辽东山海关、西至甘肃嘉峪关，行经10省156个县域，全长8000多千米的长城。历代还沿着长城一线设置重镇，驻守重兵，边防线上一旦有事，即可机动作战。

3）海防

我国古代海防建设是从明代开始的。明代以前，如春秋战国时期，一些依江傍海的诸侯国，虽建有水师，并进行水战和海上攻防作战，但还没有明确的海防设施。

元朝末年，日本正处于南北朝的分裂时期，封建领主下面失意的武士、浪人、商人等形成了庞大的海盗队伍（史称"倭寇"），在中国东南沿海进行武装掠夺和骚扰。到了明朝初期，倭寇的侵扰活动日益严重，给沿海地区带来了深重的灾难。为了抵御倭寇，朱元璋开始加强海防建设，在沿海设置卫、所，建立水军，有效防御了倭寇对我国东南沿海的入侵和骚扰。

明朝中期以后，朝政腐败，海防松弛，中国沿海地区倭患达到了高潮，倭寇流窜数省，并深入内地，甚至攻掠到芜湖、南京。直到1561年，严嵩专权结束，抗倭斗争才取得了进展。其中最著名的抗倭名将戚继光在浙江组建戚家军，在沿海地区构筑水城，编练军队，在浙江地区与倭寇的斗争中九战九胜，并先后消灭了福建、广东的倭寇，于1566年彻底平定了倭寇，使海防得到巩固。

清朝前期，在明代卫、所的基础上，逐步将沿海建成炮台要塞式的防御体系，分为海岛要塞、海口要塞、海岸要塞和江防要塞。当时著名的海岛要塞有长山、舟山、澎湖等，海口要塞有虎门、温州、镇海、吴淞、大沽等。除了建有这些炮台要塞式的防御体系外，还编有江河水师和外海水师。但是，随着清朝政府的腐败，到清朝中期，海防也日渐虚弱。

（二）近代国防

自1840年鸦片战争开始到1949年中华人民共和国成立是中国近代国防的历史时期。这一百多年间，随着当时统治阶级腐败衰落，中国国防每况愈下，中华民族屡遭外敌侵略欺侮。这一时期的国防史，是一部遭受民族耻辱的历史，也是中国人民反对外国列强侵略和压迫、争取民族独立和解放的斗争史。

1. 晚清的国防

1840年至1911年间，清朝国防衰败，强敌入侵，中华民族受尽欺凌。

1840年鸦片战争以前，中国是一个主权独立的封建国家，对外实行"闭关锁国"的政策，虽然生产力的发展已经开始落后于当时欧美各主要资本主义国家，但国防上还是基本巩固的。

18世纪后期，中国封建社会开始走下坡路，国防力量由盛到衰。到鸦片战争前夕，国防能力衰竭到了极点，将无斗志，兵不能战，军队装备仍然是古典式的大刀、长矛、弓箭，以及少量的鸟枪、火绳枪和用黑色炸药发射的铁炮；作战方法仍采取以往方阵形的密集整体冲杀；作战思想仍以骑射为主。相反，当时世界资本主义正处于迅速发展时期，军队热兵器代替了冷兵器，作战方法上广泛运用"线式"散兵战术，作战能力大大提高。西方资本主义列强弱肉强食，中华民族屡遭外敌侵略和欺凌。从1840年鸦片战争到1911年辛亥革命的70多年间，中国五次战败，先后有英、法、日、美等20多个国家践踏我国领土，强迫中国政府签订了500多个不平等条约，连本带息共赔款白银近13亿两。列强的入侵，不仅使中国在政治上、经济上、文化上蒙受了巨大损失，而且使中国人的人格尊严丧失殆尽。

2. 民国时期的国防

1911年爆发的辛亥革命，终于推翻了几千年的封建统治。但由于革命不彻底，仍没能使中国摆脱半殖民地半封建的状况，帝国主义依然在华夏大地上横行无忌。为维护其在华利益，他们纷纷扶植自己的代理人，先有袁世凯称帝，后是张勋复辟，各派军阀以帝国主义为靠山，割据称雄，混战不休。1914年日本借口对德宣战，出兵我国山东，强占胶济铁路和青岛（原是德国侵占）；1915年日本又提出灭亡中国的"二十一条"。

英国也提出将西藏从中国分割出去由英国统治的主张，在阴谋没有得逞的情况下，英国又在中印边境制造了一条非法的"麦克马洪线"。1918年段祺瑞又签约，将我国东北置于日本的控制之下，并由日本掌握中国军队的训练权和警察权等。"巴黎和会"上中国外交的失败，充分暴露出北洋政府的腐败无能，使中国面临被帝国主义进一步瓜分的厄运，激起了中华民族同仇敌忾、共御外侮的决心和勇气。1919年爆发的"五四运动"，使中国反帝反封建的革命斗争发展到新阶段。1921年7月，中国共产党的成立，把中国人民的救亡图存斗争推向新的阶段，中国工人阶级开始以自觉的姿态登上历史舞台。

1931年9月18日，日本发动了"九一八事变"；1937年7月7日，又发动"卢沟桥事变"，进一步扩大了对中国的侵略，中华民族到了生死存亡的紧要关头。中国共产党高举团结抗日的旗帜，联合国民党共同肩负起救民族于危难的神圣使命，团结和带领全国各族人民进行了艰苦卓绝的十四年抗战，终于取得了我国近代史上第一次抗击外敌侵略的完全胜利。

抗日战争胜利后，蒋介石政府不顾人民的和平期盼，悍然撕毁国共《双十协定》，发动内战，妄图消灭中国共产党及其所领导的军队。在中国共产党的领导下，中国人民经过四年解放战争，终于推翻了国民党的统治，建立了新中国。从此，中国国防历史翻开了新的一页。

（三）新中国的国防

中华人民共和国成立以来，我国国防大体经历了三个阶段。

1. 第一阶段（从1949年到1965年）

这一阶段，刚刚诞生的新中国百废待兴，物力、财力匮乏。在这样的背景下，中国共产党领导全国人民艰苦创业，从无到有，从落后到赶超，国防建设取得了初步成效。主要表现以下几个方面：

（1）在国防建设方面，建立并健全了统一的军事领导机构和军事制度，确定了国防建设的主要任务是防御帝国主义的侵略，制定了积极防御的战略方针，提出了建设现代化国防的重大举措。经过10多年的艰苦努力，我国国防体系基本完成配套，一些领域已接近当时的世界先进水平，并成功研制出原子弹。

（2）在国防斗争方面，先后完成了解放西藏、平息匪患、炮击金门、平息西藏叛乱等任务，维护了正常社会秩序，同时建立了边防和守备部队，加强了海防、边防的守卫。

（3）在对外防御方面，这一时期主要经历了两场具有重要历史意义的被动的自卫性战争。一是1950年6月至1953年7月的抗美援朝战争。二是1962年10月至11月对印边境自卫反击战。这两场战争的重要性不仅仅在于最大程度地捍卫了国家的主权和领土完整，也意味着刚刚诞生的新中国昂然屹立于世界，重振了中国的国威。

2. 第二阶段（从1965年到1978年）

这一阶段，由于中苏关系破裂、中美关系仍处于冰封期，导致我国的安全环境不容乐观：一方面，"左"的思想出现，使得对于战争爆发的可能性作了过高的估计，军队规模也在短期内急剧膨胀；而另一方面，党和国家主要领导人力顶霸权主义的压力，不放松对部队的建设、对尖端武器的研制和发展，组建了第二炮兵，成功进行了氢弹爆炸试验和人造卫星发射活动。1969年3月击退了苏联军队入侵珍宝岛的军事挑衅，取得了珍宝岛自卫反击战的胜利。

3. 第三阶段（从1978年党的十一届三中全会至今）

十一届三中全会后，除对越自卫反击战外，国际形势不断缓和，邓小平提出了"和平与发展是当今世界两大主题"的观点。1985年，国防建设指导思想从临战状态转到和平时期正常建设上。1993年，中央军委确立了"打赢高技术条件下的局部战争"的军事战略方针，军队建设开始由数量规模型向质量效能型，由人力密集型向科技密集型转变。进入21世纪，面对新军事变革的迅猛发展和国内外不断变化的复杂形势，胡锦涛提出了新世纪新阶段新的历史使命，国防和军队建设不断取得新成果。党的十八大以来，面对百年未遇的世界大变局，尤其是2020年年初至2023年5月新冠疫情全球肆虐造成的"全球突发公共卫生事件"和2022年2月24日开始的"俄乌冲突"世界变局给相关国家带来的国防压力，习近平先后提出全军努力践行建军一百年奋斗目标和建设世界一流军队的具体要求，坚持党对人民军队的绝对领导，坚持政治建军、改革强军、科技强军、人才强军、依法治军，坚持机械化信息化智能化融合发展，加快军事理论、军队组织形态、军事人员、武器装备现代化，提高捍卫国家主权、安全、发展利益的战略能力，有效履行新时代人民军队使命任务，把国防和军队建设工作提高到了一个崭新的高度，其成就也越发显著。

（四）我国国防历史的启示

以古为镜，可知兴替。我国四千多年的国防历史，犹如一位巨人，它有过声威远播、威震欧亚、天下归附的荣耀，也有过引而不发、强房驻足的宁静；有过遍体鳞伤、山河破碎、不堪回首的屈辱，也有过长期迷醉、有国无防的不安和困惑。饱经沧桑的国防史给后人留下了诸多启示。

1. 经济发展是国防强大的基础

经济是国防的物质基础，国防的强大有赖于经济的发展。早在春秋时期，齐国的政治家管仲就提出"富国强兵"的思想，一代兵圣孙武则更直接地指出"兵不强则不可以摧敌，国不富不可以养兵"。富国是强兵之本、强兵之急。秦以后的汉、唐、明、清各代前期也都注意劝课农桑，发展生产，从而奠定了国防强大的基础，造就了国防史上的伟业。与此相反，以上各朝代的衰败，也都毫无例外地是由于经济问题而动摇了国家的基础。

2. 政治昌明是国防巩固的根本

政治与国防紧密相关，国家政治是否开明，制度是否进步，直接关系到国防能否巩固。历史表明，只有政治的昌明，才能有巩固的国防。

纵观我国数千年的国防史，不难发现，凡是兴盛的时期和朝代，都十分注意修明政治，实行较为开明的治国之策。原本西陲小国的秦国，从商鞅变法开始，修政治，明法度，发展生产，繁荣经济，国防日渐强大，为吞并六国奠定了坚实的基础。大唐初建之时，满目疮痍，百废待兴，正是由于制定并实施了一系列开明的政治制度，使国家从隋末的战争废墟中迅速恢复，很快成为国力昌盛、空前统一的大唐帝国。凡是衰落的时期和朝代，无不因为政治腐败导致国防虚弱，唐朝中期以后，两宋乃至晚清都是如此。

3. 科技进步是国防强大的保证

落后就要挨打，这是近代中国历史得出的深刻教训。近代以来，在世界范围内先后发生过几次军事革命，它们与中华民族的兴衰荣辱之间存在着密切的联系。第一次军事革命发生在16世纪至17世纪的欧洲，从此宣告了火器时代的到来，步兵成为新的主角。到18世纪后期至19世纪初期，近代第二次军事革命在欧洲和北美风起云涌，火枪和火炮在战场上开始亮相并发挥十分强大的威力。近代第三次军事革命发生在19世纪后半期至20世纪初的欧洲、北美和东亚，后装枪炮取代前装枪炮，无烟火药取代黑色火药，蒸汽舰船取代木制帆船。

这几次的军事革命都与中国擦肩而过。保守而高傲的中国封建帝王视新的军事技术和制度为"蛮夷小技"，宁愿谨守传统，而不愿进行积极的改革。随后，西方列强正是利用军事革命的成果——坚船利炮打开了中国的大门。在内忧外患下，中国被迫参与了第三次军事革命。但受观念和制度的限制，当时的变革只触及皮毛，不具备军事革命的本质属性，中国人又一次成为军事革命的落伍者，并在与日本的竞争中败下阵来。

世界近代第四次军事革命发生在20世纪初至20世纪中叶，特别是以两次世界大战为中心，坦克、飞机、潜艇、航空母舰和化学武器等新兵器纷纷出现，战场从平面变成了立体，从二维发展到三维。但中国那时处在严重的内忧外患之下，中国的军事变革已很难跟着时代潮流做一种正规的运动。结果，中国人民走出了一条十分不寻常的道路，尽管最终取得了抗日战争的胜利，但中华民族所付出的牺牲也是巨大的。

第五次军事革命，发生在20世纪中叶至80年代，它又被称为"核时代"的军事革命。在这次军事革命中，新中国以一种积极的姿态，成为"弄潮儿"，在较短的时间里进入了核技术国家行列。

上述历史清晰地表明，一个国家科技是否进步，军事革命中是否作为，将会对它的兴衰和命运产生巨大的影响。在当前新技术革命和新军事变革中，中国实际上别无选择，只有顺应潮流，奋起直追，积极创新，才能为民族复兴提供坚实的保障。

4. 国家统一和民族团结是国防强大的关键

纵观我国几千年的国防史，凡是国家统一、民族团结的时期，国防就强大；凡是国家分裂、民族矛盾尖锐的时期，国防就虚弱。

清朝晚期，在西方列强的进攻面前，不仅不敢发动反侵略战争，不依靠、不支持人华人民共和国第十三届全国人民代表大会常务委员会第二十四次会议修订通过《中华人民共和国国防法》(附录1),自2021年1月1日起施行。它是根据我国宪法制定的一部综合性的调整和规范国防与武装力量建设的基本部门法,总共12章73条,包括总则,国家机构的国防职权,武装力量,边防、海防、空防和其他重大安全领域防卫,国防科研生产和军事订货,国防经费和国防资产,国防教育,国防动员和战争状态,公民、组织的国防义务和权利,军人的义务和权益,对外军事关系,附则。它的制定,明确了党对武装力量的领导及国家机构的国防职权,规范了国家防务建设的基本方针和基本原则,规范了国防建设的基本制度,规范了公民、国家机关、社会组织的国防义务和权利。

(二)《中华人民共和国国防教育法》

2001年4月28日,第九届全国人民代表大会常务委员会第二十一次会议通过《中华人民共和国国防教育法》,由国家主席颁布施行,2018年修正。该法共6章38条,主要规定了国防教育的地位、目的,国防教育的方针、原则,国防教育领导、保障,学校国防教育,社会国防教育,国防教育的保障和法律责任等。目前在学校中开展以军事训练、军事理论教育为主要内容的国防教育活动就是根据该法的规定而进行的。

(三)《中华人民共和国兵役法》

《中华人民共和国兵役法》是根据中华人民共和国宪法第五十五条"保卫祖国、抵抗侵略是中华人民共和国每一个公民的神圣职责。依照法律服兵役和参加民兵组织是中华人民共和国公民的光荣义务"和其他有关条款的规定而制定的法规。1955年7月30日,第一届全国人民代表大会第二次会议讨论并颁布了我国第一部兵役法,确立了义务兵役制。1984年5月31日第六届全国人民代表大会第二次会议通过了《中华人民共和国兵役法》,确定了"以义务兵为主体的义务兵与志愿兵相结合、民兵与预备役相结合"的兵役制度。1998年12月29日第九届全国人民代表大会常务委员会第六次会议确定新的兵役制度为:义务兵与志愿兵相结合、民兵与预备役相结合。此后,在2009年、2011年和2021年,我国又对《中华人民共和国兵役法》先后进行了三次修正。《中华人民共和国兵役法》(附录2)共11章65条,明确提出兵役工作坚持中国共产党的领导,贯彻习近平强军思想,贯彻新时代军事战略方针,坚持与国家经济社会发展相协调,坚持与国防和军队建设相适应,遵循服从国防需要、聚焦备战打仗、彰显服役光荣、体现权利和义务一致的原则。

(四)《中华人民共和国国防动员法》

2010年2月26日,第十一届全国人民代表大会常务委员会第十三次会议通过了《中华人民共和国国防动员法》。该法规定了国防动员的组织领导机构、预备役人员的储备与征召、战略物资储备与调用、战争灾害的预防与救助等事项。该法规定,国家实行战争灾害的预防与救助制度，保护人民生命和财产安全，保障国防动员潜力和持续动员能力。战争灾害发生时，当地人民政府应当迅速启动应急救助机制，组织力量抢救伤员，安置灾民，保护财产，尽快消除战争灾害后果，恢复正常生产生活秩序。

（五）《反分裂国家法》

《反分裂国家法》于2005年3月14日由第十届全国人民代表大会第三次会议表决通过，当日由国家主席公布施行。该法共10条，主要是鼓励两岸交流合作，其中第八条首次明确提出了在必要时国家可用"非和平方式及其他必要措施"处理台湾问题的底线。该法旨在反对和遏制分裂势力的分裂活动，维护国家主权和领土完整，维护中华民族根本利益。

三、公民和组织的国防权利和义务

（一）公民和组织的国防权利

国防权利，是指由国家宪法、法律赋予公民、法人和其他组织在国防活动中所享受的权益或资格。根据我国国防法的规定，公民、法人和其他组织有三种相对独立的国防权利：国防建设的建议权和对危害国防行为的制止和检举权，国防活动中因经济损失得到补偿的权利，军人的优待、抚恤权和退役后的安置权。

（二）公民和组织的国防义务

国防义务，是指宪法和法律规定的公民、法人和其他组织在国防活动中对国家必须履行的某种责任，这种责任由国家运用法律的强制力来保证其实现。作为中华人民共和国的公民和组织，在享有广泛权利的同时，必须履行宪法和法律所规定的义务，主要包括履行兵役的义务、维护国家统一与安全的义务、接受国防教育的义务、保守国防秘密的义务、保护国防设施的义务、协助国防活动的义务。

四、公民履行服兵役义务的主要形式

（一）服现役

服现役就是依法应征加入中国人民解放军现役部队和预备役部队、人民武装警察部队，是公民履行兵役义务的最主要形式。

1. 现役士兵

现役士兵按兵役性质分为义务兵役制士兵和志愿兵役制士兵。
（1）义务兵：义务兵役制士兵称义务兵，服现役的期限为二年。
（2）士官：志愿兵役制士兵称士官，士官是从服役期满的义务兵中选取。士官实行分期服现役制度，第一期、第二期服役年限为三年；第三期、第四期服役年限为四年；第五期服役年限为五年；第六期服役年限为九年以上。

2. 现役军官

现役军官是指在中国人民解放军现役部队和预备役部队、人民武装警察部队中的各级指挥力量。

3. 军事院校学员

军事院校学员含各种本科、专科、士官学校的所有学员。

（二）服预备役

服预备役指退出现役的士兵和军官及经过预备役登记的其他符合预备役要求的地方人员。

（三）参加民兵组织

民兵是不脱离生产的群众武装组织，是中华人民共和国武装力量的一个重要组成部分。

此外，按照教育部、中央军委国防动员部的要求，普通高等学校学生应当依法接受学校统一安排的军事训练。因此，高等院校的学生实施军事训练也是学生履行兵役义务的一种形式。

第三节　国 防 建 设

国防建设是指为国家安全利益需要、提高国防能力而进行的各方面的建设，是国家建设的组成部分，主要包括武装力量建设，边防、海防、空防、人防及战场建设，国防科技与工业建设，国防法制建设，国防动员建设，国防教育建设，与国防相关的公路、铁路、民航、水运、邮电、能源、水利、气象、航天、卫生等方面的建设。

一、国防领导体制

国防领导体制是指国防领导组织体系及相应制度，包括国防领导机构的设置、职权划分、相互关系等，一般设有最高统帅、最高国防决策机构、武装力量领导指挥系统等。根据宪法和国防法，我国国防领导权由中共中央、全国人民代表大会及其常务委员会、国家主席、国务院和中央军委行使。

（一）中共中央的国防领导职权

中国的武装力量受中国共产党领导。《中国人民解放军政治工作条令》规定："中国人民解放军必须置于中国共产党的绝对领导之下，其最高领导权和指挥权属于中国共产党中央委员会和中央军事委员会。"由此看出，中共中央拥有绝对的国防领导权。

（二）全国人民代表大会及其常务委员会的国防职权

全国人民代表大会选举军委主席；根据军委主席提名，决定其他军委成员；决定战争与和平；负责国防法律的制订和修改；等等。

（三）国家主席的国防领导职权

国家主席根据全国人民代表大会及其常务委员会的决定，宣布战争状态，发布动员令，颁布有关国防方面的法律，授予勋章和荣誉称号，等等。

（四）国务院的国防领导职权

国务院编制国防建设发展规划和计划，制定国防建设方面的方针、政策和行政法规，领导和管理国防科研生产，管理国防经费和国防资产，领导和管理拥军优属工作和退出现役军人的安置工作，领导国防教育工作，等等。

（五）中央军委的国防领导职权

中央军委领导和统一指挥全国武装力量，决定军事战略和武装力量的作战方针，领导和管理军队建设，等等。

二、国防建设目标和国防政策

2019年7月24日，国务院新闻办公室发表的《新时代的中国国防》白皮书指出，当今中国正处于全面建成小康社会、开启全面建设社会主义现代化国家新征程的关键阶段，中国特色社会主义进入了新时代。为宣示新时代中国防御性国防政策，介绍中国建设巩固国防和强大军队的实践、目的、意义，增进国际社会对中国国防的理解，中国政府发表了《新时代的中国国防》白皮书，其中言简意赅地再次明确国防建设目标和国防政策。

（一）国防建设目标

国防建设目标是国家总的建设目标在国防领域的反映。新时期我国国防建设的目标和任务是建设与国家安全及发展利益相适应的巩固国防、强大军队，主要有以下内容：维护国家主权、安全、发展利益，维护社会和谐稳定，推进国防和军队现代化，维护世界和平稳定。

（二）国防政策

中国的社会主义国家性质，走和平发展道路的战略抉择，独立自主的和平外交政策，"和为贵"的中华文化传统，决定了中国始终不渝奉行防御性国防政策。新时代中国防御性国防政策主要包括以下五个方面：坚决捍卫国家主权、安全、发展利益，这是新时代中国国防的根本目标；坚持永不称霸、永不扩张、永不谋求势力范围，这是新时代中国国防的鲜明特征；贯彻落实新时代军事战略方针，这是新时代中国国防的战略指导；坚持走中国特色强军之路，这是新时代中国国防的发展路径；服务构建人类命运共同体，这是新时代中国国防的世界意义。

三、国防建设规划和主要成就

（一）国防和军队建设规划

国防和军队现代化是接续推进的历史过程，一个阶段有一个阶段的目标要求。党的十九大在国防和军队建设2020年目标任务的基础上，提出力争到2035年基本实现国防和军队现代化，到本世纪中叶把人民军队全面建成世界一流军队。党的十九届五中全会历史性提出建军一百年奋斗目标，充实了国防和军队现代化的目标任务和发展步骤，形成了从2027年到2035年再到本世纪中叶国防和军队现代化新"三步走"战略安排，铺展了新时代强军事业发展蓝图。实现建军一百年奋斗目标，是国防和军队现代化新"三步走"十分紧要的一步，标定了2027年前国防和军队现代化的目标指向和发展重点。党的二十大从全面建设社会主义现代化国家、全面推进中华民族伟大复兴的全局出发，对国防和军队建设作出战略部署，强调要如期实现建军一百年奋斗目标。这是人民军队必须扛起的时代重任、必须交出的历史答卷。

（二）国防建设主要成就

1. 建立和健全了武装力量领导指挥体制

由中国共产党在长期的革命战争岁月建立和发展起来的、在新中国成立后不断强大起来的中国人民武装力量，接受中国共产党的领导，由中央军委直接领导和指挥。中央军委由党和国家共同设立，实行主席负责制，向中央和全国人大及其常委会负责。

2016年1月1日，中央军委印发《中央军委关于深化国防和军队改革的意见》，构建"军委管总、战区主战、军种主建"新格局。中央军委机关由原来的总参谋部、总政治部、总后勤部、总装备部4个总部改为7个部（厅）、3个委员会、5个直属机构共15个职能部门（图1-1）。军区体制向战区体制转变，原来的沈阳、北京、济南、南京、广州、成都、兰州七大军区调整组建为东部战区、南部战区、西部战区、北部战区、中部战区，并组建战区联合作战指挥机构，建立健全了"军委—战区—部队"的联合作战指挥体制。中国人民解放军设立五大军种，除原来的海军、空军外，新成立陆军领导机构、中国人民解放军火箭军、中国人民解放军战略支援部队，建立健全了"军委—军种—部队"的领导管理体系。2024年4月19日，中国人民解放军信息支援部队正式成立，同时撤销战略支援部队番号。此外，《中央军委关于深化国防和军队改革的意见》还提出全面贯彻依法治军、从严治军方针,健全军事法规制度体系和军事法律顾问制度,改革军事司法体制机制,创新纪检监察体制和巡视制度等。

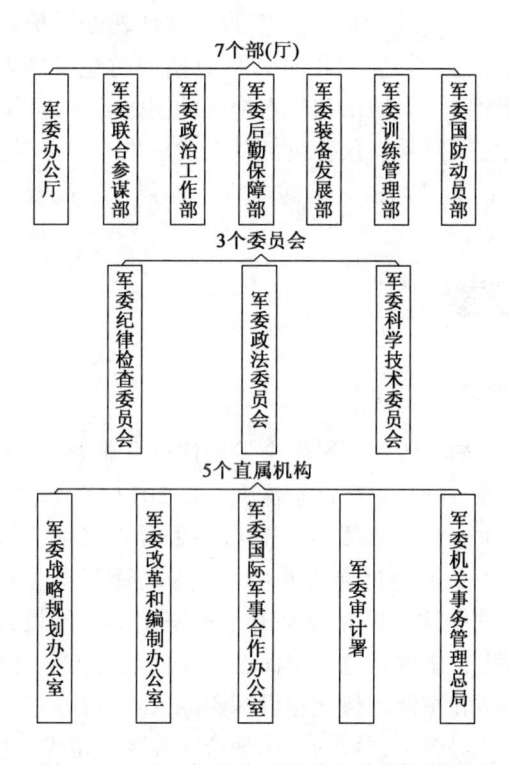

图 1-1　2016 年军改后军委机关机构设置

2. 中国人民解放军的革命化、现代化和正规化建设有了突破性进展

中国人民解放军在毛泽东军事思想、邓小平新时期军队建设思想、江泽民国防和军队建设思想、胡锦涛国防和军队建设思想、习近平强军思想的指引下,不断向革命化、现代化和正规化迈进,坚持党对军队绝对领导的原则和人民军队的根本宗旨,加强中国特色社会主义理论体系武装,发展先进军事文化,培育当代革命军人核心价值观。广大官兵高举旗帜、听党指挥、履行使命的思想政治基础更加牢固。中国人民解放军由单一军种向诸军兵种合成军队发展,高技术军兵种地位更加突出。中国人民解放军在拥有原子弹、氢弹等尖端武器的同时,还拥有种类齐全的常规武器,陆军、空军、海军、火箭军、信息支援部队等军种的常规武器发展都取得了重大发展,部分装备已经处于世界领先水平。

3. 形成了门类齐全、综合配套的国防科技工业体系

国防科技是衡量一国国防现代化水平的重要标志。经过不断的建设和发展,我国的国防科技工业从无到有、从小到大、从落后到先进,建立起包括电子、船舶、兵器、航空、航天和核能等门类齐全、综合配套的科研实验生产体系,取得了一大批具有国内或国际先进水平的科研成果。

4. 国防后备力量建设取得了长足发展

党和国家历来十分重视国防后备力量建设。经过几代人的努力，我国国防后备力量建设工作取得了很大成绩。一是健全了国防动员机构，保证在战争爆发时，能及时由平时状态转入战时状态；二是实现了指导思想的战略性转变，把长期立足于"早打、大打、打核战争"的指导思想，转变到相对和平时期国防建设的轨道上来；三是注重宏观指导、合理布局，边海防、大城市和重点地区的国防后备力量得到加强；四是实行了民兵与预备役结合的制度，民兵、预备役部队在发展生产、保卫边疆、抢险救灾、维稳等方面发挥了重要作用；五是加强了国防教育，加强了对高校、中学在校学生的军训工作。

四、军民融合发展

（一）军民融合概述

早在20世纪50年代初，我国军民融合发展便已具雏形。党的十八大以来，军民融合发展的路线图日益明确，融合程度逐渐深入。以2017年1月22日中共中央政治局召开会议决定设立中央军民融合发展委员会（统一领导军民融合深度发展工作并向中央政治局和中央政治局常务委员会负责）并由习近平任委员会主任为标志，新的历史时期，中国军民深度融合发展这一国家战略有了最坚实的顶层设计，目标明确，路线清晰，策略得当，协调有力，中国特色的军民融合发展之舟正坚定地驶向深海。

军民融合就是把国防和军队现代化建设深深融入经济社会发展体系之中，全面推进经济、科技、教育、人才等各个领域的军民融合，在更广范围、更高层次、更深程度上把国防和军队现代化建设与经济社会发展结合起来，为实现国防和军队现代化提供丰厚的资源和可持续发展的后劲。

进入信息时代后，军民融合的程度不断加深。一是融合范围更广。军民融合已经突破传统的四大领域，开始向重大基础设施和海洋、空天、信息等关键领域发展，并逐步向其他领域延伸。二是融合层次更高。军民融合正由行业层次的融合逐渐向国家战略层次的融合发展。三是融合程度更深。军民融合已经由传统的板块式融合发展为要素的融合。

（二）军民融合发展的重要意义

1. 为现代国防安全提供强大支撑

进入21世纪，机械化战争正在被信息化战争所替代。信息化条件下的体系对抗，更加鲜明地表现为以国家整体实力为基础的军事体系对抗。

随着经济全球化程度的加深，影响国家安全和发展的各种矛盾因子，在相对加速的发展进程中，在相互影响和渗透的国际交流中，被充分诱发和释放出来，与各国特殊国情融为一体，形成各种安全威胁相互交织的情形。这种复合型安全结构，将国家安全与发展压合成为体现国家根本利益的"一块整钢"，国家对外防御功能与对内应对危机管理功能趋向融合，国防更加具有维护国家安全与发展的总体战略特征。在信息时代，必须巩固发展军政军民团结，推进军民深度融合，打造以国家整体实力为支撑的巩固国防和强大军队。

2. 为国家发展提供强大引擎

推进军民融合深度发展，具有推动经济社会发展的强大动能。一是创造需求。通过军民融合，许多原本由军队或军工系统自我经营、自我保障、自我配套的事情逐步交由市场和社会去做，释放出巨大的市场内需潜力，形成拉动经济增长的持续动力。二是技术创新。历史上许多革命性的科技创新都源于军事需求的强力拉动，军队和军工系统长期积淀形成的优质创新资源和技术，一旦加速向民用领域开放共享，并与市场需求相结合，就会激发巨大的创新活力，催生一大批新技术、新产品、新产业，加速经济结构转型升级。三是创造就业。军民融合产业往往都集中在高端制造业和现代服务业领域，创造的就业岗位一般都是高质量的，有助于解决当前大学生就业难等问题。四是节约资源。军民之间打破体系壁垒、拆除利益高墙、引入市场力量，必将带来更加显著的规模经济、范围经济和分工效率，根治军地重复建设、效益低下、共享不够、浪费严重的顽疾，确保把有限的国家资源用在安全和发展的刀刃上。

3. 为综合国力提升提供强大动能

从世界趋势看，随着科学技术快速发展，国家战略竞争力、社会生产力、军队战斗力的耦合关联越来越紧，国防经济和社会经济、军用技术和民用技术的融合程度越来越深。新一轮科技革命、产业革命、军事革命加速推进，各主要国家为在激烈的国际竞争中谋求先发优势，都在不断拓展军民融合发展的深度和广度，世界军民融合正进入一个以"创新引领、多点突破、能力重塑"为鲜明特征的发展新阶段。

实施军民融合发展，其要义并不是简单解决资源浪费问题，也不是解决技术和装备的"代差"问题，而是要构建起一体化国家战略体系和能力，为综合国力持续提升提供国家治理的现代化框架。

（三）军民融合发展的基本原则、主要目标和重点任务

1. 军民融合发展的基本原则

一是坚持党的领导。党的领导是中国特色社会主义制度的最大优势，是推进经济建设和国防建设融合发展的根本政治保证。必须发挥党总揽全局、协调各方的领导核心作用，全面加强党对军民融合发展工作的领导，确保党的路线方针政策和决策部署贯彻落到军民融合发展的各领域全过程。

二是强化国家主导。牢固确立国家在经济建设和国防建设融合发展中的主导地位，加强军地各领域各部门各层级的统筹协调，综合运用规划引导、体制创新、政策扶持、法治保障等手段，最大程度凝聚经济建设和国防建设融合发展合力。

三是注重融合共享。主动适应、把握和引领经济发展新常态，深入实施军民融合发展战略，全面落实新形势下军事战略方针和改革强军战略，加强军地协调、需求对接，在经济建设中贯彻国防需求，在国防建设中合理兼顾民用需要，促进要素交流融合，提

高资源共享程度。

四是发挥市场作用。注重运用市场手段优化军地资源配置，积极引导经济社会领域的多元投资、多方技术、多种力量更好服务国防建设，促进国防建设成果更好服务经济社会发展，实现经济建设和国防建设综合效益最大化。

五是深化改革创新。打破思维定式和利益藩篱，着力解决制约经济建设和国防建设融合发展的体制性障碍、结构性矛盾、政策性问题，建立健全有利于军民深度融合发展的组织管理体系、工作运行体系、政策制度体系。

2. 军民融合发展的主要目标

党的十九大以来，以习近平同志为核心的党中央着眼新时代坚持和发展中国特色社会主义，着眼国家发展和安全全局，作出重大战略部署，坚持富国和强军相统一，强化统一领导、顶层设计、改革创新和重大项目落实，深化国防科技工业改革，形成军民融合深度发展格局，构建一体化的国家战略体系和能力。

军民融合发展的主要目标，即经济建设和国防建设融合发展的主要目标是：形成全要素、多领域、高效益的军民深度融合发展格局，使经济建设为国防建设提供更加雄厚的物质基础，国防建设为经济建设提供更加坚强的安全保障，经济建设和国防建设融合发展的体制机制更加成熟定型，政策法规体系进一步完善，重点领域融合取得重大进展，先进技术、产业产品、基础设施等军民共用协调性进一步增强，基本形成军民深度融合发展的基础领域资源共享体系、中国特色先进国防科技工业体系、军民科技协同创新体系、军事人才培养体系、军队保障社会化体系、国防动员体系。

3. 军民融合发展的重点任务

加强基础领域统筹，增强对经济建设和国防建设的整体支撑能力。统筹交通基础设施建设，统筹考虑军地需求，综合运用重要资源。统筹空间基础设施建设，加大国家空间基础设施建设统筹力度。统筹信息基础设施建设，加强军地信息基础设施建设的顶层设计和统筹协调，优化总体布局。统筹测绘基础设施建设，建立跨部门跨领域地理信息资料成果定期汇交和位置服务站网共享机制。统筹气象基础设施建设，优化军地气象整体布局。统筹标准计量体系建设，建立标准化军民融合长效机制。

加强产业领域统筹，建设中国特色先进国防科技工业体系。深化国防科技工业体制改革，进一步打破行业封闭，立足国民经济基础，突出核心能力，放开一般能力，推进社会化大协作，推进军工企业专业化重组。扩大引入社会资本，积极稳妥推进混合所有制改革试点。加快引导优势民营企业进入武器装备科研生产和维修领域，健全信息发布机制和渠道，构建公平竞争的政策环境。推动军工技术向国民经济领域的转移转化，实现产业化发展。积极参与发展战略性新兴产业和高技术产业。

加强科技领域统筹，着力提高军民协同创新能力。加快军民融合式创新，整合运用军民科研力量和资源，充分发挥高等学校、科研院所的优势和潜力，广泛吸纳专家，强化顶层规划设计，开展联合攻关，加强基础技术、前沿技术、关键技术研究，推进军民技术双向转移和转化应用。完善军民协同创新机制，加大国防科研平台向民口单位开放力度，推动建立一批军民结合、产学研一体的科技协同创新平台。

加强教育资源统筹，完善军民融合的人才培养使用体系。提升军事人才质量，推动军事人才发展体制改革和政策创新，拓展依托国民教育培养军事人才的范围，构建地方师资力量、科研设施、创新成果向军事人才培养开放服务的政策制度，健全依托社会开展军事人才专业评价的制度，评价结果纳入国家职业资格管理体系。加强军地教育资源统筹，充分依托普通高等学校、武器装备研制单位储备新兴专业人才，对承担军事人才培养任务的地方单位，国家在条件建设、财政投入、表彰激励等方面给予政策倾斜。

加强社会服务统筹，提高军队保障社会化水平。建立健全军地统筹衔接的公共服务体系，逐步建立具有中国特色的军人保险保障体系，完善军地医疗卫生资源共享机制，深化军队住房制度改革。统筹军地文化建设，加强资源共建共享。提高军队各项保障水平，深入推进军队饮食保障、商业服务和油料保障社会化，将营区供（排）水、供电、供气、供热纳入城市基础设施建设和改造，调整出台相关配套政策。加强军事区域污染治理基础设施建设和生态环境建设，实现军地生态环境建设整体推进、同步达标。

强化应急和公共安全统筹，提高军地协同应对能力。加强军地应急力量建设，健全军地应急行动协调机制，调整优化国家级应急专业力量结构，健全突发事件卫生应急军地协调联动机制，增强国家卫生应急保障能力。统筹推进军地应急保障装备设施建设，明确军地应急保障装备设施合作途径及任务分工，改善军地应急力量训练条件，加强人才队伍、科技研发能力建设。充分发挥国防动员力量的应急作用，建立健全应急动员响应机制，强化综合防护措施建设。

统筹海洋开发和海上维权，推进实施海洋强国战略。统筹兼顾维护海洋权益，制定国家海洋战略，实现开发海洋和维护海权的有机统一。加强行动能力和保障设施建设，进一步形成党政军警民合力固边戍疆新局面。

维护国家海外利益。切实维护国家海外经济利益和其他重大利益，保护海外中国公民和机构的合法权益。积极参与联合国维和行动，深化国际军事交流合作。

（四）开创军民融合深度发展新局面

1. 更新思想观念，牢固树立融合强军意识

要更新思想观念，打破"国防是国防、经济是经济"和"军队是军队、地方是地方"等思维定式，摒弃军地成见、画地为牢的做法，真正从战斗力、生产力的有机统一上看待军民融合、推进军民融合。进一步强化"舍我其谁"的责任意识，彻底抛弃本位主义思想、计较个人得失的狭隘观念和消极应付心态，强化军民融合观念，自觉把军民融合作为赢取主动、超越发展的战略途径，主动担当，积极进取，积极主动投身军民融合，开拓创新推进军民融合，在深度融合中加快推进国防和军队现代化。

2. 强化改革创新，推动融合制度体系重塑

推进军民融合深度发展，出路在改革，动力在创新。要加大军民融合制度改革创新力度，推动军民融合制度体系的重塑、重建和重构。加快形成统一领导、军地协调、顺畅高效的组织管理体系，加强军队系统的统筹统管，建立健全集中领导、分工明确、横向协调、纵向贯通的职能体系，切实解决军队内部多头领导、各自为政、分散管理及领

近海防御型向近海防御与远海护卫结合型的转变，构建合成、多能、高效的海上作战力量体系，提高战略威慑与反击、海上机动作战、海上联合作战、综合防御作战和综合保障能力。经过几十年的发展，中国海军装备已跻身世界先进行列：

（1）核潜艇和常规潜艇装备跨代发展。094 型战略弹道导弹核潜艇和 093A 型攻击型核潜艇的整体战术技术水平已经达到了世界第三代核潜艇的水平，039 型及其改进型 039A/B 型常规动力潜艇整体水平已经进入世界先进行列，下一代核潜艇和常规潜艇也正在研发中。

（2）驱逐舰实现名列世界前茅的跨代跃升。052C 型驱逐舰实现了批量建造服役，其改进升级版 052D 型驱逐舰也已批量建造服役，处于世界先进水平的新一代多功能大型驱逐舰 055 型（图 1-2）开始入列。

图 1-2 中国海军 055 型首舰"南昌舰"

（3）护卫舰实现两型优化配置。054A 型和 056 型护卫舰大批量服役，形成中型与轻型护卫舰的合理梯次搭配，全面优化了海军近海作战力量编成和布局。

（4）航空母舰实现国产化。2012 年 9 月 20 日，第一艘航空母舰"辽宁舰"交接入列。2019 年 12 月 17 日，中国自行设计建造的"山东舰"航母在海南三亚某军港交付使用。据《解放军报》2023 年 5 月 9 日头版报道，"海军山东舰航母编队圆满完成远海战备训练，于近日返回母港。"此次训练，山东舰航母编队首次成体系、成规模远赴西太平洋海域，参加了环台岛战备警巡和"联合利剑"演习，同步开展战斗值班、课题演练、飞行训练，并在岛链外与火箭军、陆基航空兵，以及其他水面作战编组开展联合演练，有效提升了实战能力。另外，新一代国产航母的生产正在有序展开，歼-15 舰载战斗机更加成熟，新一代舰载战斗机正在研发。

（5）海上作战装备体系日趋完备。071 型两栖船坞登陆舰批量服役，全面增强了海军远洋登陆作战兵力投送能力；901 型等补给舰的服役，实现了从小型油船、水船等单一类型补给保障船舶向大型远洋综合补给舰的全面跃升，海上综合保障能力得到全面提升。

3. 空军

空军是以航空兵为主体，进行空中作战、空地打击和对空防御的军种。我国空军成立于 1949 年 11 月 11 日。几十年来，空军着眼打赢信息化战争需要，按照"空天一体，攻防兼备"的战略目标砥砺奋进，已发展为主要由航空兵、地面防空兵、雷达兵、空降兵、电子对抗兵、气象兵等兵种组成的，能执行多种任务、可实施远程精确打击，并具备有效防空、反导以及预警能力的现代化空中力量。

空军兵力结构正进一步向攻防力量配套、机种比例协调方向发展，正构建以四代装备为骨干、三代装备为主体的武器装备体系，增强基于信息系统的体系作战能力。歼-10、歼-11、歼-16为代表的国产第三代歼击机成为空军装备骨干；歼-20（图1-3）服役，宣告中国空军进入"隐身时代"；轰-6K战略轰炸机具备远程奔袭、大区域巡逻、防区外核（非核）打击能力；红旗-9、红旗-19等为代表的防空武器装备已形成远中近射程衔接、高中低空覆盖、防空反导结合的装备型谱；空军向攻防兼备转变。运-20大型运输机服役，运-9战术运输机批量装备，03式空降战车入列，为人民空军遂行信息化条件下战略威慑、战役突击、特种作战等多样化任务提供强力支持，人民空军的战略投送能力实现新突破。作为新质作战力量，空警-2000、空警-500预警机服役，彩虹系列、翼龙系列、暗剑等大中型无人机亮相，电子侦察机、电子干扰机等机型谱系逐步完善，性能大幅提升，成为空军作战力量的倍增器。

图1-3　歼-20隐身战机

4. 火箭军

火箭军成立于2015年12月31日，是人民解放军的新军种，由第二炮兵更名而来。它是我国战略威慑的核心力量，是我国大国地位的战略支撑，是维护国家安全的重要基石。火箭军由核导弹部队、常规导弹部队、作战保障部队组成，受中央军委直接领导和指挥。火箭军的使命是按照"核常兼备、全域慑战"的战略要求，增强可信可靠的核威慑和核反击能力，加强中远程精确打击力量建设，增强战略制衡能力，建设一支强大的现代化火箭军。

自成立以来，火箭军取得了巨大进步。东风-31AG的射程上大大延伸，其快速发射、综合突防、有效毁伤、信息化等作战能力全面提升。东风-41（图1-4）的机动性和越野性能好，分弹头能力、突防效果能力强，命中精度高，射程远，是我国最先进的战略核导弹系统之一。东风-5B洲际弹道导弹可以携带分导式多弹头，具备多目标打击的作战能力和对抗反导系统的综合突防能力。

图1-4　东风-41洲际弹道导弹

5. 信息支援部队

2024年4月19日,中国人民解放军信息支援部队成立大会在北京八一大楼隆重举行。中共中央总书记、国家主席、中央军委主席习近平向信息支援部队授予军旗并致训词,代表党中央和中央军委向信息支援部队全体官兵致以热烈祝贺。他强调,要贯彻新时代强军思想,贯彻新时代军事战略方针,坚持政治建军、改革强军、科技强军、人才强军、依法治军,聚焦备战打仗,按照体系融合、全域支撑的战略要求,锐意进取,扎实工作,努力建设一支强大的现代化信息支援部队。

他指出,调整组建信息支援部队,是党中央和中央军委从强军事业全局出发作出的重大决策,是构建新型军兵种结构布局、完善中国特色现代军事力量体系的战略举措,对加快国防和军队现代化、有效履行新时代人民军队使命任务具有重大而深远的意义。

习近平强调,信息支援部队是全新打造的战略性兵种,是统筹网络信息体系建设运用的关键支撑,在推动我军高质量发展和打赢现代战争中地位重要、责任重大。要坚决听党指挥,全面贯彻党对军队绝对领导的根本原则和制度,全面加强部队党的建设,坚定理想信念,严肃纪律规矩,弘扬优良作风,确保部队绝对忠诚、绝对纯洁、绝对可靠。要有力支撑作战,坚持信息主导、联合制胜,畅通信息链路,融合信息资源,加强信息防护,深度融入全军联合作战体系,精准高效实施信息支援,服务保障各方向各领域军事斗争。要加快创新发展,坚持作战需求根本牵引,加强体系统筹,推进共建共享,强化科技创新,建设符合现代战争要求、具有我军特色的网络信息体系,高质量推动体系作战能力加速提升。要夯实部队基础,落实全面从严治军要求,严格教育管理,保持正规秩序,激发动力活力,全面锻造过硬基层,确保部队高度集中统一和安全稳定,奋力开创部队建设新局面,坚决完成党和人民赋予的各项任务。

6. 联勤保障部队

中国人民解放军联勤保障部队,成立于2016年9月13日,由中央军委直属。以武汉联勤保障基地为建制领导,下属无锡、桂林、西宁、沈阳、郑州5个联勤保障中心。中国人民解放军联勤保障部队是实施联勤保障和战略战役支援保障的主体力量,是中国特色现代军事力量体系的重要组成部分。组建中央军委联勤保障部队，标志着具有中国人民解放军特色的现代联勤保障体制正式建立。该联勤保障部队是军队调整改革中新组建的一支部队，在体制上与陆军、海军、空军、火箭军、信息支援部队等平行，为副战区级。

（二）中国人民解放军预备役部队

我国于1955年开始建立预备役制度，于1983年正式组建预备役部队并将其纳入中国人民解放军编制序列。它以现役军人为骨干，以预备役军官、士兵为基础组建，是中国人民解放军的组成部分。预备役部队既区别于现役部队，又不同于民兵组织，是平战结合的一种形式，是战争初期的首批动员对象，也是应付突发事件、承担急难险重任务的突击力量。

预备役部队已由当初的单一步兵发展成为拥有步兵、炮兵、装甲兵、工程兵、通信兵、防化兵和舟桥部队，以及海军、空军等专业技术兵种在内的诸兵种合成的一支强大的国防力量。

二、中国人民武装警察部队

中国人民武装警察部队，组建于1982年6月19日，是以武装的形式执行国内安全保卫任务的一支武装力量，是中华人民共和国武装力量的重要组成部分。

自2018年1月1日起，中国人民武装警察部队接受党中央、中央军委集中领导，实行"中央军委—武警部队—部队"的领导指挥体制。

原武警部队包括三大类，八个警种：第一类，内卫部队；第二类，边防、消防和警卫部队；第三类，交通、黄金、水电和森林部队。2018年3月，根据中共中央印发的《深化党和国家机构改革方案》，按照"军是军、警是警、民是民"的原则，将公安边防部队、公安消防部队、公安警卫部队全部退出现役。公安边防部队转为人民警察编制，成建制划归公安机关，结合新组建国家移民管理局进行适当调整整合；公安消防部队转为行政编制，成建制划归应急管理部，承担灭火救援和其他应急救援工作，充分发挥应急救援主力军的作用；公安警卫部队转到地方，转为人民警察编制，由同级公安机关管理，承担规定的警卫任务。按照先移交、后整编的方式，将武警黄金、森林、水电部队整体移交国家有关职能部门，官兵集体转业改编为非现役专业队伍。武警黄金部队并入自然资源部，承担国家基础性、公益性地质工作任务和多金属矿产资源勘查任务，现役编制转为财政补助事业编制，原有的部分企业职能划转中国黄金总公司。武警森林部队转为行政编制，并入应急管理部，承担森林灭火等应急救援任务，发挥国家应急救援专业队作用。武警水电部队充分利用原有的专业技术力量，承担水利水电工程建设任务，组建为国有企业，由国务院国有资产监督管理委员会管理。按照先移交、后整编的方式，将国家海洋局（中国海警局）领导管理的海警队伍及相关职能全部划归武警部队。

在任务职能上，武警部队不再承担海关执勤任务，主要担负维护国家政治安全和社会稳定、海上执法维权、防卫作战三大主要任务。

三、中国民兵

中国民兵是由中国共产党领导的不脱离生产的群众武装组织，是中华人民共和国武装力量的组成部分，是人民解放军的助手和后备力量。

中国民兵初建于第一次国内革命战争时期。起初的中国民兵是北伐战争时期的工人纠察队、农民自卫军。革命战争年代，中国民兵为民族的解放、为赶走日本侵略者、为新中国的建立作出了巨大的贡献。新中国成立后，中国民兵在建设祖国、保卫祖国中发挥了重大作用。随着国防现代化建设的发展，民兵组织已发展成为专业的基干民兵组织和普通民兵组织两大类。

基干民兵组织是民兵组织的骨干力量，主要由退出现役的士兵以及经过军事训练和选定参加军事训练或者具有专业技术特长的未服过现役的人员组成。编有应急队伍、联合防空、情报侦察、通信保障、工程抢修、交通运输、装备维修等志愿队伍，以及作战保障、后勤保障、装备保障等储备队伍。

普通民兵组织则由符合服兵役条件未参加基干民兵组织的公民按照地域或者单位编组。如在校大学生，如果当年年满十八岁未服现役，也未参加基干民兵组织，则理应编入普通民兵组织，成为普通民兵的一员。

中国民兵的主要任务是积极参加社会主义现代化建设，带头完成生产任务；担负战备勤务，保卫边疆，维护社会治安；随时准备参军作战，抵抗侵略，保卫祖国。近年来，中国民兵积极参加反恐维稳、抢险救灾、护边控边、治安联防等行动，在完成多样化军事任务中发挥了独特优势。

第五节　国防动员

国防动员作为支撑打赢的强大后盾，始终为战而存、为战而备。基于当今世界正经历百年未有之大变局和战略风险的联动性、突发性、多变性增强态势，国家的国防动员，必须围绕使命任务向"战"聚焦、转型创新，强化高效、精敏、持续的转化能力，为制敌胜敌提供过硬的动员支撑。

一、国防动员的内涵

国防动员，也称战争动员，简称动员，是国家采取紧急措施，由平时状态转入战时状态，统一调动人力、物力、财力为战争服务。国防动员是国防活动的重要组成部分，关系国家安危、民族存亡，具有十分重要的意义。

国防动员属于战略问题，直接影响战争的进程和结局，关系到国家的安危。无论是古代战争，还是现代战争，无论是全面战争，还是局部战争，无论是常规战争，还是非常规战争，都离不开动员。

现代战争是立体战争，人力、物力和财力消耗非常巨大，不仅是军事力量的竞赛，

而且是交战国综合国力的较量,国防动员具有非常重要的战略地位:
(1) 国防动员是确定战略目的的重要依据。
(2) 国防动员是国家迅速实现平战转换的根本措施。
(3) 国防动员是保障战时军需民用的主要手段。

二、国防动员的主要内容

(一) 武装力量动员

武装力量动员是将现役部队和其他武装力量由平时编制迅速扩大为战时编制的动员,包括兵员动员和相应的武器装备、后勤保障等方面的动员。这是国防动员的核心领域。随着高新技术兵器的发展和精确制导武器的使用,现代战争对兵员的素质提出了更高的要求,"专业化"成为新的发展方向。

(二) 国民经济动员

国民经济动员是指采取措施将国民经济部门、国民经济活动和相应体制从平时状态转入战时状态,把各方面力量组织动员起来,充分发挥国民经济潜力,将生产重点转换到为战争服务,保障战争的需要,通常包括工业、农业、交通运输、邮电通信、财政金融、医疗卫生等领域的动员。

(三) 科学技术动员

科学技术动员简称科技动员,是指为保障战争需要,国家统一组织和调整科技研究机构及人员,筹措科技设备、资料及成果所进行的活动。其目的在于开发、研制先进武器装备,为战争提供技术保障,争取战争中的科学技术优势。

未来作战是精兵利器的较量,科技是潜在的战斗力。在战争中,哪一方掌握了科技优势,哪一方就拥有了战争主动权。因此,做好科技动员准备显得尤为重要。科技动员是一项长期的系统工作,是国家和民族长远利益所在,它的效益有时在短时间内很难显现出来,平时必须进行持续不断的准备。

(四) 国防交通动员

国防交通动员是国家为了适应战争的需要,组织和利用各种交通运输线路、设施和工具,进行人员、物资、装备转送的活动。其任务是:战时统制各种交通运输线路、设施,保障军队机动、兵员和武器装备的补充、军工生产、军品供应、居民疏散、工厂搬迁,以及其他人员、物资的前送后运等。

交通运输和邮电通信一样,既是国民经济的基础产业,也是保障军队行军作战的生命线。以往战争都表明,出色的交通运输,能够保证战争的胜利,低效率的交通保障,只能导致战争的失败。因此,古今中外的政治家、军事家都重视国防交通建设。海湾战争中，美军之所以能够迅速完成大规模的兵力投送，实现对伊拉克的作战部署，靠的是强大的海空运输能力。

（五）人民防空动员

人民防空动员，简称人防动员，是指国家为了适应战争的需要，发动和组织人民群众防备敌人空袭、减少空袭损失和消除空袭后果所进行的活动。随着现代科学技术的发展，各种空袭战争不断出现，空袭与反空袭已成为现代战争的主要作战样式之一。搞好人民防空动员，对增强国家总体防御能力具有重要的战略意义。

（六）政治动员

政治动员也是战争动员的一项重要内容，是将战争的原因、性质、目的、形势、前途，以及交战双方的有利条件与不利条件、抗击敌人的各种手段，及时告诉全体军民，使他们知道战争的胜负同国家安危、民族存亡的利害关系，从而激发他们的爱国热情，做好承受战争苦难和流血牺牲的思想准备，坚定必胜信心，誓为国家和民族的存在而英勇战斗。

三、加强国防动员的意义

（一）加强国防动员有利于增强国防实力，维护国家安全

当前，世界之变、时代之变、历史之变正以前所未有的方式展开。为了更好应对各种突发危机，就必须增强国防实力。而且这不仅要看国防实力的强弱，还要看国防潜力的大小，这两者组成了一个国家的国防能力，国防潜力是国防实力的基础和源泉。因为国防潜力是不会自然转化为国防实力的，实现这一转化必须要通过国防动员，国防动员是国防潜力与国防实力之间的桥梁。加强国防动员，能够开发或积蓄更多的国防动员潜力，强化国家的国防动员组织力。一旦国家发生了危机，要想迅速调动全国的资源去应对危机，就取决于国防动员能力的强弱。强大的国防动员能力，能够在战时迅速调动各种资源对国防武装力量给予补充，从而使武装力量的作战能力得到迅速扩大和增强，扩大战略优势，掌握战争的主动权。所以加强国防动员有利于增强国防实力，更好地维护国家安全。

（二）加强国防动员有利于提高政府的危机管理效率

各类危机事件都是十分突然又十分紧急的，这要求政府必须建立快速反应机制，具备快速反应能力，及时发现、控制或消除危机。在发生危机时，该如何去有效地调动和分配资源？国防动员体系作为国家为战争需要而建立的快速反应机制，在应对各类危机的时候有着天生的优势，国防动员机制为这种问题提供了解决方案，所以国防动员是国家在应对突发危机时的重要机制。而且一个国家的国防动员能力，在一定程度上代表着该国的突发危机处理能力，进而体现该国政府的执政水平。因而加强国防动员，对于完

善国家危机管理机制、提高国家危机处理水平有重要作用。

(三) 加强国防动员是如期实现建军一百年奋斗目标、加快把人民军队建成世界一流军队的内在要求

党的二十大报告提出,要加强国防动员和后备力量建设。国防动员和后备力量建设既是党的强军事业的组成部分,也是打赢未来战争的重要支撑。面对强国强军的时代要求,面对国家安全的严峻形势、现实风险,必须把国防动员和后备力量建设摆在更加重要的战略位置,努力在新的起点上推动国防动员和后备力量建设高质量发展。

随着新一轮科技革命和军事革命的迅猛发展,太空、极地、深海、网络、无人等多域多元化力量发展步伐加快,效能日益显现。要深刻把握未来战争发展大势,积极推动国防动员和后备力量建设向新兴领域拓展,通过功能融合、智能改造、战法创新,深入挖掘潜力资源,综合集成高新尖端技术,培塑转化优质动员能力,把先进的科技力转化为支援保障打赢的战斗力,助力夺取战略博弈主动权。

(四) 加强国防动员有利于国家在战略上取得优势

国防动员与军事战略具有十分密切的关系,通过加强国防动员增强军事实力,是制定军事战略目标的重要依据和实施军事战略的重要基础。因为国防动员是国防能力形成与转化的重要组成部分,国家在制定军事战略目标时,就要考虑国防动员问题,将战略目标建立在可靠的国防能力特别是军事实力的基础上。而且国防动员能力的强弱,关系到军事威慑能力的强弱,而军事威慑能力强大的国家,可以更容易实现其军事战略目标。高效率的国防动员可以为国家赢得战略上的主动,巩固优势地位。快速有效的国防动员则是确保战争胜利的前提。无论战争方式如何变化,国防动员都是双方交战中的最重要的一个部分,因此,加强国防动员,是加强国家战略优势的重要举措。

【思考题】

1. 现代国防观与传统国防观有何区别?应该如何树立现代国防观?
2. 现阶段军民融合发展存在什么问题?你有何建议?
3. 我国武装力量的组成有哪些?
4. 加强国防动员的意义在哪?

第二章 国家安全

【学习目标】

1. 了解战略环境的分类及国际战略环境的特征。
2. 认清我国的周边安全环境。

国际战略环境,是一个时期内世界各主要国家(集团)在矛盾、斗争或合作、共处中的全局状况和总体趋势,是世界各主要国家和政治集团在一定时期内在战略上相互联系、相互作用、相互斗争所形成的世界全局性的大环境。国际战略环境是在一定的时代背景下形成的,时代的特征对它的基本面貌有决定性的影响。国际战略环境是国家安全和发展的国际条件,对实现国家的战略目标和战略利益有重大的影响,并决定或制约着一个国家政治、军事、经济斗争的对象和敌友关系及采取的方针、政策和策略。当前,国际战略环境风云变幻,国际战略格局正发生着深刻变革,世界军事形势发展呈现新动向,俄乌冲突牵动多国安全神经,阿以冲突导致中东乱局进一步加剧,美国霸权思想和行为仍是世界武装冲突的疑点和焦点。中国周边矛盾纷争此起彼伏,国家安全在传统与非传统领域面临众多挑战。当代青年,必须树立国际战略意识,正确认识和分析我国的国家安全环境。

第一节 概　　述

一、战略

战略,即军事战略,是筹划和指导军事斗争全局的方略,即根据对国际形势和敌对双方政治、军事、经济、科学技术、地理等诸因素的分析判断,科学预测战争的发生与发展,制定战略方针、战略原则和战略计划,筹划战争准备,指导战争实施所遵循的原则和方法。

（一）战略的特性

（1）全局性。凡属需高层次谋划和决策，有要照顾各个方面和各个阶段性质的重大的、相对独立的领域，都是战略的全局。全局性表现在空间上，整个世界、一个国家、一个战区、一个独立的战略方向，都可以是战略的全局。全局性还表现在时间上，贯穿于指导战争准备与实施的各个阶段和全过程。战略的领导者和指挥者要把注意力摆在关照全局上面，胸怀全局，通观全局，把握全局，处理好全局中的各种关系，抓住主要矛盾，解决关键问题；同时注意了解局部，关心局部，特别是注意解决好对全局有决定意义的局部问题。

（2）方向性。战争是政治的继续，具有很强的政治目的。任何战略都反映一个国家或政治集团利益的根本的目标方向，体现它们的路线、方针和政策，是为其政治目的而服务的，具有鲜明的目标方向。

（3）对抗性。制定和实施战略都要针对一定对象。通过对其各方面的情况进行分析判断，确定适当的战略目的，有针对性地建设和使用好进行斗争的力量，掌握斗争的特点和规律，采取多种斗争形式和方法，对敌抑长击短，对己扬长避短，以取得预期的斗争效果，是战略谋划的基本内容。

（4）预见性。预见性是谋划的前提、决策的基础。在广泛调查研究的基础上，全面分析、正确判断、科学预测国际国内战略环境和敌友关系及敌对双方战争诸因素等可能的发展变化，把握时代的特征，明确现实的和潜在的斗争对象，判明面临威胁的性质、方向和程度，科学预测未来战争可能爆发的时机、样式、方向、规模、进程和结局，揭示未来战争的特点和规律，是制定、调整和实施战略的客观依据。

（5）谋略性。战略是基于客观情况而提出的克敌制胜的斗争策略。它是在一定的客观条件下，变被动为主动，化劣势为优势，以少胜多，以弱制强，乃至不战而屈人之兵的重要方法。运用谋略，重在对战争全局的谋划。制定战略强调深谋远虑，尊重战争的特点和规律，多谋善断，料敌定谋，灵活多变，高敌一筹，以智谋取胜。

（二）战略的构成要素

（1）战略目的。战略目的是战略行动所要达到的预期结果，是制定和实施战略的出发点和归宿点。战略目的是根据战略形势和国家利益的需要确定的。不同性质的国家和军队，其战略的目的不同。对于奉行防御战略的国家来说，维护国家和民族的根本利益、长远利益和整体利益，特别是维护国家的领土主权完整和统一是战略的基本目的。确定战略目的，强调需要与可能相结合，具有科学性和可行性，符合国家的路线、方针和政策，与国家的总体目标和国力相适应，满足国家在一定时期内对维护自身利益的基本要求。

（2）战略方针。战略方针是指导战争全局的方针，是指导军事行动的纲领和制定战略计划的基本依据。它是在分析国际战略形势和敌对双方战争诸因素基础上制定的，具有很强的针对性。对不同的作战对象、不同条件下的战争，应采取不同内容的战略方针。每个时期或每次战争除了总的战略方针外，还需制定具体的战略方针，以确定战略任务、战略重点、主要的战略方向、力量的部署与使用等问题。

（3）战略力量。战略力量是战略的物质基础和支柱。它以国家综合国力为后盾，军事力量为核心，在发展经济和科学技术的基础上，根据战略目的和战略方针的要求，确定其建设的规模、发展方向和重点，并与国家的总体力量协调发展。

（4）战略措施。战略措施是为准备和进行战争而实行的具有全局意义的实行战略的保障，是战略决策机构根据战争的需要，在政治、军事、外交、经济、科学技术和战略领导与指挥等方面，所采取的各种全局性的切实可行的方法和步骤。

战略可按不同的方法划分类型。按社会历史时期，可分为古代战略、近代战略、现代战略；按作战性质，可分为进攻战略和防御战略；按使用武器的类型，可分为常规战争战略和核战争战略；按军种，可分为陆军战略、海军战略和空军战略；按作战持续时间，可分为速决战略和持久战略；等等。

二、战略环境分类

战略环境是指影响国家安全或战争全局的客观情况和条件。其要素有：国际和国内的政治、经济、军事、外交、科技、地理等方面综合形成的客观情况和条件，以及由此而形成的战略态势，特别是战争与和平的总态势。战略环境是制定战略的客观依据。正确认识和分析战略环境是正确、及时地制定和调整战略的前提条件。

（一）国内战略环境

从军事斗争的角度而言，国内战略环境是指对筹划、指导军事斗争全局具有重大影响的国内社会环境与自然环境。其中，对战略具有直接影响的是国家的地理环境、政治环境和综合国力状况。

1. 地理环境

地理环境主要包括国家的地理位置、幅员、人口、资源、地形、气候，以及行政区划、交通、要地等状况。这些地理要素与军事斗争的关系十分密切，是军事力量生存、活动的空间条件。军队的集结、机动、作战、训练、后勤补给等一切军事活动都离不开一定地理空间，都要受到地理环境的影响和制约。地理环境不仅是制定战略的客观依据，而且是影响战争胜负的重要因素。加强对地理环境的研究与认识，是使战略指导符合客观实际的一个重要环节。

2. 政治环境

国内政治环境涉及的范围较广，但对战略影响最大的有两个方面：一是国家的政治法律制度与基本国策，二是政治安全形势。

国家的政治法律制度和基本国策是国内政治环境的本质和核心，对军事斗争全局的筹划指导具有决定性影响。我国是工人阶级领导的、以工农联盟为基础的人民民主专政的社会主义国家，这种国体政体决定了我国实行防御型国防政策等大政方针。

政治安全形势主要包括一定时期内国内的阶级、民族、宗教、政治集团间相互关系的基本状况及其对政局和国家安全的影响。其中，特别是敌对势力分裂、颠覆国家和发生武装冲突或国内战争的情况，是直接影响国家统一和稳定的国内因素，是筹划、指导军事斗争必须关注的问题。

3. 综合国力状况

综合国力是一个国家全部物质力量和精神力量的总和，包括国家的人力、物力、财力、军力、科技与生产能力、社会保障与服务能力及组织动员能力等。综合国力是军事斗争特别是战争的物质基础，也是军事理论和作战方法发展进步的重要条件。一切军事斗争和军事活动，归根结底都要依靠综合国力，特别是经济、科技和军事实力的支撑，并受其制约。战略指导者必须立足于国家综合国力的实际可能，本着勤俭节约、讲究效益的原则，筹划、指导军事力量的建设与运用，使其与国家经济建设和社会发展的总体水平相适应。

（二）国际战略环境

国际战略环境是一个时期内世界各主要国家在矛盾斗争或合作共处中的全局状况和总体趋势。国际战略环境包括国际战略格局和国际战略形势两个方面：国际战略格局是国际战略环境的框架结构；国际战略形势是国际战略环境的动态表现，其核心是世界范围内的战争与和平问题。

国际战略环境关系到国家的生存与发展、安危与兴衰，影响一个国家军事斗争的对象、性质、目标、敌友关系，以及军事力量建设与运用的基本方向，因而是各个国家制定战略必须首先考察和关注的外部环境和条件。对于一个国家的战略筹划者来说，对国际战略环境的研究主要把握以下几方面：

1. 时代特征

时代指世界发展进程中所处的阶段。时代特征是整个世界在一定历史阶段的总标志，而不是个别国家的个别现象，也不是国际社会一时一事的情节或短时期的形势变化。正确认识时代特征有助于战略指导者从宏观上把握当代世界的主要矛盾和总的发展趋势，从而对国际战略环境作出正确的判断，避免战略指导的重大失误。

2. 国际战略格局

国际战略格局是世界各国政治、经济、军事力量在其消长和分化、组合过程中形成的，具有重大影响而又相对稳定的力量对比结构。国际战略格局反映了一定时期内国际间的力量对比、利益矛盾和需求，以及基本的战略关系。对国际战略格局进行分析和研究，有助于从总体上了解世界各主要国家在世界全局中的地位及战略利益方面的矛盾和需求，有助于对世界形势及其可能发展趋势作出基本的估计。

3. 主要国家的战略动向

世界各国之间由于战略利益和政策的异同，既可能是对手，也可能是朋友。各国的战略动向，既互为条件、相互依存，又相互影响和制约。其中，一些实力较强的世界性和地区性大国，特别是超级大国所推行的战略，对地区乃至世界的安全与稳定具有重大的影响，对其他国家的战略也有程度不同的影响。因此，了解主要国家的战略动向，有助于从世界各国特别是大国关系上具体地研究国际战略环境，进而对世界形势作出正确判断。

4. 当代世界战争与和平的趋势

战争是解决阶级和阶级、民族和民族、国家和国家、政治集团和政治集团之间利益矛盾和冲突最激烈的手段。只要战争的根源还存在，战争与和平始终是国际安全面临的重大问题。对于一个国家的主权和安全来说，来自外部的战争威胁是最严重的威胁。因此，当代世界战争与和平的趋势在国际战略环境中最引人注目，也是世界各国研究和制定军事战略时关注的重心。

5. 周边安全形势

周边安全形势是指周边国家直接、间接影响本国安全的条件和因素。周边安全形势中最值得注意的是周边国家与本国的利益矛盾、对本国的政策企图、与本国密切相关的军事力量及其部署等直接影响本国安全的情况和因素。

从上述五个方面入手研究国际战略环境，对于洞察国际斗争特别是战争与和平的基本趋势，进而判明对本国战略利益的影响，具有十分重要的意义。

三、中国提倡的新安全观

安全观就是一个国家对安全问题的基本看法和解决安全问题的主张。具体而言，主要是指一个国家对其自身安全利益及其在国际上所应承担的义务和所应享受的权利的认识，是对其所处安全环境的判断，同时也是对其准备应对威胁与挑战所要采取的措施的政策宣示。安全观从总体上可以分为两种：一种是以美国为首的西方国家的安全观或冷战思维，这种安全观强调追求自身的绝对安全、单向安全，以强大的军事实力追求安全和以缔结军事同盟、运用武力或以武力相威胁的手段谋求安全；另一种是中国所提倡的新安全观。

中国是新安全观的积极倡导者和实践者，也是世界上最早抛弃冷战思维的国家。2013年4月7日，习近平总书记在博鳌亚洲论坛年会开幕式发表主旨演讲时提出，国际社会应该倡导综合安全、共同安全、合作安全的理念，使我们的地球村成为共谋发展的大舞台，而不是相互角力的竞技场，更不能为一己之私把一个地区乃至世界搞乱，应该积极倡导共同、综合、合作、可持续的新型综合安全观。2014年4月15日，习近平总书记在首次中央国家安全委员会会议上进一步指出，贯彻落实总体国家安全观，必须既重视外部安全，又重视内部安全，对内求发展、求变革、求稳定、建设平安中国，对外求和平、求合作、求共赢、建设和谐世界。外部和平安全了，国家才能更好地发展，国家发展好了，国际安全与和平的基础才能更稳固。

中国新安全观认为综合安全是当前安全问题的基本特征，共同安全是维护国际安全的最终目标，合作安全是维护国际安全的有效途径，并正式提出了以"互信、互利、平等、协作"为核心内容的新安全观，通过建立互信机制以争取共同安全，通过友好协商和平解决争端。所谓"互信"，是指超越意识形态和社会制度异同，摒弃冷战思维和强权政治心态，互不猜疑，互不敌视。各国应经常就各自安全防务以及重大行动展开相互通报。所谓"互利"，是指各国在维护本国利益的同时，互相尊重对方的安全利益，在实现自身安全利益的同时，为对方安全创造条件，实现共同安全。所谓"平等"，是指国家无论大小强弱，都是国际社会的一员，应相互尊重，平等相待，不干涉别国内政，推动国际关系的民主化。所谓"协作"，是指以和平谈判的方式解决争端，并就共同关心的安全问题进行广泛深入的合作，消除隐患，防止战争和冲突的发生。总之，新安全观的宗旨就是通过对话增进相互信任，通过合作促进共同安全。

中国新安全观追求共同安全的目标。中国新安全观认为，随着全球化的不断发展，安全问题的跨国性和综合性日益突出，一国安全利益同地区乃至全球安全形势之间的相互关联更加密切。共同安全是维护国际安全的最终目标，中国不把本国安全利益凌驾于他国之上，更不会为维护本国的利益而损害世界人民的共同利益，而是在维护共同利益的基础上争取共同安全。

中国新安全观是综合安全观。中国新安全观认为安全的范畴不再局限于传统的军事和政治安全，日益涉及经济、社会、环境、文化等领域，需要综合应对。在注重国家主权、领土完整和安全的同时，也注重政治和社会稳定、经济安全、网络安全、能源环保等新型安全问题。把国内政治、社会稳定和经济发展，国与国之间政治、经济和外交关系的改善作为实现国家安全利益、促进地区和全球安全与稳定的主要途径。

中国新安全观是在改革开放的历史条件下，在与国际接轨、融入国际社会的大背景中，吸收国际上流行的综合安全、共同安全、相互安全、合作安全、集体安全等各种安全观的合理因素而形成的，体现了中国建立公正合理国际政治经济新秩序的基本理念和新型国家关系准则，已成为中国对外政策的重要组成部分。随着形势的发展，中国的安全观念将更加开放，安全政策将更加透明，参与的安全合作将更加广泛，新安全观的内容也将得到进一步丰富和深化。新安全观必将对区域和全球的稳定发展、国际关系民主化和世界政治经济新秩序的建立起到巨大推动作用。

中国坚持在和平共处五项原则基础上同各国发展友好合作，推动构建新型国际关系，深化拓展平等、开放、合作的全球伙伴关系，致力于扩大同各国利益的汇合点。诚如习近平总书记所言，"一个国家要谋求自身发展，必须也让别人发展；要谋求自身安全，必须也让别人安全；要谋求自身过得好，必须也让别人过得好"。亲望亲好，邻望邻好，唯有开放、包容、共享、多赢，尊重各地区和各国人民的愿望与选择，中国人才能在世界上得到各国人民发自内心的尊重，中国的全球影响力和领导力才能得到确立。强调包容共赢、命运共同，为全人类作更大贡献，正是"中国梦"及中国特色国家安全观在国际上的生命力和号召力所在。

第二节　国际战略格局

进入21世纪以来，国际战略形势发生了重大变化，世界主要战略力量在相互博弈的过程中不断调整关系，国际战略格局和国际秩序处于深刻的变革之中。学习和了解战略环境，认识和把握新时期的国际战略格局，分析和研究当前国际战略形势的特点与走向，对于维护我国国家安全和发展利益具有重要意义。

国际战略格局是指世界上国际战略力量之间在一定时期内相互关系的基本结构和态

势，它体现了世界力量的分布、组合和对比。各支国际战略力量推行各自战略，互相合作与斗争，直接促成了国际战略格局的形成。

一、国际战略格局的构成要素和本质

国际战略格局的构成要素不是一般意义上的国际行为主体，而是国际战略力量。国际战略力量是指在国际关系中能够独立地发挥作用，并对国际形势及国际战略的发展产生巨大影响的国家或国家集团。国际战略力量由多种力量要素构成，具体包括：（1）政治力量，主要包括政治稳定力、政治组织力（协调力）、政治影响（号召）力等；（2）经济力量，主要包括生产力、经济开发力、经济资源配置（利用）力及其储备力等；（3）军事力量，主要包括常备军力、后备军力、战争动员力等；（4）科技力量，主要包括科技发展力、科技成果应用转化力、科技创造发明力等；（5）社会文化力量，主要包括社会凝聚力、文明影响力、历史传统继承和发扬力等。

国家与国家之间的关系，其本质是它们之间的力量对比关系。因此，国际战略格局本质上是一种国际战略力量的对比关系。国际战略格局之所以形成、不断发展和变化，原因在于各国政治、经济、军事等方面的力量对比不断发生变化。国际战略力量的对比，是一种实力对比，以及由此而派生的影响力对比，即通常说的硬实力加上软实力的对比。因此，在考察各种战略力量时，不仅要考察它们本身所具有的实力地位，而且要考察它们在国际事务中实际发挥的作用和影响力。只有把这些因素联系起来加以分析，才能确定哪些是主导性力量，哪些是从属性力量，哪些是潜在性力量，从而作出正确的战略判断。

二、国际战略格局的发展历史

1648年《威斯特伐利亚和约》的签订成为近代国际关系史的开端，标志着民族国家成为国际舞台上的主要角色，建立在主权国家基础上的国际战略格局开始形成。西班牙、荷兰、英国、法国和葡萄牙等国以各种形式在世界各地积极建立殖民地和进行宗教传播，导致了以欧洲为中心的全球秩序的产生，并在国际关系中逐步形成以法国、英国、奥地利、普鲁士和俄国等占主导地位的多极格局。

（一）欧洲战争与维也纳体系

19世纪初，拿破仑建立的法兰西帝国积极扩张，对普鲁士等欧洲国家造成威胁，对英国霸权地位形成严重挑战。英国、俄国、普鲁士、奥地利等国积极建立反法同盟，1815年，拿破仑帝国解体。战后，反法同盟国家和法国一起确立了维也纳体系，英国、法国、俄国、普鲁士和奥地利等国相互制约与平衡，形成了多极均势国际格局。

（二）普法战争与法兰克福体系

19世纪四五十年代，欧洲大陆人民起义和革命斗争风起云涌，维也纳体系逐步解体。1870年，普法战争爆发，法国战败，普鲁士完成德国国家的统一，战后德法两国签订了以削弱法国、巩固德国统一和发展为中心内容的《法兰克福和约》。1873

年，德国、奥地利和俄国建立"三皇同盟"，共同遏制法国。由此，欧洲大陆形成新的以《法兰克福和约》和"三皇同盟"为基础的新战略格局，即"法兰克福格局"。德国的统一，使欧洲大陆中心出现一个强大而富侵略性的德意志帝国，欧洲均势开始发生动摇。但总体而言，英国、法国、德国、俄国、奥地利等国仍是欧洲和世界的主导性力量，世界仍处于群雄争霸的多极状态，因此，这一历史阶段被称为"法兰克福多极格局"。

（三）第一次世界大战与凡尔赛—华盛顿体系

1914—1918年的第一次世界大战打破了旧的世界格局。1918年巴黎和会上，签订了以限制德国军备、瓜分德国海外殖民地和榨取赔款为中心内容的《凡尔赛和约》，确立了战后欧洲新秩序和新均势，史称凡尔赛体系。日本在第一次世界大战中大获其利，战后又取代德国攫取了在中国的一系列特权。美国在战争期间大发横财，其海军力量迅速崛起，有力地动摇了英国的海上霸主地位。1921年，为确保在远东和太平洋地区的支配地位，美国主导其他国家一起召开了华盛顿会议，各国先后签订了《四国条约》《五国海军公约》，以及关于中国问题的《九国公约》。通过会议，美国拆散了英日同盟，挫败了日本独霸中国的野心，获得了与英国在海上的平等地位；同时各帝国主义国家划分了在远东和太平洋地区的势力范围，由此确立了华盛顿体系。凡尔赛—华盛顿体系的形成，突破了传统以来以欧洲为中心的多极格局局面。同时，俄国通过十月革命，建立起了第一个社会主义国家，打破了帝国主义一统天下的局面。美国和苏联的强大，结束了由几个欧洲列强左右世界格局的历史。

（四）第二次世界大战与雅尔塔体系

1939—1945年的第二次世界大战，使世界政治经济力量对比和国际战略格局发生巨大变化。欧洲主要大国受到严重削弱，欧洲中心地位不复存在；横行亚太的日本被美国占领，美国获得快速发展，成长为资本主义世界的政治、经济和军事超级强国；苏联经受了战争的考验，成为唯一能在军事上和美国抗衡的欧亚大陆强国。在战争末期召开的德黑兰会议、雅尔塔会议和波茨坦会议上，美、苏、英等国达成协议和谅解，确定了美、苏等国的相关利益和势力范围。这标志着传统以来以欧洲为中心的国际战略格局的终结，以美、苏两强为两极格局的雅尔塔体系开始形成。

第二次世界大战结束后，美、苏两国迅速进入冷战状态。1949年，美国拉拢英、法等国组建专门针对苏联的军事集团——北大西洋公约组织（简称北约）。苏联针锋相对，于1955年与波兰等东欧七国成立华沙条约组织（简称华约）。两个对抗性组织的成立，标志着战后两极格局的最终形成。20世纪60年代，以苏联为首的社会主义阵营和以美国为首的资本主义阵营都发生分裂和解体。美、苏两个超级大国以全球争霸取代了两个阵营的对立，战后开始的东西方冷战逐渐演变成以美、苏争霸为主要特征的两极格局。20世纪80年代末到90年代初，东欧剧变，东德和西德统一，华沙条约组织解散，苏联解体，持续了40多年的两极格局终结。

三、国际战略格局的现状

从总体上说，目前的世界处在一个新旧格局的交替过程之中。作为一种过渡状态，用"一超多强，多元争极"概括当前国际战略格局的框架结构较为恰当。"一超"指美国，"多强"指的是一些综合国力较强的国家或国家集团，如俄罗斯、中国、欧盟、日本等。

（一）美国——追求绝对安全、美国优先，努力保持单极格局

2001年"9·11"恐怖袭击事件爆发后，美国迅速调整安全战略。2002年，美国正式推出"先发制人"战略，谋求"绝对安全"的战略理论。二十余年来，该战略的推行，对世界和平造成重大危害，国际社会变得更加动荡不安，美国也难以达到真正绝对安全。

2009年奥巴马上台后，开始进行美国安全战略的调整，对"先发制人"战略进行一定程度的反思和检讨，但是其战略调整的幅度是有限的。2016年特朗普当选美国总统后，提出"美国优先论"。特朗普推行的"保护国土安全、促进美国繁荣、以实力维持和平及提升美国影响力"被列为特朗普时代美国国家安全的"四大战略支柱"。2021年拜登上台，美国更是将大国竞争作为美国全球战略的主轴，牢牢锁定中俄为竞争焦点；基于美国民主党、共和党在遏制中国发展上的高度共识，对中国的体系性竞争，其加剧势头有增无减。

近几年来拜登政府的所作所为说明，美国没有摒弃冷战思维和"零和博弈"等过时观念，相反，美国霸权的衰落让美国感到恐慌，拜登政府的国家安全策略深刻地反映了美国比以往任何时候都更加渴望和努力维持已步入黄昏的霸权体系。

（二）俄罗斯——"固本强军"，重振大国地位，维持地区优势

俄罗斯是苏联的继承者，虽然苏联解体后俄罗斯经济衰弱，丧失了与美国争夺霸权的能力，但从整体上看，它在版图、资源、人口、军事和科研等方面仍然拥有相当的优势，具有很强的综合国力。俄罗斯继承了苏联76%的领土、70%的国民总资产、70%的军事力量和联合国安理会常任理事国席位。俄罗斯的自然资源极为丰富，重工业基础雄厚，人民受教育程度高，在航空航天、核能、新材料等领域居于世界先进水平，发展潜力巨大。俄罗斯拥有"三位一体"的战略核力量，足以毁灭任何国家，常规武器装备处于世界先进水平，部分高技术装备不亚于美国，整体作战能力强劲，多年来在军事上的积累和创造使得俄罗斯成为能够与美国直接抗衡的世界军事大国。但自2014年美国在俄罗斯邻国乌克兰推进"颜色革命"以来，以美国为首的北约国家不断东扩危及俄罗斯的国家安全，从2022年2月24日开始的"俄乌冲突"极大地消耗着俄罗斯的军力，"固本强军"欲重振大国地位的俄罗斯正经受着严峻的考验。

（三）中国——内求发展，外谋和平，提升国际影响力

中国作为世界上最大的发展中国家，近年来经济迅速发展，综合国力明显增强，在

世界舞台上的影响力与日俱增。中国坚持亲诚惠容和与邻为善、以邻为伴周边外交方针，深化同周边国家友好互信和利益融合。尤其是"一带一路"倡议的提出和实施，使得中国与亚欧及非洲大陆之间的联系日益密切，中国参与和处理国际事务的能力越来越强，带给世界的发展机遇也越来越多，世界对中国的需求也越来越深。经济上，中国保持了长期的高速增长，2010年中国的经济规模已经超过日本，成为世界第二大经济体。2015年提出的"中国制造2025"，已经成为中国经济转型升级的又一个重要推动力量。政治上，中国坚持不结盟政策，不干涉他国内部事务，既坚决维护自身的独立和主权，又尊重他国的独立与主权。中国始终坚持正义的原则立场，反对各种形式的霸权主义和强权政治，积极维护世界和地区的和平稳定。军事上，中国已经建立了门类齐全、综合配套的国防科技工业体系，发展了一支拥有强大作战能力的战略核力量和常规军事力量。随着国防和军队改革的全面推进，中国在未来应对全新战争的能力明显增强。可以预见，中国综合国力将日益增强，国际战略地位和影响力将进一步提高。

（四）欧盟——"内合外扩"，自成一极

欧盟是当今世界上规模最大、一体化程度最高的区域经济集团，具有雄厚的经济、科技、军事实力和强大的政治影响力。在联合国、在处理全球或地区事务中，欧盟有很大的发言权。在南北关系中，欧盟有很大的影响力，尤其是英国、法国等国家，与曾是其殖民地的发展中国家，保持着较为密切的政治、经济和文化联系。

目前，欧盟正从经济一体化向政治、防务一体化方向不断推进，寻求整合欧盟内部经济、政治和防务力量。此外，欧盟逐步向外扩展，将东欧国家纳入成其成员国；谋求建立"环地中海"经济圈；重新扩大在非洲的影响力等。开始于2015年的英国"脱欧"事件，虽然破坏了欧盟的一体化进程，一定程度上削弱了欧盟实力和影响力，但作为世界上一体化程度最高的国家集团，欧盟在全球事务中仍具有十分重要的影响。2022年2月"俄乌冲突"爆发以来，由于北约和欧盟国家紧随美国起舞，一系列对俄制裁措施后，欧盟国家自己在政治、经济、军事和民生福祉等方面遭到反噬，产生了不小的负面效益。

（五）日本——"整经备武"，扩张实力，谋求大国地位

日本虽然作为世界第二经济体的地位被中国所取代，但不可否认的是，日本仍然是世界性的经济强国，工业高度发达，科技实力雄厚。随着其经济和科技实力的不断增强，日本现在早已不满足于其经济大国地位，不断地冲出其和平宪法的限制，发展超出其国防需要的军事力量。日本提出了以经济力量为后盾，以强大军事力量为保证，以自主外交为手段，发展成为世界性政治大国的战略目标。它不断提出成为联合国安理会常任理事国的要求，竭力参与国际事务，争取在国际政治舞台上扮演重要角色，获得在国际重大问题上的发言权，企图成为未来国际战略格局中"支撑国际秩序的一极"。

（六）新兴国家——整体力量增强，积极参与国际事务

印度、巴西和东盟（东南亚国家联盟）等新兴国家和国家集团，其经济的迅速

发展带动了综合国力的明显增强，它们在全球和地区事务中的地位和作用日益提高。

印度是南亚地区性大国，资源丰富，科技力量较强，近年来发展迅速。印度为确保在南亚和印度洋地区的优势，进而谋求"亚洲核心"和世界大国的地位，争取成为联合国安理会常任理事国，不断加快军队现代化步伐，增强军事力量。

巴西是拉丁美洲最大的国家，庞大的国土面积和众多的人口使巴西拥有丰富的自然资源和劳动力资源，这为巴西经济的发展提供了良好的条件。多年来，巴西作为地区力量中心，一直在拉丁美洲国际事务中发挥着领导作用。可以展望，巴西的崛起将重塑拉美乃至西半球的地缘政治格局，进而对国际战略格局的最终形成产生强有力的影响。

东盟作为一支新兴的政治力量，不断加强内部双边、多边防务合作，积极调整与本地区有影响的美、日、中、俄、欧、印等大国和国家联盟的关系，积极争取对东亚事务的更大发言权。东盟各国发展前景较乐观，未来的东盟将可能在国际战略格局中发挥重要作用。

四、国际战略格局的发展趋势

随着东欧剧变和苏联解体，美国、中国、俄罗斯、英国、法国、德国、日本等主要大国正在不断地发展和组合，国际关系格局正进入了一个转型期，国际战略格局的发展出现新趋势。

（一）大国关系复杂化

两极格局解体后，美、中、俄、欧、日这五大力量都在通过调整对外政策来寻求自己的有利位置。近年来，美国的对外政策在进行调整。拜登上台以来，对前任总统特朗普的外交政策和安全战略进行了大刀阔斧的改革和调整，但继承和进一步发展了特朗普的安全战略。在欧洲，美国一方面积极推进北约东扩围堵俄罗斯，企图将俄罗斯的势力范围严格限制在北欧以北地区；另一方面，千方百计拉拢英国，支持英国脱欧，以遏制和对抗实力日益增长的欧盟，维系美国在欧洲的霸权基础。在亚洲，将"亚太再平衡战略"改为"印太战略"，加强了在亚太地区的战略部署，对中国的军事挑衅不断增强。同时，美国进一步强化美日同盟关系，拉拢东南亚国家，以期有力地钳制束缚中国的影响力。俄罗斯积极调整对外政策，在反对北约东扩，坚守俄罗斯在原苏联地区的特殊利益的同时，将外交政策的重点逐步转移到亚太地区。欧盟在夯实政治、经济一体化的同时，逐步加强自身的防务力量，削弱美国对欧洲的影响。日本为了谋求政治大国和军事大国地位，一方面在美国战略发生转移和巨大调整的情况下，努力维系与美国之间的同盟关系，另一方面积极寻求发展与中国周边国家更紧密的战略关系。

世界五大力量对外政策和战略关系的调整，将使未来国际战略格局呈现新的特征。一是关系复杂化。在多极格局中，五大力量之间将形成交叉三角关系，各国政策变化取向不确定。二是集团松散化。政治与军事集团内部关系相对松散，各国对外政策独立性增强，因各自利益关系，同盟国之间和非同盟国之间的距离有所接近。三是外交多边化。多边机构和组织的作用突出，双边关系受多边事务和多边关系的制约日益增大，各国政策将由双边政策为主转向多边与双边政策并重。四是合作区域化。区域化成为新地缘政治的动力，地域和文化同一性有可能取代意识形态的同一性，地区或次地区经济合作和安全合作将成为对外合作的重点。

（二）"多极化"格局趋势不断发展

经济全球化构成了推动世界多极化的物质基础，世界的多样性又造就了多极化发展的社会基础。因此，国际战略格局向多极化方向发展是一个必然趋势。

美国追求建立单极格局，遭到俄、中等大国及绝大部分第三世界国家的强烈抵制和反对。俄罗斯虽曾一度严重衰退，但庞大的版图、丰富的资源、强大的军力、巨大的发展潜力和强烈的大国抱负，伴随着经济的持续增长和实力的回升，使其成为世界向多极化方向发展的重要推动力量。中国经济不断发展，综合国力日益增强，外交上致力于推动世界多极化进程。印度、巴西、东盟和非盟等广大发展中国家和国家集团实力有很大发展，对世界事务的参与热情和意识越来越强烈，在国际事务中经常能形成整体力量以对抗大国的摆布、控制和利用。

五、当前国际战略形势新特点

（一）国际形势的不确定性和国际秩序的不稳定性特征明显

国际形势的不确定性和国际秩序的不稳定性是当前国际战略形势的最大特点。这主要表现在以下三个方面。

1. 乌克兰危机的爆发加速国际格局演进

2014年以来，以美国为首的北约国家不断加快东扩步伐，经过"颜色革命"、弱化分化、拱火并武装乌克兰，极力挤压俄罗斯的战略空间，最终引发乌克兰危机。乌克兰危机爆发以来，国际格局加速调整，冲突产生的外溢效应在向全球蔓延，世界大变局与2020年以来新冠病毒世纪大疫情交织叠加，影响国家间力量对比、竞争优势转化乃至国际秩序调整的因素更加复杂多元。乌克兰危机可谓冷战结束以来最大的地缘政治事件，根源是欧洲地缘政治矛盾的持续激化，但它的影响远不止于欧洲。随着战争的长期化，其影响已经持续外溢，扩大到了全球，让包括亚太地区在内的国际形势面临新一轮变局。在全球范围内，乌克兰危机导致了国际贸易的滞胀风险，导致了产业链格局动荡并面临调整重构的压力，加剧了粮食、能源供应的紧张，特别是使国际秩序治理体系以及大国合作的环境受到严重破坏。可见，乌克兰危机的爆发及其产生的外溢效应，使得国际形势发生了新的重大变化，和平与发展的时代主题面临严峻挑战，世界既不太平也不安宁。

2. 全球化的负面作用上升与保护主义和民粹主义的兴起

全球化是把双刃剑，既有正面作用也有负面作用，在经济全球化的同时也出现了恐怖主义全球化、污染全球化、移民、难民等问题。全球化在美国和欧洲国家中负面作用的上升，导致民粹主义和保护主义的兴起。

保护主义最突出的是当前的美国。在前任总统特朗普的领导下，美国在"大踏步走向十九世纪"。特朗普发布"禁穆令"、废除奥巴马环境保护行政令、大规模减税、放松金融管制等一系列行为，都是保护主义的具体体现，它在影响美国经济的同时，也会伤及世界上的其他国家。拜登政府上台后，延续了特朗普时期的贸易保护主义。与此相伴，一些国家保护主义、保守主义抬头。

欧洲民粹主义的主要表现是反全球化、反移民、反建制、反精英、反主流政党、反欧盟、反对多元文化社会、反对社会精英提倡的"政治正确"。2016年英国全民公投，要求"脱欧"，至2020年英国正式"脱欧"，结束其47年的欧盟成员国身份。法国、德国、意大利和奥地利等国的极右翼势力均出现不同程度抬头趋势。全球出现的民粹主义、孤立主义的右倾化思潮将给世界政治、经济带来很大不确定性。

3. 中国崛起及其与守成大国的联动

中国崛起对国际形势和国际秩序变化的影响，不是因为中国提供了新的价值观去取代西方自由主义价值观从而主动改变国际秩序，而是由于中国崛起在客观上改变了国际战略力量实力对比。中国崛起一方面使既有制度、安排变得过时和不合理，需要一定程度的改革；另一方面，守成大国奉行"修昔底德陷阱"理论，抱着"冷战思维""零和博弈"对待中国的崛起，这给双方关系的发展带来了重大挑战。新兴大国和守成大国之间的互动，对国际格局和国际秩序都将产生难以预测的影响。例如，2023年3月27日，美国会众议院以415票支持0票反对的结果通过《中国不是发展中国家》法案，要求美国国务院对国际组织施加影响取消中国的发展中国家地位。随后不久，美国会又提出一项决议案，反对中国在世贸组织中的发展中国家地位。2023年5月12日我国外交部发言人汪文斌答记者问时强调，美方不顾2022年中国人均国内生产总值为12741美元，是发达经济体的1/5、仅相当于美国的1/6的事实，故意散布各种虚假论调，试图否定中国的发展中国家地位，其真实意图无外乎是打压遏制中国发展空间，让中国背包袱、扛责任，挑拨中国与发展中国家友好关系，干扰、迟滞发展中国家群体性崛起的势头。

（二）国际力量对比发生历史性变化

国际力量的消长变化是国际形势发展和国际秩序演变的基本动力。当前，国际力量对比发生重大变化，突出表现为"一升一降"。"一升"是指新兴市场国家和发展中大国实力快速上升，"一降"是指西方国家整体实力相对下降。

美国深陷"两场战争、一场危机"，国内党派对立、民心撕裂，超过三十多万亿美元的债务难还，实力严重受挫；欧洲主要国家国内矛盾重重且受债务危机拖累；日本经济持续低迷。新兴大国整体实力不断增强，俄罗斯克服俄乌冲突中最困难时期使其经济止住了快速下滑势头，印度、巴西等国经济快速发展。新兴大国对世界经济贡献率增加，整体影响力持续上升。

此外，越南、印度尼西亚、马来西亚、墨西哥、土耳其、南非等近20个发展中国家因经济发展势头良好，在地区事务中影响逐步增强，权力地位逐步上升。新兴经济体国家经济实力快速上升,是一种群体性崛起。新兴经济体的群体性崛起,总体上是和平崛起,是合作共赢的崛起。从这个意义上说,它是改变世界的历史性事件,也是国际力量对比发生历史性变化的根本标志。

(三) 大国关系和大国战略调整呈现新态势

大国关系始终是国际政治主线,是影响世界战略形势发展的关键。当前,大国利益深度交融,同时又矛盾突出,战略博弈更趋复杂。大国关系的调整呈现新的态势,主要体现在三个方面:一是美、欧、日等西方盟国内部矛盾增多,嫌隙渐生;二是西方作为一个整体,以矛盾警惕心态看待、以压制手段防范新兴国家的群体性崛起;三是新兴国家之间存在同质竞争的矛盾。大国关系中,中美俄三边关系影响最大,中美关系最具决定性作用,它将决定未来国际格局的走向。近年来,美俄关系围绕乌克兰、叙利亚、北约东扩、反导、网络安全、反恐等一系列问题产生严重对峙。美俄两国最高领导人虽有改善双边关系的愿望,但因其矛盾深刻,双方关系要彻底改善并非一日之功。中美关系作为新兴大国与守成大国之间的关系,挑战不小。当今时期,美国拜登政府在对华政策上仍处进攻态势,如挑起对华贸易战、挑战一个中国原则底线、对中国科技企业进行全面打压等,对中美关系发展造成严重挑战。

大国战略调整呈现新态势,对国际战略形势产生直接冲击和深刻改变。近年来,美国将战略重点从聚焦恐怖主义和大规模杀伤性武器扩散等多样化威胁转到将传统大国战略竞争视为首要关切,不断进行战略调整。美国2017年12月18日发表的《国家安全战略报告》和2018年1月19日美国国防部公布的《国防战略》中,将中俄称为"修正主义国家",构成了对美国的最主要挑战,而且把中国放在对美构成竞争的大国之首,其后才是俄罗斯。在这一背景下,大国战略争夺重心发生重大调整,地缘战略较量深度展开。当前,亚太,尤其是东亚地区,成为大国战略争夺的重心。美国在加速推进"亚太再平衡战略"的同时,进一步强推"印太战略"和构筑"五眼联盟",将印度洋和南亚地区一并纳入美亚太战略再平衡范围;日本积极配合美国重返亚太;俄罗斯提出欧亚联盟一体化构想;欧盟国家也更加强化在东亚地区的存在;印度力推"东向战略";澳大利亚也寻求更深地融入亚太。

(四) 全球治理体系发生重大变化,国际规范面临重大调整

全球治理体系,是指国际社会通过一定制度和规则来共同应对全球性问题的组织或体系。大国之间围绕全球治理体系所进行的斗争,其实质是主导权之争,即由谁来修订旧规则、旧制度,建立新规则、新制度。长期以来,美国等西方国家主导着全球治理体系,制定规则,建立制度,用它们一手包办的一整套规则制度维护西方国家利益;广大发展中国家处于被领导地位,只能服从西方治理规则,如有违抗,或被制裁,或被军事打击。

近年来,在西方国家实力相对下降的大背景下,以西方为主导的全球治理体系越来越难以应对全球性危机,出现了"三个不灵":一是越反越恐,说明美国领导的反恐体

系越来越不灵；二是2008年爆发、2023年及以后可能发生的金融危机持续发展，说明美国等西方国家主导的世界经济金融体系越来越不灵；三是面对中东乱局，美国既想领导世界，又心有余而力不足，2023年3月10日由中国斡旋使伊朗、沙特阿拉伯两国握手言和，也说明美国主导的国际安全体系也越来越不灵。与西方治理体系的"不灵"相对应，新兴国家在全球治理体系中的作用不断增强。比如，金砖国家新开发银行、亚洲基础设施投资银行的建立，是全球金融治理体系的重大变革；中国提出的共建"一带一路"、构建"人类命运共同体"倡议得到了广泛响应，为全球治理体系提供了新思路和新选择，具有重大历史意义。

因国际力量对比发生重大变化，一些全球性威胁上升，某些地区热点难点问题负面效应外溢，国际社会对全球治理的需求进一步凸显，推动现有国际规则进行调整以适应新需求，同时催生了新的国际规章制度。在全球层面，以联合国宪章为核心的国际规章制度面临变革的呼声强烈，联合国框架下的专门性国际机构变革逐步展开。同时要注意到，西方国家对国际规范的调整保持着抗拒、警惕和防范的心态，而且，美国试图构建新的突出美国利益、便利美国行为的国际规范的意图明显。如美国力图在WTO之外形成一个全覆盖和高标准的经贸规则体系，以确保对其他双边和多边贸易的优势，主导国际经济规制的转变。

第三节　中国周边安全环境

国家安全形势很大程度上受周边安全形势的影响。这主要包含两个方面：一是指国家周边地区对本国的主权、领土完整和国家利益是否构成威胁；二是指国家周边地区本身是否存在不稳定因素，这种不稳定局面是否对本国的国家安全环境造成不良影响的情况。

一、中国地缘环境基本状况

国家地缘环境，主要指影响国家安全的地理位置、地理特征及与地理密切相关的国家关系等因素。我国的地缘环境极为特殊，从古至今，它深刻地影响着中国的安全形势、安全观念、防务政策和军事战略。

（一）陆海兼备，海权受制

中国位于欧亚大陆的东南部，以高原、丘陵和山地为主，地势西高东低，呈三级分布。北部广阔的蒙古高原直通蒙古、俄罗斯；西北的茫茫沙漠戈壁中仅有一条狭窄通道连接中亚；西部、西南部高耸的帕米尔高原和青藏高原将中国与中亚、南亚隔断；南有云贵高原和横断山脉为天然屏障，东南有辽阔海域连接外洋。

中国是亚洲大国，幅员辽阔，拥有960万平方千米的陆地疆土，还拥有渤海、黄海、东海和南海四大海域，海洋国土面积共300多万平方千米。但是，我国各海域均被一系列半岛、岛屿包围，中国四大海域呈现出半封闭性特点，走向太平洋、印度洋的海上通道易被封锁，我国海权事业的发展受到较大的地理限制。

（二）邻国众多，强邻集中

在陆地上，与我国接壤的国家有14个，它们分别是：朝鲜、俄罗斯、蒙古、哈萨克斯坦、吉尔吉斯斯坦、塔吉克斯坦、阿富汗、巴基斯坦、印度、尼泊尔、不丹、缅甸、老挝和越南。在海洋上，与我国隔海相望的国家有6个，它们分别是：日本、韩国、菲律宾、马来西亚、印度尼西亚和文莱。

中国周边是世界上大国、强国最为集中的地区。俄罗斯、日本在中国周围，印度和印度尼西亚等国也都是地区大国。世界上5个国家军队规模人数在100万以上，除中国外，俄罗斯、印度和朝鲜都是中国邻国。美国虽不是直接接壤的邻国，但它在我国周边部署了大量军力。在公开宣称拥有核武器的8个国家中，俄罗斯、印度、巴基斯坦和朝鲜都在中国周边，而美国曾在中国周边部署核武器。俄罗斯、日本和印度是中国的陆海强邻，在过去的一个多世纪里均与中国发生过战争。美国、俄罗斯和日本是20世纪以来对中国国家前途和命运造成最深刻影响的3个地缘政治强邻。总之，一个国家的邻国多寡和邻国强弱对其本身造成的安全影响是完全不同的，邻居多则安全问题和隐患就多，邻居强则安全挑战就越大。在国际竞争中，邻居越多越强，则不仅容易受到邻国直接的安全压力和影响，而且容易受到域外大国利用邻国施加的安全挑战。

（三）人口密集，资源紧张

中国周边地区是世界上人口最密集的地区。根据2019年初世界各国统计局的人口普查数据汇总报告，以及联合国经济和社会事务部人口司统计数据，截至2019年3月，世界上超过1亿人口的国家有13个，分别是：中国、印度、美国、印度尼西亚、巴西、巴基斯坦、尼日利亚、孟加拉国、俄罗斯、墨西哥、日本、埃塞俄比亚和菲律宾；人口接近1亿的国家有2个，分别是埃及和越南。上述15个国家中，有8个是中国的邻国。此外，泰国、韩国、缅甸等都是人口较多的国家，这十多个邻国大多正处于工业化发展的关键时期，对各种资源的需求非常迫切，容易引发资源紧张问题，而资源紧缺又进一步加剧了资源供需矛盾，容易引起激烈的地区资源争端。

（四）类型多样，热点汇聚

中国周边国家在政治制度、经济形态及发展水平、文化和宗教等各个领域都存在巨大差异。政治上，既有资本主义国家，也有社会主义国家；既有共和制、总统制国家，也有君主制国家。经济上，发达国家与发展中国家并存，富国与穷国同列。政治差别和巨大的经济发展差距，给地区经济和安全合作带来巨大的阻碍。同时，中国周边地区民族、宗教矛盾交织，民族分布和构成不同，宗教信仰和文化差异非常明显，区域内和区域间存在民族和宗教的巨大差异和复杂矛盾。此外，中国周边热点问题多，如朝鲜半岛核危机、印巴关系问题、东海问题、南海问题等。

（五）区位突出，利益交汇

当前，世界划分为两大地缘战略区：海洋地缘战略区和欧亚大陆地缘战略区。美国属于海洋地缘战略区，作为世界海洋超级强国，它具有全球性的影响。世界其他强国大都集中在欧亚大陆地缘战略区，俄罗斯位于该战略区的心脏地带。中国属于欧亚大陆地缘战略区，西靠欧亚大陆腹地，东接浩瀚的太平洋，成为连接中亚、南亚、东南亚和东北亚的枢纽，处两大战略区的交接处，是"心脏地带"和"边缘地带"的连接点，是陆权与海权势力竞逐的前沿。

特殊的地缘关系，既使中国历史上曾经遭受两大地缘战略区强国的侵略，又使当今的中国成为能够对两大地缘战略区关系产生重要影响的国家。

二、影响中国国家安全的主要问题

当前，我国安全形势总体稳定，短期内发生大规模外敌入侵的可能性基本可以排除。但是，国内外一些固有的矛盾没有得到完全解决，影响我国国家安全和地区和平的因素依然存在，我国的安全形势仍然面临不同对象和不同程度的现实或潜在威胁。只有正视问题，居安思危，才能确保国家长治久安。

（一）国内问题

台湾事关中国主权和国家核心利益，到目前，台湾问题仍是影响中国国家安全的最现实和最紧迫的问题。

台湾是中国的台湾。解决台湾问题是中国人自己的事，要由中国人来决定。但长期以来，美国和日本等国际势力破坏和阻挠中国统一。美国政府把台湾作为遏制中国的一张王牌，利用台湾问题干涉中国内政，阻碍中国发展。美国在台湾问题上坚持"模糊"政策，充当两岸关系的最大操盘手，以获取最大战略利益。它一方面积极推动台湾问题国际化，使台湾问题错综复杂，加大中国解决问题的难度；另一方面，向台湾地区出售大量军火，加强台美军事关系，既获取直接经济利益，又给"台独"势力增加军事对抗大陆的"砝码"，最大限度地维持两岸分离状态。日本出于对自身利益的考虑，希望台湾地区走向独立，如果不能则退而求其次争取永远"维持现状"，企图利用台湾问题来阻挠中国发展。

2016年5月20日，民进党蔡英文正式就任台湾地区领导人，到2024年5月20日民进党赖清德继续就职民进党已执政三个任期，国民党势力在岛内弱化和边缘化，岛内"台独"势力大肆公开地以各种形式进行"台独"活动，并逐步走向暴力化、公开化、合流化和国际化，堂而皇之地破坏两岸和平与发展，对中国和平统一进程造成严重阻碍。

台湾与大陆的完全统一不仅事关中国国家主权与领土完整，事关民族尊严，事关中国在政治上的完全独立，而且事关中华民族的生存与发展，事关中华民族的伟大复兴。台湾地处我国东南海域，居我国沿海岛屿中枢，扼西太平洋海上航道要冲，是我国南北两大战略海区的连接点和枢纽部，是我国跨越西太平洋第一岛链走向太平洋的战略门户，是我国集攻防于一体的战略要地和海防屏障。如果任由"台独"势力胡作非为，让台湾从我国版图中分裂出去，不仅会使我国的海上战略屏障顿失，战略防御纵深锐减，两大战略海区的联系被拦腰截断，而且大片海洋国土、海洋资源将被他人窃取，我国将永远被封闭在西太平洋第一岛链以内，丧失安全通达外洋的出海口，维系国家经济发展命脉的对外贸易交通运输线将处于分裂势力与外部敌对势力的监控与威胁之下。这不仅将严重威胁国家的安全，也扼杀了中华民族复兴不可或缺的战略空间。因此，在中华民族存亡、兴衰、荣辱所系的问题上，中国人民与中国政府没有妥协的余地。

2005年3月14日，全国人大通过《反分裂国家法》，表明了中国人民反对分裂、维护统一的坚强意志和决心，同时也有力地震慑了"台独"势力。2019年1月2日，在《告台湾同胞书》发表40周年纪念会上，习近平主席谈及台湾问题时强调，中国的统一，不会损害任何国家的正当利益包括其在台湾的经济利益，只会给各国带来更多发展机遇，只会给亚太地区和世界繁荣稳定注入更多正能量，只会为构建人类命运共同体、为世界和平发展和人类进步事业作出更大贡献。2022年8月10日，国务院台湾事务办公室、国务院新闻办公室发表《台湾问题与新时代中国统一事业》白皮书，强调台湾是中国的一部分不容置疑也不容改变，中国共产党坚定不移推进祖国完全统一，祖国完全统一进程不可阻挡。要坚持"和平统一、一国两制"基本方针，努力推动两岸关系和平发展、融合发展，坚决粉碎"台独"分裂和外来干涉图谋，团结台湾同胞共谋民族复兴和国家统一。实现祖国和平统一，台湾发展空间将更为广阔，台湾同胞切身利益将得到充分保障，两岸同胞共享民族复兴的伟大荣光，有利于亚太地区及全世界和平与发展。2023年4月6日，习近平主席会见欧盟委员会主席冯德莱恩谈及台湾问题时强调，台湾问题是中国核心利益中的核心。谁要是在一个中国问题上做文章，中国政府和中国人民绝不答应；谁要是指望中国在台湾问题上妥协退让，那是痴心妄想，只会搬起石头砸自己的脚。

（二）海洋权益争端

中国拥有广阔的海洋，是一个海洋大国。然而，众多的海上邻国向中国提出了多达150万平方千米的海洋要求。在某些大国的介入下，海洋争端问题如果处理不当，极易引发局部战争。

1. 钓鱼岛主权争议

钓鱼岛群岛，位于台湾东北约120海里（1海里=1852米）处，由钓鱼岛、黄尾屿、赤尾屿、南小岛、北小岛及一些礁石组成，总面积4.5平方千米。其中最大的岛屿钓鱼岛海拔360余米，面积约3.64平方千米。钓鱼岛群岛具有丰富的动植物资源，其周围海域海底蕴藏有丰富的石油、天然气及其他矿产资源。钓鱼岛群岛位于中国黄海、东海出入太平洋航道的咽喉，战略地位极其重要。同时，钓鱼岛群岛的归属与东海海域的归属互为联系，如果失去该群岛，将意味着失去钓鱼岛周边的大片海域。

钓鱼岛群岛无人定居。按照国际惯例，谁最先发现，最先命名，并持续管辖，谁就对其拥有主权。明朝初期中国就发现钓鱼岛并命名，之后正式列入中国海防。在 1894 年之前，日本对此没有异议。1895 年中日甲午海战中国战败后，清政府被迫将台湾、澎湖列岛、钓鱼岛等割让给日本。第二次世界大战期间，在 1943 年中、美、英三国发表的《开罗宣言》中，明确指出日本用武力从中国夺去的东北、台湾、澎湖列岛等中国领土，战后必须归还中国。事实上，在 1945 年日本彻底战败后，我国政府在收复台湾、澎湖列岛的同时，客观上也就收复了台湾省的附属岛屿——钓鱼岛的主权。但是，在 1945 年日本投降后，琉球群岛受美国托管，美国将我钓鱼岛作为靶场。1971 年 6 月，美国公然违背《开罗宣言》，把中国领土钓鱼岛群岛划入"归还区域"交给日本。日本政府马上声明对钓鱼岛群岛拥有主权。当时，中国政府提出强烈抗议，由此开始了中日之间长达数十年之久的钓鱼岛主权之争。

2. 东海大陆架划界争议

东海位于中国、日本、韩国三国之间，东西宽 150～420 海里，南北长 660 海里，总面积约 77 万平方千米。根据东海大陆架的实际情况，参照 1982 年《联合国海洋法公约》有关大陆架和专属经济区的条款以及各国海域划界的实践，冲绳海槽构成了中国东海大陆架与琉球大陆架的自然分界线，因此，应按大陆架自然延伸的原则，以冲绳海槽中心线为界，划分中国与日本在东海大陆架的边界。但是，日本方面却无视国际法理和东海大陆架实际，无理主张按东海专属经济区的中心线平分划界。这样，中日间便产生了 20 多万平方千米的争议区。如果按日本的主张划界，中国在东海的大陆架范围将被拦腰截断，应归中国管辖的海域面积将减少一半。近年来，日本不断就中国正常的海洋科考活动和在本无争议的海域进行油气田开发提出抗议和交涉。

3. 南海海域及岛礁争议

南海总面积约 360 万平方千米。南海诸岛包括东沙、西沙、中沙和南沙四大群岛，分布于南海的中心部位，扼太平洋和印度洋的咽喉，不仅地理位置非常重要，而且蕴藏着丰富的矿产和水产资源。

秦汉时代，中国已经在南海有了大规模的远洋航海通商和渔业生产活动。在此后的唐、宋、元、明、清一直对南海有主权管辖。第二次世界大战结束后，中国政府依据《开罗宣言》和《波茨坦公告》等国际文件收复先后被法国和日本侵占的南海诸岛，并在岛上设立了主权碑。1948 年 2 月，中国政府公开发行《中华民国行政区域图》，向国际社会正式宣布了中国政府对南海海域及岛礁的主权管辖。在 20 世纪 70 年代以前，南海毗邻国家对此从未提出异议。

20 世纪 60 年代在南海发现丰富的油气资源。据勘测，南海石油储量约 300 亿吨，天然气储量约为 7 万亿立方米，天然气水合物（俗称"可燃冰"）储量达 700 亿吨石油当量，有"第二波斯湾"之称。南海邻国为达到掠夺资源的目的，纷纷开始涉足中国南海并提出主权要求。菲律宾率先于 1971 年抢占了南沙东部的部分岛屿和沙洲。接着，原南越政府也于 1973 年 7 月派兵占领了南海西部 6 个岛礁。1975 年 4 月，越南一反承认南沙是中国领土的立场，接管了南越军队占领的岛礁，并不断扩大侵占行动。从1983年起,马来西亚先后占领了南沙南部的3个礁。随后,上述国家又单方面宣布了大陆架和200海里专属经济区范围,把南沙群岛的全部或部分岛礁列入自己的版图,并加紧在南沙海域进行资源开发,致使南沙争端日益突出。目前,南海周边国家对南沙的军事控制进一步增强,对南沙资源的掠夺性开发明显加快。越南已同几十家外国公司和国际财团签订了合作开发南海油气资源的合同。菲律宾、马来西亚、印度尼西亚及文莱等国已在我南海疆域内开采石油和天然气。

近些年,随着中国综合国力的显著提升,国防实力也明显得到了加强,由此产生的地区影响力是不容忽视的,这恰恰有利于我们与南海周边国家在南海争端问题上的和平解决。2017年8月6日,在菲律宾首都马尼拉召开的第50届东盟外长会正式通过了"南海行为准则"框架,这是对2002年中国与东盟签署的《南海各方行为宣言》的推进和落实。中国以实际行动清楚表明,中国希望与东盟国家通过对话和协商,建立互信,通过落实《南海各方行为宣言》和"南海行为准则",逐步营造有利于解决南海问题的积极氛围。《南海各方行为宣言》的通过和落实,非常有力地打击了一些西方大国通过拉拢南海国家利用南海争端挑拨中国与东盟国家的关系,插手南海事务,扰乱南海的和平发展环境,制造"中国威胁论",对中国施加压力,进而破坏中国发展机遇的企图。

(三) 陆地边界领土争议

中印边界全长约2000千米,分为东、中、西三段。中印两国存在大片边界领土争端,争议面积共达12.55万平方千米,是世界上面积最大的国家领土争议地区。其中,东段边界争议面积约9万平方千米,中段边界争议面积约0.2万平方千米,西段边界争议面积约3.35万平方千米。目前,双方同意保持实际控制线地区的和平与安宁。中印两国就解决边界问题的政治指导原则达成一致,但在边界划分问题上还未取得实质进展。

印度在中印边界领土争端上坚持强硬态度和不让步立场,将中印边境地区视为战略前沿。长期以来,印军在多卡拉山口及其附近地区的边界线印度一侧修建了道路等大量基础设施,甚至在边界线上修建碉堡等军事设施。与此相反,中国在该段边界线中国一侧只进行了少量的基础设施建设。近几年,印度边防部队多次阻挠中国边防部队沿着边界线正常巡逻执勤,并企图越界修建军事设施,中国边防部队对此多次提出抗议并依法拆除印军越界设施。

(四) 美国对中国国家安全环境有综合性的影响

美国在政治、经济、外交、文化和军事方面的综合威胁和压力是影响我国国家安全环境的最为重要的因素。在战略目的上,美国视中国为推行"新霸权主义"的最主要障碍,将中国的正常发展视为美国的威胁,因此,在战略上将中国定位为最大的战略对手,千方百计遏制和打压中国。在战略方针上,实行遏制政策,损害中国利益,威胁中国安全。在政治上,美国积极推行"西化""分化"政策,以人权问题为借口,干涉我国内政；积极插手台湾问题，阻碍中国统一，介入"西藏问题"，公开为达赖的分裂活动提供支持，分裂中国；积极介入中国与周边邻国的关系，挑拨中国与邻国间的矛盾，积极发展与我国邻国的同盟关系。在经济上，美国借口人民币汇率、知识产权、贸易等问题向我国施压，设置贸易障碍，对我国保持经济制裁，在技术转让等方面限制我国，以求延缓和阻碍中国经济的发展。在军事上，美国以反恐为契机，在我国周边地区进行军事渗透，军事力量驻足南亚，进军中亚，重返东南亚，强化在东北亚地区影响，重新形成对我国的包围态势，使我国周边安全环境中的不确定因素增加，安全形势趋于严峻。21世纪以来，美国军事战略调整所体现的进攻性和冒险性增强，谋求攻防兼备的绝对战略优势的步伐加快，将对我国周边安全产生全方位、多层次的压力和挑战，形成综合性的影响。

三、新形势下我国的战略应对

在新形势下，我国一方面要抓住历史机遇，加快自身发展和内部建设，推动周边地缘战略环境的调整重塑，使其发生向我利好的方向转变；另一方面要保持战略自信和战略定力，妥善有效应对形势变化所带来的风险挑战，更好地捍卫和增进中国国家利益，扩大国际影响力。对此，习近平总书记强调："不论国际形势如何变幻，我们要保持战略定力、战略自信、战略耐心，坚持以全球思维谋篇布局，坚持统筹发展和安全，坚持底线思维，坚持原则性和策略性相统一，把维护国家安全的战略主动权牢牢掌握在自己手中。"

（一）注重加强自身能力建设

在变化的国际环境中，自身能力始终是最重要的因素。在纷繁复杂的国际体系中发挥可靠建设性作用，必须建立在强大能力基础之上。一个国家是否能成功崛起，主要取决于其国家实力建设和社会治理水平的提升。我们要围绕中国式现代化奋斗目标和实现中华民族伟大复兴而展开建设，夯实实力基础，实现政治经济安全文化等多方面能力的均衡发展，获取应对各种国际环境变化的战略主动权。

（二）着力构建新型大国关系

构建新型大国关系，内涵是大国之间"不冲突、不对抗，相互尊重，合作共赢"，跳出"修昔底德陷阱"（源自古希腊著名历史学家修昔底德的观点，指一个新兴大国必然要挑战守成大国，而守成大国也必然会回应这种威胁，这样战争变得不可避免）。新型大国关系首先是针对美国提出的，构建中美新型大国关系，但其应用也包括俄罗斯和印度等其他大国。中国既要尽量避免和"守成大国"美国发生对抗，也要努力避免与其他大国包括新兴大国印度等发生冲突。

（三）保持强大战略威慑力

在国际竞争中，中国坚持和平发展；在国际交往中，中国坚持"双赢""多赢"理念。但同时，我们也要防止中国的和平发展战略被其他国家误解和利用。由于中国周边环境十分复杂，在周边地区还存在一些尚未获得根本解决的领土、领海主权权益争端。在此背景下，中国所具有的战略威慑力有助于避免他国利用中国的和平心态进行无端挑衅，避免不符合相关各方利益的危机升级。与陷入争端后不得不使用武力相比，通过提升战略威慑力来维护主权、安全利益的优点是成本相对较低，副作用较小，并有助于提升某些领域政策互动过程的确定性。

（四）积极参与全球治理

中国通过"一带一路"倡议实现"走出去"的目标，服务于国内的可持续发展；通过"一带一路"建设参与全球治理，尽到大国的责任，为这些国家提供"公共物品"，欢迎其他国家搭中国经济发展的"便车"；提出共建"人类命运共同体"，弘扬"共商共建共享"的全球治理理念，把中国塑造成为"国际形势的稳定锚，世界增长的发动机，和平发展的正能量，全球治理的新动力"。通过这些途径展现中国包容式、开放式、参与式的区域和国际发展模式及发展理念。

（五）深化周边外交关系

在"睦邻""安邻""富邻"的基础上，坚持"亲、诚、惠、容"的周边外交新理念，坚持打造"亚洲命运共同体"。根据周边地区不同方向的挑战性质和现实特点，中国采取不同的应对策略，保持对周边地区投入的连贯性，在比较长的时期内，持续投入较多资源经营周边地区，营造有利于中华民族伟大复兴的良好周边环境。

2024年3月7日，中共中央总书记、国家主席、中央军委主席习近平出席十四届全国人大二次会议解放军和武警部队代表团全体会议并发表重要讲话，重点围绕提升新兴领域战略能力提出要求。他指出，党的十八大以来，我们统筹推进战略性新兴产业和新型作战力量发展，取得一系列重大成果。党的二十大后，党中央从推动高质量发展全局出发，明确提出加快发展新质生产力。这为新兴领域战略能力建设提供了难得机遇。要乘势而上，把握新兴领域发展特点规律，推动新质生产力同新质战斗力高效融合、双向拉动。要突出发展重点，抓好新兴领域战略能力建设有关战略和规划落实。要统筹海上军事斗争准备、海洋权益维护和海洋经济发展，提升经略海洋能力。要构建网络空间防御体系，提高维护国家网络安全能力。要把新兴领域改革作为进一步全面深化改革的一个重点突出出来，构建自主自强、开放融合、充满活力的创新生态，更好推进新兴领域战略能力建设。要以加快新质战斗力供给为牵引，深化国防科技工业体制改革，优化国防科技工业布局，健全先进技术敏捷响应、快速转化机制，构建同新兴领域发展相适应的创新链、产业链、价值链。要更新思想观念，大胆创新探索新型作战力量建设和运用模式，充分解放和发展新质战斗力。

【思考题】

1. 阐述你对台湾问题的认识。
2. 我国面临怎样的国际战略格局？
3. 新形势下我国应该怎样应对周边安全环境？
4. 党的二十大报告指出，我们贯彻总体国家安全观，国家安全领导体制和法治体系、战略体系、政策体系不断完善，在原则问题上寸步不让，以坚定的意志品质维护国家主权、安全、发展利益，国家安全得到全面加强。你怎样理解中国提倡的新安全观？

第三章 军事思想

【学习目标】

1. 了解军事思想的内涵、内容及特征。
2. 认识军事思想的形成发展过程。
3. 掌握中国现当代军事思想的重要内容。

军事思想是关于战争与国防基本问题军事及其相关的高层次系统问题的理性认识，通常包括战争观、战争问题方法论、战争指导思想、建军指导思想等基本内容。不同的时代、阶级、国家和人物，有不同的军事思想。作为马克思主义军事科学的重要组成部分，军事思想揭示战争的本质和基本规律，研究武装力量建设及其使用的一般原则，反映从总体上研究军事问题的理论成果。军事思想来源于军事实践，又给军事实践以理论指导，并随着战争和军事实践的发展而发展。

第一节 军事思想概述

一、军事思想的内容、特征及分类

军事思想研究和回答军事领域的普遍性、根本性的问题，揭示军事领域的一般规律，提出军事斗争和军队建设的基本方针及指导原则，为人们研究和解决军事问题提供理论指导。军事思想研究的内容大体可以分为两个层次。

第一，军事哲学。其内容包括战争观和战争方法论。战争观是指对战争问题的根本看法，主要通过揭示战争的产生、发展、消灭的历史发展过程和战争与政治、经济、科学技术、文化等因素的相互联系，从而认识战争起源、战争性质、战争本质、战争目的、战争消灭的途径等根本问题；战争方法论是认识和指导战争的方法理论，主要回答如何认识战争规律，并在认识战争规律的基础上如何正确指导战争等问题。战争观和方法论是军事思想的基础和核心。

第二，军事实践的基本方针和原则。其内容包括战争指导的基本方针和原则、军队建设的基本方针和原则、国防建设的基本方针和原则等。

军事思想的特征有如下四个方面：

（1）鲜明的阶级性。军事思想是一种社会意识形态，它产生于一定社会物质生产和战争实践的基础上，同时受其他社会意识形态的制约和影响。在阶级社会中，由于各阶级的利益需求不同，其所奉行和推崇的军事思想必然要反映各阶级利益的政治观念。因此，不同阶级、国家或政治集团必然有不同的军事思想。

（2）强烈的时代性。军事思想来源于战争实践，是一个历史范畴。不同历史时期的战争有着不同的形态和战略战术，有着不同的军队组织原则和编制。随着时代的变迁，军事思想内容也在不断地演变。

（3）显著的实践性。军事思想来源于军事实践，同时又给军事实践以理论指导，并在军事实践中接受检验，且随着战争和军事实践的发展而发展。

（4）明显的继承性。军事理论的继承和发展都离不开对以往军事思想的扬弃。在历史上所形成的许多军事概念、范畴和原则中，有些因其反映了军事问题的共同规律而流传下来为后人所继续使用，并不断地得以丰富和发展。

军事思想有多种分类：按历史发展阶段，分为古代军事思想、近代军事思想和现代军事思想三类；按阶级性质，分为奴隶主阶级军事思想、封建地主阶级军事思想、资产阶级军事思想和无产阶级军事思想四类；按国家，分为外国军事思想和中国军事思想；按人物，分为孙子军事思想、拿破仑军事思想、克劳塞维茨军事思想、毛泽东军事思想；等等。

二、军事思想的形成发展

军事思想产生于一定的社会物质生产和战争实践基础上，并且受社会意识形态的制约和影响，是随着社会历史和战争的发展而发展的。按时代发展的特征，军事思想的形成与发展大致经历了古代军事思想、近代军事思想、现代军事思想和当代军事思想四个阶段。

（一）古代军事思想

古代军事思想是指奴隶社会和封建社会两个时期的军事思想。其特征是古代军事思想的产生、形成使军事思想体系得以确立，是军事思想不断发展的坚实基础。中国在这一时期军事思想的发展水平居世界前列，西方国家在这一时期的军事思想的发展处于缓慢的发展阶段。

1. 中国古代军事思想

中国古代军事思想随着阶级的出现和社会生产力的不断发展，其形成与发展经历了四个时期。

（1）萌生时期。大约公元前21世纪至公元前8世纪（即夏、商、西周时期）是中国古代军事思想的萌生时期。中国早在原始社会末期就产生了部落间的战争，人们对军事问题也开始有了一些初步思考。夏王朝正式建立奴隶制国家后，战争成为阶级斗争的最高形式，军队成为国家机器中重要的组成部分。这时战争爆发的次数、规模都有不同程度的增加，人们对战争和军队建设等活动的认识开始从感性认识逐步上升到理性认识。这在甲骨文、金文和《尚书》等古代史料中都有所记载，代表著作有《军志》和《军政》等。这标志着中国古代军事思想已经开始萌芽。由于这一时期战争样式简单，规模比较小，持续时间短，人们对军事的认识尚未形成系统理论。

（2）形成时期。大约公元前8世纪至公元前3世纪（即春秋战国时期）是中国古代军事思想的形成时期。这一时期是中国由奴隶社会向封建社会转化的时期，社会处于大动荡、大变革、大发展中。争霸、兼并、统一战争激烈。随着战争次数的增加、规模的扩大、用兵数量的增多和武器装备种类的增多等，加上人们认识能力的提高，人们对战争和军事的认识更加深化，促进了中国古代兵学的飞速发展，以《孙子兵法》为代表的一大批兵书诞生。这些兵书都探讨了战争爆发的原因、战争的性质和决定战争胜负的基本因素，同时在战略战术上总结出了一系列带普遍性的军事规律，奠定了中国古代军事思想的基础，标志着中国古代军事思想体系的基本确立。

（3）充实提高时期。公元前3世纪初到公元10世纪中期（即从秦统一中国后历两汉、三国、两晋、南北朝、隋唐至五代）是中国古代军事思想的充实提高时期。这一时期是中国封建社会的发展上升时期，即封建王朝统治的多次更迭，封建社会的发展和战争频繁地爆发，同时社会经济、文化和科技的不断发展使军事思想得到了不断的充实与提高。其表现为：一是高度重视战略谋划，如楚汉战争中，汉对经营基地、收揽民心、分化对方、争取盟国及正面坚持、敌后袭扰、两翼牵制等战略运用甚为成功；二是国防建设思想呈现新的特点，如秦朝修筑了万里长城；三是作战指导思想有新的发展，如唐代《卫公兵法》提出速决和持久不可偏废的观点等。

（4）系统完善时期。公元10世纪至公元19世纪中叶（即宋、元、明、清前期）是中国古代军事思想的系统完善时期。宋朝确立了兵书在社会中的正统地位，将武学纳入国家教育体系。同时，从北宋中叶开始兴办武学，设立武举，发展军事教育。还用国家力量编写了《武经总要》，总结古今兵法和本朝方略，颁发了《孙子兵法》《吴子》《司马法》《六韬》《尉缭子》《黄石公三略》《李卫公问对》，命名为《武经七书》，雕版刊行并作为武学教材，为培养军事人才、繁荣军事学术，增添了更多有价值的军事思想内容。这些都进一步丰富了中国古代军事思想，形成了逻辑性强、内容比较完整的思想体系。但是，这一时期也是封建社会从鼎盛走向衰退的时期，因此军事思想发展比较缓慢，且越来越保守。

中国古代军事思想内容极为丰富，主要有战争观、将帅修养、治军、战略战术、战争保障理论等。

2. 外国古代军事思想

公元前8世纪到公元5世纪，在中国古代军事思想趋于成熟并不断发展的时期，位于地中海一带的西方国家的军事思想才开始起步、发展，并获得了丰富的成果。外国古代军事思想最有代表性的是古代希腊军事思想和古代罗马军事思想，军事著作主要有古希腊色诺芬的《远征记》和古罗马恺撒的《高卢战记》、弗龙蒂努斯的《谋略》、韦格蒂乌斯的《论军事》等。

(二) 近代军事思想

从 1640 年英国资产阶级革命到 1917 年俄国十月革命，这一阶段是世界近代史。近代军事思想发展的总特征有两个：一是欧洲一些国家率先实行军事思想的变革，资产阶级军事思想体系得到确立；二是以马克思主义军事思想为代表的无产阶级军事思想宣告诞生。

1. 近代资产阶级军事思想

（1）外国近代资产阶级军事思想。从 17 世纪中期英国资产阶级革命到 19 世纪初的拿破仑战争，是资产阶级军事思想形成的最重要时期。在一系列资产阶级革命过程中，一大批资产阶级的军事思想家和军事思想的变革成果涌现出来，集中地体现在拿破仑的战争指挥艺术，以及普鲁士克劳塞维茨的《战争论》和瑞士若米尼的《战争艺术概论》这两部军事理论名著之中。他们比较系统地探讨了战争的目的、战争的本质、战争与政治的关系、军队建设等军事问题，论证了军事领域中的许多基本原则和规则等。这两部著作均是在总结拿破仑战争的基础上产生的，集中代表了资本主义上升阶段的资产阶级军事思想，标志着近代资产阶级军事思想体系的基本确立。由于资产阶级的偏见和认识论、方法论上的片面性，其军事思想一般都掩盖战争的阶级本质，并过分强调武器和技术在战争胜负中的作用。

（2）中国近代资产阶级军事思想。1840 年第一次鸦片战争以后，中国古代军事思想受到了西方资产阶级军事思想的冲击和影响，林则徐、魏源等有识之士提出"师夷长技以制夷"等主张，开始学习研究西方资产阶级军事思想和军事科技，标志着变革传统军事思想的开端。第二次鸦片战争后，统治阶级中的有识之识，提出了"器利兵精"和"自强以练兵为要，练兵又以制器为先"的方针，开始兴办中国近代军事工业，并从各个方面介绍西方资产阶级的军事思想和军事技术。辛亥革命后，以孙中山、黄兴为代表的资产阶级民主革命的兴起，提出军队必须"与国民相结合"，使之成为"国民之武力"的建军思想。在此期间，北洋军阀政府的军队训练也是按西方操典进行。因此，军事上的理论都带有西方资产阶级军事思想的深刻烙印。

2. 近代无产阶级军事思想

近代无产阶级军事思想是一种崭新的军事思想体系。以马克思主义军事理论为标志的近代无产阶级军事思想创立于 19 世纪中后期。为适应当时工人运动发展和迎接将要到来的无产阶级革命，马克思、恩格斯吸取资产阶级军事思想的有益部分，运用无产阶级世界观和辩证唯物主义、历史唯物主义，研究当时和历史上的战争，正确揭示了战争和军队同社会生产方式之间的内在联系，阐明了军事领域的若干基本规律，确立了军事问题的认识论和方法论的科学原则，创立了关于城市工人武装起义、无产阶级军队和人民战争及其战略战术原则的学说。以马克思主义军事理论为标志的近代无产阶级军事思想的确立是军事思想发展史上一次划时代的伟大革命，为人们正确研究、解决军事领域的问题提供了科学的基本观点和基本方法，为无产阶级军事思想的发展奠定了坚实的理论基础。

（三）现代军事思想

1917年俄国十月社会主义革命的成功标志着人类社会进入现代史时期，而现代军事思想可前推至19世纪和20世纪之交。

1. 现代资产阶级军事思想

19世纪中叶以后，随着工业的发展和科学技术的进步，武器装备有了巨大变化，出现了许多新式武器装备和新的军兵种，引发了战争形态的变革，机械化战争已是主要的战争形态，作战样式和作战方式发生了巨大变化，为新的军事思想和军事理论的产生创造了条件。这一时期的军事思想和军事理论主要有：（1）"制空权"理论，这一理论的先驱是意大利的杜黑、美国的米切尔、英国的特伦查德等；（2）"机械化战争"理论，这一理论的倡导者是英国的富勒、奥地利的艾曼斯贝格尔、法国的戴高乐、德国的古德里安等；（3）"总体战"理论和"闪击战"理论，由德国军事思想家鲁登道夫发明；（4）"核武器制胜"理论，这一理论主要反映在美国、苏联等所制定的核威慑战略和核武器的竞赛中。这些新的军事理论对不少的国家，尤其是对西方资本主义国家的军队建设、战争准备和作战指导都产生过极其重要的作用。

2. 现代无产阶级军事思想

这一时期，无产阶级军事思想在世界范围内蓬勃发展。列宁在领导俄国十月社会主义革命和反帝国主义武装干涉及国内战争中，从帝国主义和无产阶级革命的时代特点与苏联的实际出发，创立了关于战争与革命、武装起义和建设工农红军、实行全民战争等学说，为马克思主义军事理论谱写了新篇章。其军事著作主要有《莫斯科起义的教训》《国家与革命》等。斯大林在领导和指挥反法西斯侵略的卫国战争中，继承和发展了马克思列宁主义的军事思想，制定了苏维埃国家军队和国防建设的基本原则，全面阐述了关于决定战争命运的诸因素及其相互关系、战略与策略等问题，全面建立了苏联军事思想体系。

世界其他一些国家的无产阶级政党在领导本国的武装革命斗争中，创立了具有本国特色的军事思想。以毛泽东为主要代表的中国共产党人，把马克思主义军事理论与中国革命战争的具体实践相结合，创立了具有中国特色的无产阶级军事思想，即毛泽东军事思想。其主要军事思想有：关于战争观与方法论学说、人民战争思想、人民军队建设思想、人民战争的战略战术思想。它既深刻地揭示了中国革命战争、人民军队建设和国防建设的特殊规律，又反映了军事领域的一般规律。这些军事思想是指导中国革命战争不断走向胜利、指导新中国军队和国防建设不断取得巨大成就的理论武器，是对马克思主义军事思想的丰富和发展，是无产阶级军事思想发展史上的一座丰碑。

进入20世纪70年代，中国军事思想得到了进一步的丰富和发展，产生了邓小平新时期军队建设思想。其主要内容有军队和国防建设指导思想实行战略性转变、军队和国防建设要服从国家经济建设大局、建设一支现代化正规化的革命军队、实行积极防御的军事战略方针。邓小平新时期军队建设思想反映了新时期军队和国防建设的基本规律，为加强国防和军队现代化建设提供了坚实的理论基础。

（四）当代军事思想

从 20 世纪 80 年代起，以航天技术、生物技术和信息技术等为代表的一大批高新技术用于军事领域，促使战争形态发生新的变化，高技术局部战争已是主要战争形态，有力地推动了世界各国军事思想的发展。这一时期的军事思想集中体现为：着重探索现代条件特别是高技术条件下局部战争的客观规律及指导原则；探索信息化战争的特点及发展规律；探索在世界新军事变革和新的战争形态下军队和国防建设的指导方针及原则。如美国提出：在军队建设方面，着重强调质量建军和科技强军，把高技术和信息技术作为提高战斗力的重要组成部分，实现军队的数字化和信息化等；在战争指导方面，提出了"空地一体"作战思想等。

进入 20 世纪 80 年代后，中国军事思想得到长足发展。1989 年以来，确立了江泽民国防和军队建设思想，如对军队建设提出了"政治合格、军事过硬、作风优良、纪律严明、保障有力"的总要求。胡锦涛主持军委工作以来，根据新世纪新阶段的特点，对国防和军队建设做了许多重要论述，如坚持在国防和军队建设中贯彻落实科学发展观，阐述了新世纪新阶段我军历史使命等。

党的十八大以来，习近平同志深刻洞察世界军事发展动向，科学判定国防和军队建设历史方位，从实现中国梦、强军梦的战略高度，就加强国防和军队建设发表了一系列重要讲话，形成了习近平强军思想。习近平强军思想是以习近平同志为核心的党中央，在指导建设强军事业伟大实践中孕育的科学思想体系，揭示了强军制胜的根本规律，闪耀着马克思主义思想方法的光辉，是指引强军事业发展进步的科学指南。用习近平强军思想武装头脑，根本的是要把蕴含其中的立场、观点、方法学到手，学会以正确思想方法观察分析处理重大问题，真正掌握实现新时代的强军目标、建设世界一流军队的思想武器。

第二节　中国古代军事思想

一、中国古代军事思想的主要内容

（一）战争观

这一思想大约形成在奴隶社会的初期，到奴隶社会的末期基本成熟。以仁为本的战争观，主要包括三层含义：

（1）战争支柱——以仁为本。《司马法·仁本第一》开宗明义："古者，以仁为本，以义治之为正。正不获意则权。"仁者使人亲，义者使人悦。此二者，才是战斗力的凝聚核，才是赢得战争胜利的基础。

（2）战争准则——师出有名。《礼记·檀弓下》主张"师必有名"，认为师出无名，必将遭到众人的反对，定成败局。《吴子》对各种战争的起因作了一个简约的概括："凡兵之所起者有五：一曰争名，二曰争利，三曰积恶，四曰内乱，五曰因饥"，即引起战争的原因有五个方面：一是争夺名誉、名望，二是争夺利益，三是积下深怨，四是国家发生了内乱，五是国家发生了饥荒。

（3）战争目的——追求和平。战争的首要目的是"除国乱、去民暴"。《尉缭子》明确指出："兵者，所以诛暴乱，禁不义也"，意在说战争的目的是镇压暴乱，制止不义行为。《投笔肤谈》中有"凡兵之兴，不得已也。国乱之是除，民暴之是去，非以残民而生乱也"，认为人们进行战争，是迫不得已的行为，其目的是根除国家的祸乱、消除民间的暴乱，不是用来残杀民众、制造混乱的。《淮南子·兵略训》中有"古之用兵者……平天下之乱而除万民之害也"，即是说，古代进行战争，是用战争手段来禁止强暴，消弭战争，消除万民祸患。战争的最高目的，是销兵、止战，追求和平。《司马法》中有"以战止战，虽战可也"，明确地提出了"以战止战"的思想，即用战争制止战争，即使开战，也是可以的。《投笔肤谈》中的"兵以销兵，然后兴兵；战以止战，然后合战"也强调了"以战止战"的思想，认为战争是为了消弭战争，是为了止战。《明太宗宝训·谕将帅》明确"帝王之武以止杀，非行杀也"，即帝王使用武力是为了禁止杀伐，而不是为了滥施杀戮。

（二）指导原则

（1）重战思想。《孙子兵法》开宗明义，大声疾呼："兵者，国之大事，死生之地，存亡之道，不可不察也"。认为战争是关系到国家民众生死存亡的头等大事，不能不认真研究和对待。

（2）慎战思想，意为慎重对待战争，不轻易言战。《孙子兵法》中这样写道："亡国不可以复存，死者不可以复生，故明君慎之，良将警之"。

（3）备战思想，即未雨绸缪。孙子受当时形势的影响和思想的熏陶，提出了必须重视备战的思想，并告诫人们思想上时刻不要忘记战备，做到"用兵之法，无恃其不来，恃吾有以待也；无恃其不攻，恃吾有所不可攻也"。

（4）善战思想，就是要会用兵打仗。一是注重以"道"为首要因素的多因素制胜论。"道"就是政治，是"令民与上同意也。故可以与之死，可以与之生，而不畏危也。"当然，在注重道的同时，其他四个"天、地、将、法"因素也不可忽视。二是庙算制胜论。庙算，是古代开战前在庙堂举行军事会议、商讨与谋划战争的一种方式。《孙子兵法》主张战前要算，要对战争全局进行计划和筹划，定出可行的战略方针。三是"诡道"制胜论。《孙子兵法》里讲道："兵者，诡道也"。因此，他提出了"能而示之不能；用而示之不用；近而示之远；远而示之近。利而诱之；乱而取之；实而备之；强而避之；怒而挠之；卑而骄之；佚而劳之；亲而离之"的诡道之法，进而达到"攻其不备，出其不意"的目的。

(三) 战略战术思想

中国古代没有战略战术的清晰概念，只有谋略、计谋等实用技巧的介绍，其中有些属于战略范畴，有些属于战术范畴。具体内容主要有：

一是运筹帷幄。《孙子兵法》强调"庙算"，诸葛亮强调"夫用兵之道，先定其谋"，反映出古人用兵注重先定谋略、战略和策略的特点。

二是先发制人。战场上两军对阵，剑拔弩张，谁能争取先机，便占有了主动。正如《尉缭子》所言："故兵贵先，胜于此，则胜彼矣。"

三是兵贵神速。孙子曾说："兵之情主速，乘人之不及""久则钝兵挫锐""故兵贵胜，不贵久"。

四是力争主动。《孙子·军争》中说，"故善战者，致人而不致于人"，强调夺取战争的主动权。《鬼谷子》说"制人者，握权也；见制于人者，制命也"，就是说能控制敌人，就掌握了胜利权；为敌人所控制，将遭受致命的打击。

五是集中兵力。《白豪子》指出"兵之贵合也。合则势张，合则力强，合则气旺，合则心坚"，认为作战最重要的是集中兵力。

六是出其不意。孙子认为："攻其无备，出其不意。此兵家之胜，不可先传也。"

七是奇正互变。孙子说："凡战者，以正合，以奇胜"，奇与正充分体现了用兵的机动灵活性。

八是兵贵其和。《淮南子》提出："良将之用卒也，同其心，一其力"，认为将士同心协力是战争胜利的重要因素。

此外，古代军事理论家还提出了知彼知己、因情定策、"全胜"、文武并用、伐谋伐交、兵不厌诈、避实击虚、各个击破、造形任势、动敌致人、我专敌分、并卒击敌、以逸待劳、善择战机等观点。

二、中国古代军事思想精华——《孙子兵法》

《孙子兵法》又称《孙子》《吴孙子兵法》《孙子兵书》等，现存 13 篇，共计 6076 字，距今两千五百余年。它既是中国现存最早的兵书，也是世界上最早的军事著作，被誉为"兵学圣典"。该书在古今中外流传甚广，影响广泛，在我国和世界军事史上都具有重要的地位，作者为春秋时祖籍齐国乐安（今山东省北部）的吴国将军孙武。

(一)《孙子兵法》的主要军事思想

《孙子兵法》13 篇可分为四个部分。第一部分包括《始计》《作战》《谋攻》，内容侧重战略运筹和谋划，是提挈全书的部分；第二部分包括《军形》《兵势》《虚实》《军争》《九变》，内容侧重论述作战指导思想和原则；第三部分包括《行军》《地形》《九地》，内容侧重论述军队在各种地形、地理条件下的处置原则以及军队在各种环境中的管理问题；第四部分包括《火攻》《用间》，侧重论述特种作战的原则和方法，如以火、水辅助作战，以及利用间谍作战。

关于《孙子兵法》的军事思想，有不同的概括，其主要军事思想表现在以下几个方面。

1. 战争观

《孙子兵法》的战争观主要体现在重战、慎战和备战。

（1）重战思想。《孙子兵法》开篇就指出,"兵者,国之大事,死生之地,存亡之道,不可不察也",意思是说,战争是国家的大事,关系到军民生死、国家存亡,是必须要认真对待的。这段关于战争的精辟概括,是孙子军事思想的基本出发点。

（2）慎战思想。"亡国不可以复存,死者不可以复生,故明君慎之,良将警之。"（国家灭亡了就不能再存在,人死了就不能再活,所以,对待战争问题,明智的国君一定要慎重,贤良的将帅一定要警惕。）从这点出发,孙子主张,"非利不动,非得不用,非危不战。"（不是对国家有利的,就不要采取军事行动;没有把握取胜的,就不能随便用兵;不处在危急紧迫情况下,就不能轻易开战。）

（3）备战思想。"用兵之法,无恃其不来,恃吾有以待也;无恃其不攻,恃吾有所不可攻也。"（用兵的原则,不要寄希望于敌人不会来,而要依靠自己有充分的准备;不要寄希望于敌人不会来攻,而要依靠自己有使敌人无法攻破的条件。）战争的立足点要放在事先做好充分准备,严阵以待,使敌人不敢轻易向我发动进攻的基点上。

2. 战争思想

（1）战争与政治的关系。孙子重视政治因素在战争中的作用。他提出,在决定战争胜负的诸因素中,"道"是根本,是第一位的。这里的"道"即政治因素,指人心向背。如果能做到"上下同欲",就一定能取得胜利。

（2）战争与经济的关系。战争与经济关系密切,战争直接受经济条件的制约。"兴师十万,日费千金",孙子强调战争对经济的依赖。他还提出,"地生度,度生量,量生数,数生称,称生胜",即土地大小决定物产多少,决定士卒数量,决定兵力对比,决定实力强弱,决定胜败的可能性。战争的实施是以充足的物质保障为基本条件的。

（3）战争与自然的关系。战争是在一定的空间和时间上进行的,无不受到天气和地形的制约。孙子非常清楚地认识到这两种自然条件在战争中的地位和作用,并将"天""地"作为决定战争胜负的基本因素。在十三篇中,孙子还专设《地形》《九地》来论述自然地理条件及其利用。

3. 灵活多变的作战方法论

（1）奇正相生。孙子提出,"凡战者,以正合,以奇胜"。奇正,是我国古代的一对军事术语,其含义包括兵力部署和战法两个方面：在兵力部署上,担任正面作战的为正,担任侧击、包围、迂回的为奇;担任钳制敌人的为正,担任突击部队的为奇;列阵对敌为正,集中机动为奇。在战法上,明攻为正,偷袭为奇;按一般原则作战为正,采取特殊战法为奇。军队部署就是一个"奇正"运用的问题,而"奇正"的变化是无穷无尽的,不可拘泥于一格。

（2）示形。孙子所谓的"示形",就是用欺骗的方法迷惑敌人,达到实施己方作战计划的目的。在《始计》中,孙子提出了"诡道十二法",即示形的十几种方法,"能而示之不能；用而示之不用；近而示之远；远而示之近；利而诱之；乱而取之；实而备之；强而避之；怒而挠之；卑而骄之；佚而劳之；亲而离之"，用兵打仗应以诡诈为原则。

（3）击敌之虚。虚与实是古代兵法中的一个重要命题。虚实的含义广泛，包括构成战斗力的各种因素，如兵力的优劣、众寡、强弱、分合，部队的劳逸、饥饱，部署的严松，士气的高低，心理的勇怯，处境的安危，等等。虚实是影响作战胜负的直接因素。因此，孙子反复强调这一作战思想的意义和作用，并专设《虚实》论述这一问题。

（4）知彼知己，百战不殆。孙子是历史上第一个用简洁、明快的语言揭示"知彼知己，百战不殆"这一战争规律的人。他认为，只有知彼知己，在战争中才不会有危险；而"不知彼知己，一胜一负；不知彼不知己，每战必殆"。在知彼和知己上，孙子尤其强调知彼，专设一篇《用间》来说明如何做到知彼。

（5）不战而屈人之兵。孙子提出，"故百战百胜，非善之善者也；不战而屈人之兵，善之善者也"。在他看来，百战百胜，并不是好中最好的，不战而使敌人屈服才是好中最好的。因此他主张，"上兵伐谋；其次伐交；其次伐兵；其下攻城"，最好的是以谋制胜，使敌人屈服；"善用兵者，屈人之兵而非战也，拔人之城而非攻也，毁人之国而非久也，必以全争于天下"，也就是说，善用兵的人，使敌人屈服而不用直接交战，一定要用"全胜"的计谋争胜于天下。这就是孙子对战争指导者的最高要求，是战胜敌人的最佳境界。

4. 战略思想

《孙子兵法》蕴涵着十分丰富的战略思想，即战争全局谋划筹策思想。其战略思想主要有以下内容。

（1）知彼知己、先计先算、全局筹划的思想。孙子强调战前对战争全局进行计划和筹策，定出符合客观实际的战略方针。他主张一切从战争实际出发，强调"知彼知己"，才能"百战不殆"。孙子在《始计》中提出了"庙算"。他指出："夫未战而庙算胜者，得算多也；未战而庙算不胜者，得算少也。多算胜，少算不胜，而况于无算乎！"即在战前，计划周密，胜利条件多，取胜的可能性就大；计划不周，胜利条件少，取胜的可能性就小。而战前不进行计算和比较，取胜的可能性是没有的。同时，孙子提出了决定战争胜负的基本因素，他指出："一曰道，二曰天，三曰地，四曰将，五曰法。"即决定战争胜负的五个方面是道、天、地、将、法。进一步提出以"七计"比较衡量战争双方情况，即算一算、比一比"主孰有道？将孰有能？天地孰得？法令孰行？兵众孰强？士卒孰练？赏罚孰明？"这样就可以预知战争的胜负。庙算制胜，主要是指在战前从战争全局，对战争诸因素进行分析对比后，决定打不打？怎么打？用什么部队打？什么时间打及在什么地点打？如何进行战前准备和后方保障？做到有预见、有计划、有保障，心中有数，打则必胜。因此，战争指导者都必须按照庙算的原则和方法先计后战。也就是先求"运筹帷幄之中"，然后才能"决胜千里之外"。

（2）充分准备、未战先胜的思想。孙子在《军形》中提出了先胜的用兵思想。他指出，"胜兵先胜而后求战，败兵先战而后求胜"，"昔之善战者，先为不可胜，以待敌之可胜。不可胜在己，可胜在敌"。"先胜""先为不可胜"明显反映出孙子要求战前做好周到充分的准备，不打无准备和无把握之仗的思想。孙子的战争准备主要包括：一是思想上的准备，或者说是政治上的准备；二是物质、武器装备上的准备；三是搞好临战状态的作战准备。

（3）以"全"争胜、不战而屈人之兵的"全胜"思想。孙子提出了以"全"争胜、"不战而屈人之兵"的全胜谋略思想。孙子在《谋攻》中指出："是故百战百胜，非善之善者也；不战而屈人之兵，善之善者也"，即他认为在战争中，百战百胜，不是好中最好的；不战而使敌人屈服，才是最好的。孙子又指出："故上兵伐谋；其次伐交；其次伐兵；其次攻城。"即他主张最好的是以谋取胜，使敌人屈服；其次是通过外交途径，分化瓦解敌人的同盟，迫使敌人陷入孤立，最后不得不屈服；再次是用武力战胜敌人；最下策是攻城，硬碰硬的攻坚战。孙子指出："善用兵者，屈人之兵而非战也，拔人之城而非攻也，毁人之国而非久也。必以全争于天下，故兵不顿而利可全，此谋攻之法也。"即他认为善于用兵的人，使敌人屈服不用直接交战，一定要用全胜的计谋争胜于天下，这样军队就不至于疲惫受挫，而又能获得全胜的利益。这是孙子对战争指导者最高的要求，不通过实战就能使敌人屈服，使利益完完全全地取得，这才是高明中最高明的，或者说是战胜敌人的最佳效果。这就是以计谋攻敌的原则和孙子的"全胜"思想。当然，"不战而屈人之兵"的"全胜"思想要有强大的武力保障，如果没有强大的军事实力，就不可能达到不战而胜的目的。总之，不战而屈人之兵的全胜思想，从古代战争历史的发展来看，是一种进步的人道主义的军事思想。如能实行"不战而屈人之兵"的"全胜"思想，将会大大减少战争中的滥杀和破坏现象。

（4）强调进攻速胜、反对持久作战的思想。孙武在作战进攻时强调速胜，反对持久作战，在《作战》中指出，"故兵闻拙速，未睹巧之久也"，"夫兵久而国利者，未之有也。故兵贵胜，不贵久"。同时，他指出，"其用战也，胜久则钝兵挫锐，攻城则力屈。"他认为仗打久了国力会耗尽，而且国际军事形势也会发生变化，容易遭到敌人乘虚而入的进攻。孙子重视进攻速胜，但不忽视防御作战。例如在《军形》中的"善守者，藏于九地之下"，"故能自保而全胜也"；《虚实》中的"守而必固者，守其所不攻也"，"善守者，敌不知其所攻也"。孙子在提出进攻速胜作战理论的同时，也创立了防御作战理论，只不过在当时的历史条件下，孙子更强调和重视进攻速胜。

（5）因粮于敌的战略后勤思想。战争是一种消耗资财的行动，需要雄厚的物资支持。孙子认识到后勤保障的重要性，提出了保障补给的好方法——因粮于敌。孙子在《作战》中指出，"善用兵者，役不再籍，粮不三载，取用于国，因粮于敌。故军食可足也"，即他主张从敌方获得粮食和其他作战物资补充自己。因粮于敌的重大意义还在于，它不仅限于粮食取于敌方，而且可以扩大到军队建设的其他方面（如武器装备、兵员等），从而达到"胜敌而益强"的目的。

（二）《孙子兵法》的地位和影响

1. 《孙子兵法》在中国的影响

《孙子兵法》是中国军事文化遗产中的璀璨瑰宝，是中华优秀文化传统的重要组成部分，是中国古代最伟大的军事理论著作，也是中国古籍在世界影响最大、最为广泛的著作之一。它所阐述的谋略思想和哲学思想，被广泛地运用于军事、政治、经济等各领域中。其内容博大精深，思想精髓富赡，逻辑缜密严谨。大约成书于2500年前的春秋末年，比欧洲克劳塞维茨写的《战争论》约早2300年。

《孙子兵法》有丰富的辩证法思想，书中探讨了与战争有关的一系列矛盾的对立和转化，如敌我、主客、众寡、强弱、攻守、胜败、利害等。《孙子兵法》正是在研究这种种矛盾及其转化条件的基础上，提出其战争的战略和战术的。这当中体现的辩证思想，在中国辩证思维发展史中占有重要地位。《孙子兵法》谈兵论战，集"韬略""诡道"之大成，被历代军事家广为援用。

中国历代兵家名将无不重视对它的研究和应用，曾有两百多位学者为其作注。曹操是我国古代研究《孙子兵法》的大家，他著有《魏武帝注孙子》，是评注《孙子兵法》的第一人。在《〈孙子〉序》中他赞扬说："吾观兵书战策多矣，孙武所著深矣。"在宋朝政府颁布的《武经七书》中，《孙子兵法》列居第一，充分说明了它作为兵学经典的地位。明代茅元仪在其编撰的《武备志》中高度评价："前《孙子》者，《孙子》不遗；后《孙子》者，不能遗《孙子》。"毛泽东称孙武是"中国古代大军事家"，并在他的著作中系统引用《孙子兵法》中的一些原理原则说明问题。我党老一辈革命家朱德、刘伯承、叶剑英等都十分重视对《孙子兵法》的学习和研究。

2. 《孙子兵法》在国外的影响

《孙子兵法》缜密的军事、哲学思想体系，深远的哲理、变化无穷的战略战术，常读常新的探讨韵味，在世界军事思想领域也拥有广泛的影响，享有极高的声誉。

在唐朝初期，《孙子兵法》传入日本，18世纪下半叶传入欧美，成为近代资产阶级军事理论的一个重要思想来源。目前，世界上有多种《孙子兵法》译本，它已被很多国家作为军事研究的必读书目。在美国，《孙子兵法》中的有些原则，如"知彼知己，百战不殆""攻其不备，出其不意"等被列入美军《联合作战纲要》，以指导美军的作战训练。特别是其中的"不战而屈人之兵"思想已被美国当成其对外实施"威慑"战略的理论来源。

除了在军事领域有着深远的影响外，《孙子兵法》中的很多思想、原则已被广泛地运用于政治、经济、体育竞赛等诸多领域。

总之，《孙子兵法》是古今中外军事学术史上的一部出类拔萃的兵书，几千年来一直为人们所尊崇，至今仍享有巨大的声誉，具有极高的研究应用价值。

第三节 中国现当代军事思想

思想是行动的先导，理论是实践的指南。中国共产党在创建和领导人民军队进行长期斗争的实践中，把马克思主义基本原理同中国革命、人民军队建设和国防建设的实践相结合，创造了中国特色的马克思主义军事理论成果，形成了毛泽东军事思想、邓小平新时期军队建设思想、江泽民国防和军队建设思想、胡锦涛国防和军队建设思想、习近平强军思想。它们一脉相承，与时俱进，是各个历史时期指导我军战胜一切艰难险阻、不断发展壮大、从胜利走向胜利的强大思想武器。人民军队从诞生到壮大到向世界一流目标迈进，自始至终贯彻着这些伟大的军事思想理论。

一、毛泽东军事思想

（一）毛泽东军事思想的科学含义

毛泽东军事思想，是"毛泽东关于中国革命战争、人民军队和国防建设以及军事领域一般规律问题的科学理论体系。它是毛泽东思想的重要组成部分。它是马克思主义普遍原理与中国革命战争和国防建设实际相结合的产物，是中国革命战争和国防建设历史经验的升华，是中国共产党领导中国人民及其军队长期军事实践经验的科学总结和集体智慧的结晶，同时也多方面汲取了古今中外军事思想的精华，是中国共产党领导中国革命战争、军队建设、国防建设和反侵略战争的指导思想"。

1. 毛泽东军事思想是马克思主义基本原理与中国革命战争具体实践相结合的产物

毛泽东军事思想来源于中国革命战争的伟大实践。在半殖民地半封建的中国，革命的主要斗争形式是战争，主要组织形式是军队。无产阶级的政党怎样组建军队，如何进行革命战争，如何按照中国革命战争的客观规律将革命引向胜利，这是摆在中国共产党人面前的特殊而又困难的任务。要完成这些任务，需要解决许多特殊而又复杂的问题，而这些问题在马列主义的经典著作中不可能找到现成的答案。以毛泽东为主要代表的中国共产党人，适应中国革命战争的需要，在长期领导中国革命战争的实践过程中，创造性地将马列主义基本原理与中国革命战争的具体实践相结合，正确地解决了这些问题，因而形成了具有鲜明中国特色的马列主义军事理论，即毛泽东军事思想。

2. 毛泽东军事思想是中国人民革命战争、军队和国防建设实践经验的总结

毛泽东军事思想具有鲜明的实践性，中国长期革命战争的实践是毛泽东军事思想赖以产生和发展的源泉和基础。中国共产党在领导全国各族人民，在为完成民主革命而斗争的过程中，经历了北伐战争、土地革命战争、抗日战争和解放战争，推翻了帝国主义、封建主义和官僚资本主义在中国的反动统治，建立了新中国。新中国成立后，又进行了抗美援朝战争、数场边境和海疆的自卫反击作战，从各方面进行了以现代化为中心的国防建设。这些丰富的战争实践和国防建设实践，使得作为军事统帅和理论家的毛泽东能够将其升华为军事理论。

3. 毛泽东军事思想是以毛泽东为代表的中国共产党人集体智慧的结晶

在中国革命战争中，亿万人民群众和广大指战员的斗争经验和首创精神，全党、全军和全国各族人民在规模空前的人民战争中发挥出来的聪明才智，成为毛泽东军事思想最宝贵的源泉。中国革命战争是在若干个互不相连的地区发生和发展起来的。从土地革命时期的红色革命根据地，发展到抗日战争时期的抗日民主根据地，再发展到解放战争时期的各解放区，基本上都是处于被敌人分割的状态。在这种斗争环境中，各革命根据地不仅独立地创造了适应本地区特点的各种斗争手段，而且造就了一大批能够独当一面的革命领袖人物，他们对毛泽东军事思想的形成和发展作出了重要贡献。遵义会议后，党中央逐步形成了以毛泽东为核心的领导集体，毛泽东提出的许多路线、方针、政策和其他重大决策，也都经过了党中央集体讨论，凝聚着老一辈无产阶级革命家的集体智慧。

4. 毛泽东军事思想是毛泽东思想的重要组成部分

在取得全国政权以前的 22 年里，军事斗争是我们党的工作重心，占有最突出的地位。毛泽东投入极大的精力研究军事，指导战争，军事著作在其全部著作中占有大量篇幅，军事思想在其整个思想体系中占有重要地位。在《毛泽东选集》1～5 卷所收录的 158 篇文章中，军事方面的就有 107 篇，约占 68%。在其哲学著作中，如《实践论》中列举了 6 个例子，其中就有 3 个是讲战争的；《矛盾论》中列举了 21 个例子，其中 16 个是讲战争的。毛泽东军事思想是毛泽东思想最详细、最深刻、最全面的证明和运用，是毛泽东思想发展成熟的最显著标志之一。

知识拓展

新中国十大元帅和十大将

1955 年 9 月 27 日，第一届全国人民代表大会常务委员会第二十二次会议通过了授予中华人民共和国元帅军衔的决议。毛泽东主席颁发命令状，授予朱德、彭德怀、林彪、刘伯承、贺龙、陈毅、罗荣桓、徐向前、聂荣臻、叶剑英 10 人中华人民共和国元帅军衔。

同年，粟裕、黄克诚、谭政、萧劲光、王树声、陈赓、罗瑞卿、许光达、徐海东、张云逸 10 人被授予大将军衔。

（二）毛泽东军事思想的形成发展

毛泽东军事思想的形成和发展是一个历史过程，它是在中国革命战争的发展过程中逐步形成为一个科学体系的。

1. 产生时期（1921 年 7 月—1935 年 1 月）

1921 年 7 月中国共产党成立至 1935 年 1 月遵义会议前，是毛泽东军事思想的产生时期。在俄国十月革命的影响下，中国共产党逐渐认识到军事工作在中国革命中的重要性。在第一次国共合作时期，我党开始直接掌握和影响部分军队，开始认识到武装斗争的重要性。第一次国内大革命失败的严酷现实，使中国共产党人进一步认识到武装斗争和掌握军队的深刻重要性。1927 年 8 月 1 日的南昌起义，打响了武装反抗国民党反动派的第一枪，开创了我党独立领导武装斗争的新时期。同年 8 月 7 日，毛泽东在党的"八七"会议上，提出了"枪杆子里面出政权"的著名论断。9 月，毛泽东又亲自发动和领导了湘赣边界的秋收起义,并在井冈山建立了第一个农村革命根据地,实行"工农武装割据",开辟了一条以农村包围城市的崭新的革命道路。从三湾改编到古田会议,毛泽东提出并制定了建设新型人民军队的建军原则。在后来的反"围剿"武装斗争中,毛泽东提出并实践了动员群众、依靠群众和武装群众的人民战争思想,并形成了丰富的红军作战原则。这一时期,以毛泽东为主要代表的中国共产党人,从中国的实际情况出发,不断地探索和总结武装斗争和军队建设的经验,提出了中国革命战争的总方针,创造性地解决了中国革命的道路问题,提出了人民战争思想及一系列人民战争的战略战术原则。至此,毛泽东军事思想的基本内容已经产生,为其科学体系的形成奠定了坚实的基础。

2. 形成时期(1935年1月—1945年8月)

遵义会议至抗日战争胜利,是毛泽东军事思想科学体系的形成时期。遵义会议纠正了王明"左"倾冒险主义在军事领导上的错误,重新肯定了以毛泽东为代表的正确军事路线,确立了毛泽东在红军和中共中央的领导地位。这是中国革命由挫折走向胜利的一个伟大的历史转折点,也是毛泽东军事思想由产生到形成发展的起点。红军长征到达陕北后,毛泽东在指挥作战之余,开始总结土地革命战争以来的经验,把土地革命战争时期产生的军事思想创造性地运用于抗日战争,制定了抗日民族统一战线的政治路线和军事战略方针。1936年12月,毛泽东在《中国革命战争的战略问题》一文中,阐明了无产阶级对待战争的根本立场、观点和研究指导战争的基本方法,深刻地分析了中国革命战争的特点和规律,系统地论述了中国革命战争的战略指导问题,确立了积极防御的基本原则。

随后,毛泽东在《抗日游击战争的战略问题》《论持久战》《战争和战略问题》等著作中,深刻分析了中国革命战争特别是抗日战争的特点和规律,确立了指导战争的方针和原则及战略和策略问题,创立了系统的游击战争理论,全面阐述了人民军队的建军宗旨、原则和人民战争的基本内容。至此,毛泽东军事思想所涉及的无产阶级战争观和方法论、人民军队、人民战争、人民战争的战略战术等方面,都已发展成为系统的理论,形成了比较完整的军事科学体系。

3. 丰富发展时期(1945年8月以后)

抗日战争胜利至新中国成立以来的和平建设时期,是毛泽东军事思想的丰富发展时期。抗日战争胜利后,我军经历了解放战争、抗美援朝战争及社会主义和平建设三个时期,毛泽东军事思想得到了全面丰富和发展。在战争指导上,毛泽东相继发表了《抗日战争胜利后的时局和我们的方针》《以自卫战争粉碎蒋介石的进攻》《集中优势兵力,各个歼灭敌人》《大举出击,经略中原》《解放战争第二年的战略方针》《目前的形势和我们的任务》《评西北大捷兼论解放军的新式整军运动》《关于三大战役的作战方针》《将革命进行到底》等大量文章。他在《目前的形势和我们的任务》一文中明确提出了著名的十大军事原则。解放战争时期,毛泽东军事思想得到了极大的发展,不仅使战略防御和运动战理论有了发展,而且还创立了战略进攻、战略决战和战略追击的系统理论。夺取全国政权后,毛泽东根据新的历史条件,及时提出建设现代化国防的战略任务。毛泽东明确指出"我们不但要有一个强大的陆军,还要有一个强大的空军和一个强大的海军",为和平时期建军指明了方向。抗美援朝战争是一场挫败现代化敌人的反侵略战争。毛泽东根据当时的情况和特点,提出了一系列在现代条件下进行反侵略战争的理论及原则,如对美军实行战术小包围,打小规模歼灭战;把阵地战提高到战略地位;建立强大的后勤系统,搞好后勤保障;军事打击紧密配合政治斗争等。新中国成立以后,毛泽东提出了建设现代化、正规化的国防军,发展尖端国防科技和全民皆兵的思想,指出要在大力发展国民经济、增强国家经济实力的基础上,建立完整的国防工业体系,发展现代化的技术装备,独立自主地建设强大的国防,做好反侵略战争的准备。

(三) 毛泽东军事思想的主要内容

毛泽东军事思想博大精深,是一个完整的科学体系。其内容主要包括:无产阶级的战争观和方法论、人民军队建设思想、人民战争思想、人民战争的战略战术和国防建设思想五个部分。

1. 无产阶级的战争观和方法论

1) 战争观

无产阶级的战争观主要包括战争的起源和根源、战争的本质和目的、战争与政治的关系、战争与经济的关系、战争的性质与对待战争的态度、战争的最终目的和消灭战争的途径等。

(1) 战争的起源和根源。毛泽东在对战争起源和根源问题进行研究时,作出了精辟的概括:"战争——从有私有财产和有阶级产生以来就开始了的,用以解决阶级和阶级、民族和民族、国家和国家、政治集团和政治集团之间在一定发展阶段上的矛盾的一种最高的斗争形式。"这一科学阐述指明了战争的范围和战争的必然性与间断性的关系,指出了压迫与被压迫必然导致战争,但这种矛盾的对抗并不是随时以战争的形态出现,它有一定的潜伏期,潜伏期内表现为其他的斗争形式,只有其他形态的斗争难以解决时,才激化为战争这种最高斗争形式,从而揭示了战争时起时伏的特征。概括地讲,即战争产生于私有制和阶级矛盾,只要存在私有制和阶级,战争就不会消亡。

(2) 战争的本质和目的。毛泽东通过对战争与政治、经济关系的论述,得出战争的本质和目的,无非是为了取得或维护政治地位和经济利益。

(3) 战争与政治的关系。毛泽东在《论持久战》中指出:"政治是不流血的战争,战争是流血的政治。"同时毛泽东指出了战争的特殊性,他说:"战争不等于一般的政治。政治发展到一定的阶段,再也不能照旧前进,于是爆发了战争,用以扫除政治道路上的障碍。"这些论断阐明了两层含义:其一,战争的政治本质,说明战争从属于政治、服务于政治,战争是达到政治目的的一种特殊手段;其二,战争不仅是实现政治目的的手段和工具,而且反作用于政治,推动政治发展。

(4) 战争与经济的关系。毛泽东认为,革命战争的出发点和目的,最终原因都是经济原因,都是为了解放和发展生产力,改变社会关系。结合战争的起源问题,毛泽东阐明了战争与经济的三个关系:其一,战争起源于一定的生产方式;其二,战争依赖于社会的经济力量；其三，战争是为了一定的经济利益。

（5）战争的性质与对待战争的态度。毛泽东对战争的性质作了科学的划分，他说："历史上的战争分为两类，一类是正义的，一类是非正义的。一切进步的战争都是正义的，一切阻碍进步的战争都是非正义的。"战争正义与非正义之分，决定了无产阶级对待战争的态度。毛泽东说："我们共产党人反对一切阻碍进步的非正义的战争，但是不反对进步的正义战争。对于后一类战争，我们不但不反对，而且积极地参加。"

（6）战争的最终目的和消灭战争的途径。毛泽东提出了研究和进行战争的最终目的是为了消灭一切战争，实现人类的永久和平，而消灭战争的途径是用战争反对战争，从而将无产阶级对待战争的态度与战争的最终目的科学统一起来。毛泽东明确指出："战争——这个人类互相残杀的怪物，人类社会的发展终究要把它消灭的。但是消灭它的方法只有一个，就是用战争反对战争，用革命战争反对反革命战争，用民族革命战争反对民族反革命战争，用阶级革命战争反对阶级反革命战争。"

2）方法论

毛泽东和老一辈无产阶级革命家，在研究和指导中国革命战争的实践中，把辩证唯物主义和历史唯物主义的普遍原理与中国革命战争的实际相结合，逐步形成了具有中国特色的一整套研究和指导战争的基本方法。这些基本方法，对研究和指导战争具有普遍的指导意义。

具体来说，毛泽东的战争方法论主要包括以下三个方面：

（1）遵循战争规律研究并指导战争。毛泽东认为，战争是一种社会历史现象，是客观物质运动的形式之一，像自然界和其他社会活动的领域一样，战争是有规律可循的。他说："战争不是神物，仍是世间的一种必然运动，……战争的特性也使人们在许多的场合无法全知彼己，因此产生了战争情况和战争行动的不确定性，产生了错误和失败。然而不管怎样的战争情况和战争行动，知其大略，知其要点，是可能的。"既然这样，人们就可以认识战争，把握战争的规律，并通过认识战争去指导战争。

（2）运用阶级分析方法研究并指导战争。所谓阶级分析方法，就是运用马克思主义关于阶级和阶级斗争的观点，去观察和认识阶级社会的历史现象的一种方法。毛泽东结合中国革命战争的实际，把马克思主义阶级斗争的学说成功地运用于中国革命战争的全过程，并在实践中丰富和发展了这一思想。例如，毛泽东和老一辈革命家提出了无产阶级在中国革命战争中的领导权问题。在此基础上，毛泽东论证了无产阶级如何实现革命领导权的问题，以及和资产阶级争夺领导权的问题。

（3）坚持辩证的观点研究并指导战争。运用辩证唯物主义观点研究指导战争，是毛泽东战争方法论的重要内容，贯穿中国革命战争的全过程。这种方法包括：着眼特点，具体地研究战争；着眼发展，动态地研究战争；着眼全局，整体地研究战争；着眼实际，客观地研究战争；着眼矛盾，运用对立统一规律研究战争。综上所述，毛泽东战争方法论最根本的一点，就是一切从战争的客观实际出发，具体情况具体分析，实事求是地研究和指导战争，这是毛泽东军事思想的精髓所在。

2. 人民军队建设思想

毛泽东认为，建设一支新型的人民军队，是进行中国革命的首要条件。在长期的革命战争中，他总结和提出了一整套人民军队建设的理论和原则。

1) 坚持党对军队的绝对领导，确保人民军队的性质

毛泽东提出了"枪杆子里面出政权"思想和"党指挥枪"的原则，指明我军必须是中国共产党绝对领导下的，执行无产阶级革命政治任务的武装集团。坚持中国共产党对军队的绝对领导，是确保人民军队的无产阶级性质的根本原则。党对军队的绝对领导主要是通过政治领导、思想领导、组织领导来实现的。政治领导，就是用党的纲领、路线、方针和政策统一军队的思想和行动，以保证军队有坚定正确的政治方向，始终同党中央保持一致；思想领导，就是用无产阶级思想教育军队中的广大官兵，使其树立无产阶级世界观，克服各种非无产阶级思想；组织领导，就是在党的统一领导下，建立健全各种制度，发挥党委的核心领导作用、支部的战斗堡垒作用及党员的先锋模范作用，保证政治领导和思想领导的实现。

2) 全心全意为人民服务是我军唯一宗旨

毛泽东指出："紧紧地和中国人民站在一起，全心全意地为中国人民服务，就是这个军队的唯一宗旨。"无论是战争时期还是和平时期，我军始终遵循这一宗旨。此宗旨是我军建军原则的核心，是我军区别于其他任何军队的本质特征。

3) 坚持"官兵一致、军民一致和瓦解敌军"的政治工作三原则

毛泽东反复强调政治工作是人民军队的生命线。我军的政治工作，随着革命战争的发展而逐步完善，形成了"官兵一致、军民一致和瓦解敌军"的三大原则。官兵一致的原则，体现了我军内部上下级之间政治上平等的关系，这是与旧式军队的根本区别之一；军民一致的原则，是人民军队本色的体现；瓦解敌军的原则，是从精神上征服敌人，是促进敌人从内部瓦解的有效武器，是加速敌人崩溃的战略性原则。除以上原则外，毛泽东还制定了服从于人民根本利益的铁的革命纪律；实行了军队内的民主主义，即政治、军事、经济三大民主；规定了人民军队必须担负战斗队、工作队和生产队三大任务，这在世界军队发展史上是罕见的；确定了人民军队的建设方向，毛泽东提出，"与现代化装备相适应的，就是要求部队建设的正规化，就是要求实行统一的指挥、统一的制度、统一的编制、统一的纪律、统一的训练，就是要求实现诸兵种密切的协同动作。"他还强调要正确处理好现代化、正规化与革命化之间的关系，强调人民军队要加强教育训练等。

3. 人民战争思想

人民战争是我党历来坚持的指导战争的根本路线，是我党的战争指导思想，是毛泽东军事思想的核心内容。

1) 人民战争思想的理论基础

人民战争，就是广大人民群众为了反抗阶级压迫或民族压迫而组织并武装起来进行的战争。人民战争必须具备两个条件：一是战争的正义性，二是广泛的群众性。毛泽东人民战争思想之所以成为无产阶级最先进的军事理论科学，成为我党进行革命战争的基本指导路线，就在于它有着坚实的理论基础。

人民群众是推动社会发展的根本动力。毛泽东指出："人民，只有人民，才是创造

世界历史的动力。"这是人民战争思想的基本出发点。

战争伟力存在于民众之中。毛泽东从唯物史观的高度考察战争,科学地阐明了人民群众在革命战争中所起的伟大作用。他指出:"战争的伟力之最深厚的根源,存在于民众之中。"革命战争如果离开了人民群众,那就是无源之水、无本之木,也就失去了进行战争的雄厚的物质基础。

战争胜负的决定因素是人而不是物。毛泽东人民战争思想之所以成为我军以弱胜强、克敌制胜的法宝,就在于他最合理地把进行战争的人力、物力这两个最基本的因素巧妙地结合起来,构成一个有机的整体,在革命战争中发挥出最佳的作战效能。毛泽东明确地指出:"武器是战争的重要的因素,但不是决定的因素,决定的因素是人不是物。"

2) 人民战争思想的主要内容

(1) 党的正确领导是人民战争取得胜利的根本保证。实行人民战争必须要有正确的领导,必须要有革命的政策和措施。我国的革命战争,从星星之火开始,逐步形成燎原之势,最后战胜国内外强大的敌人,取得中国革命战争的彻底胜利,从根本上说,就在于我们所进行的革命战争,有以毛泽东为代表的中国共产党的正确领导,这是实行人民战争的首要条件。

(2) 坚决依靠人民群众进行武装斗争。毛泽东指出:"兵民是胜利之本""广泛深入地动员群众是进行人民战争的基本条件"。毛泽东人民战争思想的实质就是在革命战争中实现彻底的群众路线,一切为了人民,坚决依靠人民,充分动员人民,把人民组织和武装起来,进行人民战争。只有依靠、动员、武装人民群众,才能实行全面、彻底的人民战争。

(3) 实行以人民军队为骨干的"三结合"的武装力量体制。毛泽东在指导中国人民革命战争的实践中,为了适应人民战争的需要,创造了以人民军队为骨干的"三结合"的武装力量体制。在土地革命时期,毛泽东实行主力红军、地方红军和赤卫队"三结合";在抗日战争时期,实行主力兵团、地方兵团和人民自卫军"三结合";在解放战争时期和新中国建立后一段时间,实行野战军、地方军和民兵"三结合"。

(4) 建立巩固的革命根据地。创建革命根据地,走农村包围城市最后夺取中国政权的道路,是毛泽东指导中国革命战争的伟大战略思想,是中国革命战争的显著特点之一。其具体内容是:在中国共产党的领导下,在敌人统治力量薄弱的农村地区,依靠和发动农民群众,实行土地革命,建立和组织民主政权,进行武装斗争,实行工农武装割据,把落后的农村建成先进的巩固的革命根据地,造成军事上、政治上、经济上、文化上的革命阵地,并以此为依托,开展广泛的人民战争。

(5) 以武装斗争为主与其他斗争形式密切结合。毛泽东认为:"统一战线和武装斗争,是战胜敌人的两个基本武器。"为了战胜强大的敌人,仅靠武装斗争还不够,还必须将其他战线、其他形式的斗争开展起来,包括工人的、农民的、青年和妇女的斗争,经济战线、外交战线和思想文化战线上的斗争,公开的和秘密的斗争等,与武装斗争相配合,发挥对敌斗争的整体效应。

(6) 实行与人民战争相适应的战略战术。进行人民战争,不能局限于采取一般的作战方法，而应采取适合人民战争特点的战略战术。这种战略战术建立在人民战争的基础上，具体是指承认在武器装备等方面的对比上敌强我弱的条件下，充分地利用敌方的一切弱点，发扬人民战争的一切优点，一切从实际出发，灵活机动地进行作战，把战略上的劣势逐步转为优势。

4. 人民战争的战略战术

人民战争的战略战术是指中国共产党领导的人民战争所采取的适合中国革命特点和规律的一系列作战方针、原则和方法。其基本精神是：一切从敌我双方的实际情况出发，你打你的，我打我的；有什么枪打什么仗，对什么敌人打什么仗，在什么时间地点打什么时间地点的仗；灵活机动，不拘一格，扬长避短，力争主动，利用矛盾，各个击破；进攻时反对冒险主义，防御时反对保守主义，退却时反对逃跑主义，有效地达到保存自己、消灭敌人的战争目的。它揭示了中国革命战争的指导规律，是毛泽东军事思想中十分精彩的部分，内容非常丰富。

（1）战略上藐视敌人，战术上重视敌人。毛泽东指出："从战略上看，必须如实地把帝国主义和一切反动派，都看成纸老虎。从这点上，建立我们的战略思想。另一方面，它们又是活的铁的真老虎，它们会吃人的。从这点上，建立我们的策略思想和战术思想。"毛泽东关于帝国主义和一切反动派既是"纸老虎"又是"真老虎"的论断，奠定了人民战争战略战术的基本原则。在战略上，敌人是"纸老虎"，我们要藐视它，树立敢打必胜的信心；在战术上，敌人又是"真老虎"，我们要重视它，讲究斗争策略和斗争艺术。

（2）保存自己，消灭敌人。保存自己，消灭敌人，是战争的目的。毛泽东指出："保存自己消灭敌人这个战争目的，就是战争的本质，就是一切战争行动的根据。"进攻，是直接为了消灭敌人，同时也是为了保存自己。防御，是直接为了保存自己，同时也是辅助进攻或准备转入反攻的一种手段。

（3）实行积极防御，反对消极防御。毛泽东指出："积极防御，又叫攻势防御，又叫决战防御。消极防御，又叫专守防御，又叫单纯防御。消极防御实际上是假防御，只有积极防御才是真防御，才是为了反攻和进攻的防御。"积极防御的战略思想要求在敌强我弱和敌优我劣的情况下，首先经过战略防御，采取各种不同形式的作战，不断削弱和消耗敌人，逐步改变力量对比，摆脱战略上的被动局面，争取战争的主动权。然后适时地转入战略反攻或进攻，在有利情况下实施决战，稳步地实现整个战争的目标。

（4）集中优势兵力，各个歼灭敌人。集中兵力打歼灭战，是毛泽东一贯的作战指导思想，我国的人民战争创造性地运用和发展了这一思想。他提出："我们的战略是'以一当十'，我们的战术是'以十当一'，这是我们制胜敌人的根本法则之一。""对于人，伤其十指不如断其一指；对于敌，击溃其十个师不如歼灭其一个师。"

人民战争的战略战术除以上四项内容外，还包括：游击战、运动战、阵地战三种作战形式；做好战争准备，不打无准备、无把握之仗；战略上持久，战术上速决；以歼灭战为主，辅之以消耗战；慎重初战，执行有利决战，避免不利决战；作战指导上的主动性、灵活性和计划性等。

5. 国防建设思想

新中国成立后，毛泽东从实际情况出发，适应新形势新任务的需要，总结国防建设和国防斗争的实践经验，创立了国防建设理论。

（1）建设现代化、正规化的革命军队，建设诸军种、兵种合成的国防军。毛泽东提出，我们不但要有强大的陆军，而且要建设强大的空军和海军力量。他亲自领导了我军现代化、正规化建设。他亲自主持颁布了各种条令、条例，开办了各类正规的军事院校，加强了部队训练，颁布了新中国第一部兵役法，使我军实现了由步兵为主的单一陆军向诸军兵种合成军队的转变。

（2）确立了发展尖端国防科技的战略。大力发展国防科技，确立了发展"两弹一星"的国防科技战略，建立现代化的、完整的国防科研和国防工业体系。毛泽东指出："我们不但要有更多的飞机大炮，而且还要有原子弹。在今天这个世界上，我们要不受人家欺负，就不能没有这个东西。"在这个战略思想的指导下，在自力更生的基础上，我国实行了常规武器与尖端武器相结合的发展模式，并优先发展尖端战略武器的方针，研制、生产出原子弹、氢弹、卫星和导弹等一系列新式武器和装备。

（3）积极防御战略思想有了新的发展。毛泽东根据国家安全利益的需要，从国际形势、我国周边安全环境和我国的具体情况出发，确立了我国的国防战略、国防建设的目标和方针。1956年，毛泽东批准了中央军委提出的阵地战结合运动战为未来反侵略战争的主要作战形式的积极防御的战略方针。之后，他又反复强调这一思想。20世纪50年代以后，毛泽东又相继提出"大办民兵师""全民皆兵""深挖洞、广积粮、不称霸"的战略思想，进一步完善了国防动员体制，加强了国防后备力量建设。

（4）在经济建设和国防建设协调发展的基础上搞好国防建设。毛泽东正确地解决了经济建设和国防建设的辩证关系。一方面，要加强国防建设，首先要加强经济建设；另一方面，国防建设要服从国家经济建设，与国力相适应；同时，国家经济的发展也要照顾到国防建设的需要。

（四）毛泽东军事思想的历史地位

毛泽东军事思想是马列主义军事思想宝库中一颗璀璨的明珠，在中国军事思想发展史上具有划时代的意义，在世界军事思想发展史上独树一帜，具有重要的历史地位。

1. 毛泽东军事思想对马列主义军事理论作出了重大而独特的贡献

毛泽东创造性地运用和发展了马列主义的军事理论，并将其发展到一个新的高度，极大地丰富了马列主义军事科学的理论宝库。毛泽东的主要贡献在于：科学地阐明了关于研究和指导战争的战争观和方法论；开创了一条农村包围城市、武装夺取政权的革命道路；创建了一支新型的人民军队；丰富和发展了马列主义的人民战争思想；创造了适合中国特点的人民战争的战略战术。

2. 毛泽东军事思想在世界上具有广泛而深刻的影响

随着中国革命战争的胜利，毛泽东军事思想日益引起世界的瞩目。抗美援朝战争等战争的胜利，更引起西方对毛泽东军事思想的极大兴趣。日、美、英、法、德等国的学者，曾在20世纪60年代和70年代掀起过两次研究毛泽东军事思想的热潮。许多国家都成立了毛泽东军事思想的研究会和学习会。

各国学者着重从创新与发展上认识毛泽东在战争理论上的杰出贡献。美国前国务卿基辛格在《核子武器与外交政策》一书中指出，关于共产党军事思想的最好阐述，不见诸苏联的著作，而见诸中国的著作，这套军事理论表现出高度的分析能力、罕有的洞察力。日本1962年《防卫年鉴》指出，如果说古代孙子的兵书是哲学性的，克劳塞维茨的兵书是科学性的，那么毛泽东的兵书则是彻底的现实性的东西，如果说前两种是以学习兵法的人为对象的，那么毛泽东的著作则能使每一个士兵、民兵、群众所理解。英国巴特曼将军强调，研究毛泽东的军事思想对自由世界来说，主要的不仅是要理解他的军事思想，而且还要将这些军事思想运用于在东亚的西方军队所面临的越来越多的难题之中。他认为，过去由于不懂得毛泽东的理论的意义，导致了美国人在越南、英国人在东方遭受了类似的失败，并有可能在非洲和拉丁美洲吞下类似的苦果。他提出根据毛泽东的军事思想，不但要研究游击队向正规军发展问题，而且还要研究正规军如何打游击战的问题。

毛泽东军事思想的影响已经超越国界，在世界军事思想史上占有重要的地位，成为全世界革命人民的共同财富，并将永远载入人类进步事业的史册。

3. 毛泽东军事思想永远是我军克敌制胜的法宝

毛泽东军事思想运用辩证唯物主义和历史唯物主义的原理，批判地吸取了古今中外优秀的军事思想遗产，是科学的、先进的、完整的军事理论体系。毛泽东军事思想既揭示了中国革命战争的特殊规律，又反映了现代战争和国防建设的一般规律，是经过实践检验过的科学真理。

自从有了毛泽东军事思想，中国革命和革命战争就别开生机，克服了前所未有的艰难险阻，战胜了国内外强大的敌人，取得了历史性的胜利。正如邓小平同志所说的："没有毛主席，至少我们中国人民还要在黑暗中摸索更长的时间。"

毛泽东军事思想并没有结束，它需要随着历史条件的变化而不断发展。我们要适应历史条件的发展变化，运用毛泽东军事思想的立场、观点和方法研究和解决当代条件下的建军和作战问题。毛泽东军事思想不仅适用于昨天，同样适用于今天和明天。毛泽东军事思想的基本原则，反映了现代战争和军队建设的一般规律，是经过实践检验了的科学真理，对我军打赢未来信息化条件下的局部战争，具有普遍的指导意义。

二、邓小平、江泽民、胡锦涛三代领导集体的军事思想

在改革开放和社会主义现代化建设事业的伟大历史进程中，邓小平、江泽民和胡锦涛三代领导集体，运用马列主义理论和毛泽东思想基本原理，结合各自所处历史时期的新情况、新问题，根据战争规律和军队建设需要，分别提出有关战争、国防、军队建设等方面的理论认识，体现了新的历史时期中国共产党人的集体智慧，展现了对马列主义军事理论、毛泽东军事思想的继承、发展和创新。

（一）无产阶级战争观的新拓展

邓小平、江泽民、胡锦涛三代中央领导集体，在领导全党和全国人民努力开辟社会主义改革开放和现代化建设事业的伟大进程中，在领导新时期我军建设的伟大实践中，对国际形势进行了全面而深刻的观察、思考和科学分析，运用马列主义和毛泽东军事思想的基本原理，对无产阶级战争观进行了丰富和拓展。

邓小平提出"和平与发展是当今世界的主题""世界大战可以避免""霸权主义是现代战争的主要根源"三大论点，并且阐述了"和平与发展""避免世界大战""霸权主义"三者之间的辩证关系。邓小平认为，维护、促进世界的和平与发展，就必须反对霸权主义，建立合理的国际政治、经济新秩序，避免世界性大战的发生；而避免世界性大战的主要条件，就是要使和平力量不断发展，阻止霸权主义全球战略部署的完成。比如，在解决国际争端问题上，多考虑以和平方式调解，如政治手段、外交手段、经济手段等。这种"以和抑战"的新思路，既是对马克思主义"以战止战""以战灭战"等观点的丰富和发展，也是对毛泽东军事思想实行积极防御战略方针的继承、发扬和延伸。

江泽民指出，和平与发展仍然是世界的主流，战争危险依然存在。我国安全环境总体上是好的，但我们必须居安思危，清醒地认识到新形势下所面临的威胁和挑战，做好高技术条件下的战争准备。

胡锦涛指出，当今世界和平是主流，但安全形势依然严峻。中国面临传统安全威胁和非传统安全威胁，国家安全问题的综合性、复杂性、多变性进一步增强。他强调要不断提高应对多种安全威胁、完成多样化军事任务的能力，确保我军能在各种复杂形势下有效应对危机、维护和平，遏制战争、打赢战争。

（二）新时期军事战略思想

邓小平坚持从新的历史条件出发，继承和发展积极防御的战略思想：一是强调了寓攻于防、攻防结合这个积极防御战略思想的基本精神，二是强调了要充分重视战争准备的基本精神，三是强调了坚持后发制人的基本精神，四是强调了持久作战的基本精神。关于坚持积极防御战略方针，邓小平主要强调三个方面的问题：一是强调在新的历史时期，必须坚持积极防御的战略方针；二是强调坚持积极防御的战略方针，必须立足以劣势装备战胜优势装备之敌；三是强调坚持积极防御的战略方针，在军事上必须适应实际的发展变化，保持战略指导上的灵活性，以适应不同对象、不同方向、不同样式和不同规模的局部战争与武装冲突的需要。

江泽民根据国际形势和军事斗争形势，结合我国国情、军情，指出今后一个时期我军继续坚持实行积极防御的军事战略方针，并强调务必把积极防御战略与当代军事斗争的最新发展趋势结合起来，把军事斗争准备的基点放在打赢现代技术特别是高技术条件下的局部战争上。

胡锦涛提出，中国要坚持奉行积极防御性的国防政策，要继续实施科技强军战略；要着眼国家发展大局，拓宽安全战略和军事战略视野；要加强对现代条件下人民战争战略战术的研究，特别是以劣胜优的战法研究，积极探索"道高一尺，魔高一丈"的制敌办法，努力做到"剑不如人"但"剑法优于人"。

（三）现代条件下的人民战争思想

邓小平强调，在新的历史条件下，在国内外环境发生了很大变化的情况下，要继续坚持现代条件下的人民战争：一是将无产阶级夺取政权为主要目标的人民战争，发展为捍卫国家领土和主权完整的人民战争；二是把阶级和意识形态冲突为主导因素的人民战争，发展成为维护国家利益和地区稳定而进行的人民战争；三是把准备举国迎敌的人民战争，发展为局部方向、局部地区使用局部力量，进行有限目的和规模为主的人民战争；四是将"小米加步枪"对付"飞机、坦克加大炮"的人民战争，发展成为以现代化的武器装备对付现代技术特别是高技术装备之敌的人民战争。

江泽民指出，根据新的情况，积极发展人民战争的思想；要坚持"平战结合，寓军于民，军民团结"，加强民兵和预备役部队建设，完善国防动员体制；要加强国防教育，增强全民国防观念；要深入开展拥政爱民，进一步巩固军民团结。

胡锦涛强调，要创造性地发展人民战争思想，创新人民战争理论；要以信息化条件下的人民战争为背景，努力创新和发展具有时代特色的人民战争思想；要正确认识人和武器装备的辩证关系，实现人与武器的最佳结合；要进一步调整和完善国防动员体制，最大限度地把战争潜力转化为战争实力；要坚持走中国特色军民融合式发展道路。

（四）新时期人民军队建设思想

邓小平在继承毛泽东人民军队建设思想基础上，提出了以下人民军队建设思想：一是强调现代化是我军"四化"建设的中心，即军事人才的现代化、武器装备的现代化、体制编制的现代化和军事理论的现代化。二是建立科学的体制编制。邓小平从提高军队战斗力的目的出发，提出"精兵、合成、平战结合、提高效能、有利于人才成长"的军队体制编制改革指导原则。三是以提高战斗力作为军队建设的根本标准。邓小平指出，提高现代战争条件下的战斗力，主要表现在提高以下五种作战能力：协同作战能力、快速反应能力、电子对抗能力、后勤保障能力、野战生存能力。四是把教育训练提高到战略地位。邓小平指出，军队战斗力的增长，在战时主要通过"从战争中学习战争"的实践达到，在和平时期则主要通过教育训练来实现。五是加强和改进新时期军队思想政治工作。

江泽民紧紧围绕我军"打得赢"和"不变质"两大历史性课题，丰富和拓展了毛泽东人民军队建设思想和邓小平新时期军队建设思想：一是坚持和加强党对军队的绝对领导；二是按照"政治合格、军事过硬、作风优良、纪律严明、保障有力"的"五句话"总要求，全面加强军队建设；三是认真贯彻"三个代表"重要思想，把思想政治建设摆在全军各项建设的首位；四是走科技强军和精兵之路；五是努力完成机械化和信息化建设，实现我军现代化的跨越式发展。

胡锦涛坚持以科学发展观指导军队建设：一是推进我军"三化"建设（革命化、

现代化、正规化）；二是加强科学管理，落实从严治军，不断提高军队建设质量；三是加强军队思想政治建设，提出我军的优良革命传统"听党指挥、服务人民、英勇善战"；四是加强军队各级党委和部队的先进性建设；五是坚持以人为本，加快转变战斗力生成模式。

（五）新时期国防建设理论

邓小平通过对国际形势的长期观察和深思熟虑，提出了中国特色国防建设理论：国防和军队建设指导思想实行战略性转变，其实质是军队和国防建设从过去立足于早打、大打、打核战争的临战总任务状态，转向和平时期加强军队质量建设的正确轨道上来；国防建设必须服从国家经济建设大局；建立精干的常备军与强大的国防后备力量相结合的武装力量体制；发展国防工业要实行"军民兼容，平战结合"的方针；发展国防科技要坚持自力更生与引进技术相结合的原则。

江泽民指出，四个现代化建设是一个整体，建设巩固的国防是我国现代化建设的战略任务，是维护国家统一和全面建设小康社会的重要保障；我们在进行经济建设的同时，切不可忽视国防建设，始终要把国防建设摆在一个重要的位置；国防建设与经济建设协调发展，在经济发展的基础上推进国防和军队现代化建设。江泽民强调，越是在和平时期，越要宣传国防建设的重要意义，全军同志更要居安思危，增强忧患意识，克服和平麻痹思想，同时增强人民的国防观念。

胡锦涛从国家安全形势发展变化和新世纪新阶段国防建设发展的内在要求角度出发，提出富国和强军是加强国防建设的必由之路，国防建设必须贯彻落实科学发展观；要坚持国防建设与经济建设协调发展，统筹国防资源与经济资源，把国防建设融入现代化建设全局之中，使国防和军队现代化进程与国家现代化进程相一致；要坚持全民办国防的方针，广泛开展全民国防教育，在全社会形成关心国防、热爱国防、建设国防、保卫国防的生动局面。

三、习近平强军思想

习近平强军思想是以习近平同志为核心的党中央，在指导军队建设强军事业伟大实践中孕育的科学思想体系，揭示了强军制胜的根本规律，闪耀着马克思主义思想方法的光辉，是指引强军事业发展进步的科学指南。这一思想立论于马克思主义基本原理，立足于新时代国防和军队鲜活实践，深刻回答了强军兴军的使命任务、目标方向、原则制度、根本指向、战略布局、重要路径等一系列根本性问题，是一个逻辑严密、意蕴深远的科学军事理论体系。

（一）习近平强军思想的创立形成

习近平强军思想的创立形成，是时代的产物，是历史、理论和实践逻辑相统一的过程。

1. 新时代呼唤党的军事指导理论创新，习近平强军思想凝结时代精神的精华

时代是思想之母。习近平强军思想，是在中国特色社会主义进入新时代、世情国情军情发生深刻变化的历史条件下形成发展的。面对世界百年未有之大变局，习近平强军思想始终以宽广的世界眼光观察当代中国军事问题，在准确识变、科学应变、主动求变中不断丰富发展，始终把国防和军队建设放在实现中华民族伟大复兴大目标下来运筹。

习近平强军思想科学回应强国必须强军的时代呼唤，牢牢把握以强军支撑强国的时代使命，以世界一流军队支撑走近世界舞台中央的时代考验，成为新时代在军事上的鲜明理论标志。

2. 强军实践孕育党的军事指导理论创新，习近平强军思想是新时代伟大军事实践的理论镜像

实践是理论之源，问题是实践的导向，也是理论创新的起点和动力源。习近平强军思想是运用马克思主义基本原理，观察分析当代中国军事问题，创造性揭示军事活动的本质与规律，并用于指导实践的科学理论。党的十八大以来，人民军队重整行装再出发，强军事业取得历史性成就，发生历史性变革。这一历史进程既为习近平强军思想的产生奠定了坚实基础，又使其具备鲜明的实践性，成为历经实践、认识、再实践、再认识过程而逐步升华的规律性认识。习近平强军思想，正是来自实践并被实践所证明、主观符合客观的科学理论。习近平强军思想全面、系统、深刻回答了强军兴军一系列重大理论和实践问题，推动"实践—认识—实践"的链条循环上升，使其随着新时代中国军事实践的发展而愈益丰富。

3. 文明传承滋养党的军事指导理论创新，习近平强军思想植根于马克思主义军事理论和中外优秀军事文化的思想沃土

在长期实践中，中国共产党坚持把马克思主义基本原理同中国革命战争和军队建设实践相结合，创造了具有中国特色的马克思主义军事理论成果，即毛泽东军事思想、邓小平新时期军队建设思想、江泽民国防和军队建设思想、胡锦涛国防和军队建设思想。习近平强军思想与这些理论成果一脉相承，坚持马克思主义关于战争问题的基本立场和基本观点，坚持我们党建军治军的指导思想和方针原则，坚持人民军队的光荣传统和优良作风，同时又紧密结合新时代新实践新发展，在重要领域、重大判断和重大观点上取得突破创新，实现了党的军事指导理论又一次与时俱进。

习近平强军思想扎根中华优秀传统文化的丰厚滋养，注重从中华文明发展进程中理解强国复兴的历史使命，从近代以来中国人民的历史选择中把握强军兴军的时代担当，从中华民族优秀传统中提炼开拓进取的精神动力，从中华文化经史典籍中撷取精辟的语言语汇，贯穿着深厚的历史底蕴、丰富的文化内涵、深邃的民族智慧，展现出鲜明的中国风格和中国气派。

同时，习近平对以美、俄为代表的大国军队重大改革举措、发展趋势了然于胸，研究深刻，并充分借鉴吸收到创新军事战略指导、深化军队改革等军事理论创新中。这些都使得习近平强军思想具备宽广的国际视野和历史眼光，充分吸纳中外军事理论最新成果，始终站在人类文明的最前沿。

4. 领袖统帅推动党的军事指导理论创新，习近平对于创立习近平强军思想发挥了决定性作用

军事活动在习近平治国理政实践中占据重要而突出的位置，对军事问题的理论阐述也成为新时代党的理论创造活动最精彩、最丰富的成果之一。2012年12月8日，习近平到原广州战区视察时鲜明指出"强国梦，对于军队来讲，也是强军梦"，这一论断具有重大理论奠基意义。以此为思想发端和逻辑起点，习近平在领航人民军队进程中进行了艰辛的理论探索和实践创造：从思考"军队的样子"，到提出党在新时代的强军目标，进而提出建成世界一流军队；从着眼与时俱进创新军事战略指导，到领导制定新形势下军事战略方针；从着眼革除问题积弊、解决党从思想上政治上建设军队的重大问题，到确立强国强军进程中政治建军大方略；从提出"三个能不能"的"胜战之问"，到明确军队的主责主业是备战打仗；从着眼设计和塑造军队未来，到发出全面实施改革强军战略、坚定不移走中国特色强军之路号召；从把依法治军纳入依法治国总体布局，到鲜明提出"建设法治军队"的重要思想；从推动军民融合发展上升为国家战略，到亲自担任中央军民融合发展委员会主任；从关注世界大势和国家安全、分析部队吃鸡蛋和投手榴弹等现象，到阐发战争与和平、建与战的辩证法，等等，陆续提出一系列重大战略思想和新思想新观点新论断。

伴随强军兴军征程，习近平以卓越的政治智慧、巨大的理论勇气和强烈的历史担当，全面、系统、深刻回答强军兴军一系列重大理论和实践问题，推动强军思想日益丰富完善，逐渐形成逻辑严密、体系完整的理论大厦。习近平强军思想的形成发展过程，历经从重大论断到思想体系的升华，既是理论发展自然的历史的过程，更是理论创新自觉自为的过程。其中，习近平作为党的领袖和军队统帅，始终担任理论创造的"第一小提琴手"，回应强国强军对创新军事指导理论的时代呼唤，为发展马克思主义军事理论作出了原创性贡献。

（二）习近平强军思想的主要内容

习近平强军思想，立足新时代强军兴军实践，提出一系列标志性引领性的新理念新思想新战略，形成一个内涵丰富、思想深邃、与时俱进的科学军事理论体系。其主要内容，集中体现在"十一个明确"新概括上，既完整反映了"强军强什么"的具体内容，也回答了"怎样强军"和"听党指挥、能打胜仗、作风优良"的重要性，充分彰显了党的军事指导理论的时代性、开放性和创造性。

1. 明确强军之魂

明确党对人民军队的绝对领导是人民军队建军之本、强军之魂。必须全面加强军队党的领导和党的建设，贯彻党领导军队的一系列根本原则和制度，确保部队绝对忠诚、绝对纯洁、绝对可靠。

一支军队有军魂，犹如一个人有灵魂。军队的领导权问题，是马克思主义建军理论的核心。我党是无产阶级政党，我军是人民军队，我国是人民当家作主的社会主义国家，所以要始终坚持思想建党、政治建军，坚持党对人民军队的绝对领导。这是我党的建军之本、立军之魂，也是我军区别于世界上其他军队最根本的标志。党指挥枪是保持人民军队本质和宗旨的根本保障，是党在血与火的斗争中得出的颠扑不破的真理。90多年来，时代在变、任务在变，人民军队军魂不变、宗旨不忘、本色不褪，坚定不移听党话、跟党走，为巩固中国共产党领导和我国社会主义制度，为捍卫国家主权、安全、发展利益，提供了强大力量支撑。坚持党对人民军队的绝对领导，必须从思想上政治上建设和掌握部队，全面深入贯彻军委主席负责制，深化党的创新理论武装，锻造坚强有力的党组织，推进政治整训常态化制度化，充分发挥政治工作对强军兴军的生命线作用，培养"四有"新时代革命军人，锻造"四铁"过硬部队，确保枪杆子永远听党指挥。

2. 明确强军使命

明确强国必须强军，巩固国防和强大人民军队是新时代坚持和发展中国特色社会主义、实现中华民族伟大复兴的战略支撑，人民军队必须有效履行新时代使命任务。

没有一支强大的人民军队，就不可能有强大的祖国。在全面建成社会主义现代化强国、实现第二个百年奋斗目标的历史进程中，必须把国防和军队建设摆在更加重要的位置，加快国防和军队现代化，为巩固中国共产党领导和我国社会主义制度提供战略支撑，为捍卫国家主权、统一、领土完整提供战略支撑，为推进强国复兴伟业提供战略支撑，为维护我国海外利益提供战略支撑，为促进世界和平与发展提供战略支撑。

3. 明确强军目标

明确党在新时代的强军目标就是要建设一支听党指挥、能打胜仗、作风优良的人民军队，到2027年实现建军一百年奋斗目标，到2035年基本实现国防和军队现代化，到本世纪中叶把人民军队建成世界一流军队。

强军目标是习近平强军思想的核心，是取得国防和军队建设成就的逻辑起点与原动力。它深刻阐明建设新时代强大人民军队的使命牵引、本质属性、核心要义、标准要求、战略布局、基本任务、实现路径等一系列重大问题。这其中，听党指挥是灵魂，决定军队建设的政治方向；能打胜仗是核心，反映军队的根本职能和军队建设的根本指向；作风优良是保证，关系军队的性质、宗旨、本色。实现强军目标，必须同国家现代化进程相一致——到2027年实现建军一百年奋斗目标，全面提高捍卫国家主权、安全、发展利益战略能力，是未来几年我军建设的中心任务，必须全力以赴、务期必成；到2035年基本实现国防和军队现代化，机械化高度发达，信息化基本实现，智能化取得重大进展，基于网络信息体系的联合作战能力、全域作战能力全面提高；到本世纪中叶全面实现国防和军队现代化，把人民军队全面建成同我国强国地位相称、能够全面有效维护国家安全、具备强大国际影响力的世界一流军队。

4. 明确强军之要

明确军队是要准备打仗的，必须聚焦能打仗、打胜仗，扭住强敌对手，创新军事战略指导，发展人民战争战略战术，全面加强练兵备战，坚定灵活开展军事斗争，有效塑造态势、管控危机、遏制战争、打赢战争。

能打胜仗是党和人民对人民军队的根本要求。必须深入贯彻新时代军事战略方针，坚持战斗力这个唯一的根本标准，全部精力向打仗聚焦，全部工作向打仗用劲。深化战争和作战筹划，研究掌握信息化智能化战争特点规律，打造强大战略威慑力量体系，增加新域新质作战力量比重，优化联合作战指挥体系。深入推进实战化军事训练，大力培育战斗精神，扎实做好军事斗争准备，加强军事力量常态化多样化运用，确保召之即来、来之能战、战之必胜。

5. 明确强军布局

明确推进强军事业必须坚持政治建军、改革强军、科技强军、人才强军、依法治军，坚持边斗争、边备战、边建设，更加注重聚焦实战、创新驱动、体系建设、集约高效、军民融合，加强军事治理，推动高质量发展，全面提高革命化现代化正规化水平。

这是党领导人民军队在实践中开拓形成的新时代强军布局，明确了中国特色强军之路的基本路径。其中，政治建军是立军之本，改革强军是关键抉择，科技强军是核心驱动，人才强军是宝贵支撑，依法治军是强军之基。同时，国防和军队现代化建设是一项系统工程，必须坚持用全面的观点抓建设。边斗争、边备战、边建设是今后一个时期的突出特点，要坚持以战领建、抓建为战，形成战建备一体推进的良好局面。我军建设进入提质增效的关键阶段，必须牢牢把握军队建设发展战略指导，转变发展理念、创新发展模式、增强发展动能，实现更高质量、更高效益、更可持续的发展；必须全面加强军事治理，着力构建现代军事治理体系，以高水平治理推动我军高质量发展，改进战略管理，提高军事系统运行效能和国防资源使用效益。

6. 明确强军关键

明确改革是强军的必由之路，必须推进军队组织形态现代化，构建中国特色现代军事力量体系，完善中国特色社会主义军事制度。改革是实现中国梦强军梦的时代要求，是强军兴军的必由之路。

2013年11月12日，在党的十八届三中全会通过的《中共中央关于全面深化改革若干重大问题的决定》中，对深化国防和军队改革问题作出了战略部署，把军队改革纳入国家改革总体布局。这在人民军队建设史上是第一次，具有里程碑意义。

这次国防和军队改革的突出特点，是围绕实现强军目标和支撑中国梦的要求，对国防和军事体系的整体优化和全新塑造。习近平总书记在庆祝中国人民解放军建军90周年上的讲话中强调，"全军要坚定不移深化国防和军队改革，深入解决制约国防和军队建设的体制性障碍、结构性矛盾、政策性问题，完善和发展中国特色社会主义军事制度，加快构建能够打赢信息化战争、有效履行使命任务的中国特色现代军事力量体系。"

新的历史时期，通过大刀阔斧深化国防和军队改革，重构人民军队领导指挥体制、现代军事力量体系、军事政策制度，人民军队体制一新、结构一新、格局一新、面貌一新。

7. 明确强军动力

明确科技是核心战斗力，必须坚持自主创新战略基点，推进高水平科技自立自强，统筹推进军事理论、技术、组织、管理、文化等各方面创新，建设创新型人民军队。

科技是军事发展中最活跃最具革命性的因素。赢得军事竞争主动，必须充分发挥科技创新对我军建设战略支撑作用，加快关键核心技术攻关，加强科技创新管理机制和运行模式探索，增强科技认知力、创新力、运用力，加速科技向战斗力转化。全面实施创新驱动发展战略，加强军事理论创新，大力弘扬创新文化，推动我军建设发展质量变革、效能变革、动力变革。

8. 明确强军之道

明确强军之道要在得人，必须贯彻新时代军事教育方针，推动军事人员能力素质、结构布局、开发管理全面转型升级，锻造德才兼备的高素质、专业化新型军事人才。

人才是第一资源，是推动我军高质量发展、赢得军事竞争和未来战争主动的关键因素。要坚持党管干部、党管人才、组织选人，坚持从政治上培养、考察、使用人才，坚持为战争准备人才，把能打仗、打胜仗作为人才工作出发点和落脚点，提高备战打仗人才供给能力和水平。坚持走好人才自主培养之路，落实院校优先发展战略，建强新型军事人才培养体系。创新军事人力资源管理，形成激励担当作为的工作导向、政策导向、舆论导向，充分调动广大官兵积极性、主动性、创造性，把优秀人才集聚到强军事业中来。

9. 明确强军保障

明确强军保障就要依法治军。依法治军是我们党建军治军基本方式，必须构建中国特色军事法治体系，推动治军方式根本性转变，提高国防和军队建设法治化水平。

军队越是现代化，越是信息化，越要法治化。要把依法治军着力点放在服务备战打仗上，形成系统完备、严密高效的军事法规制度体系、军事法治实施体系、军事法治监督体系、军事法治保障体系，实现从单纯依靠行政命令的做法向依法行政的根本性转变，从单纯靠习惯和经验开展工作的方式向依靠法规和制度开展工作的根本性转变，从突击式、运动式抓工作的方式向按条令条例办事的根本性转变。强化全军法治信仰和法治思维，突出依法治官、依法治权，依靠官兵共同建设法治、厉行法治、维护法治。

10. 明确强军路径

明确军民融合发展是兴国之举、强军之策，必须巩固提高一体化国家战略体系和能力。2015年，习近平总书记首次提出把军民融合发展上升为中国国家战略。以习近平同志为核心的党中央，把走中国特色军民融合发展与实现中华民族伟大复兴紧密联系在一起。这说明，推动中国国防建设和经济建设良性互动，确保在中国全面建成小康社会进程中实现富国和强军的统一，是实现强国梦强军梦的必由之路，对于提高中国人民解放军能打仗、打胜仗，有效维护国家主权、安全、发展利益，具有极其重要的现实意义。

随着科学技术快速发展，国家战略竞争力、社会生产力、军队战斗力的耦合关联越来越紧，国防和军队现代化必须融入国家现代化。加强军地战略规划统筹、政策制度衔接、资源要素共享，促进国防实力和经济实力同步提升。我们的国防是全民的国防，要深化全民国防教育，加强国防动员和后备力量建设，推进现代边海空防建设。大力弘扬军爱民、民拥军的光荣传统，深入做好双拥工作，巩固发展军政军民团结。

11. 明确强军之基

明确作风优良是我军鲜明特色和政治优势，必须全面从严治党、全面从严治军，全面锻造过硬基层，坚定不移正风肃纪反腐，大力弘扬我党我军光荣传统和优良作风，永葆人民军队性质、宗旨、本色。

作风优良才能塑造英雄部队，作风松散可以搞垮常胜之师。要自觉弘扬伟大建党精神，牢记初心使命，加强党史军史和光荣传统教育，推进红色基因代代传工程。勇于自我革命，持续深化纠治"四风"特别是形式主义、官僚主义，一体推进不敢腐、不能腐、不想腐，坚决打赢反腐败斗争攻坚战持久战。坚持严的基调不动摇，严字当头、全面从严、一严到底，用铁的纪律凝聚铁的意志、锤炼铁的作风、锻造铁的队伍，全面锻造听党话、跟党走，能打仗、打胜仗，法纪严、风气正的过硬基层。

（三）习近平强军思想的重要意义

1. 习近平强军思想是马克思主义军事理论中国化的新飞跃

习近平强军思想一系列新的重大判断、新的理论概括、新的战略安排，阐明了新时代人民军队如何赓续传统、保持本色，锚定什么目标奋进、沿着什么道路前行，如何赢得军事斗争主动、怎样打赢现代战争等根本性、方向性、全局性的重大问题，揭示了人民军队的强军胜战之道，为指导军事实践提供了锐利思想武器。习近平强军思想以体系性创新，把我们党对国防和军队建设规律、军事斗争准备规律、战争指导规律的认识提升到新高度，使马克思主义军事理论在强军实践中彰显出强大真理力量。

2. 习近平强军思想是加快国防和军队现代化的全面擘画

习近平强军思想既扎根中国大地，又面向世界军事发展潮流，既坚守初心、不忘来路，又开拓创新、开辟未来，把全面推进国防和军队现代化纳入强国复兴大战略大布局，对实现党在新时代的强军目标、全面建成世界一流军队作出系统谋划，形成了全面推进国防和军队现代化的目标图、路线图、施工图。这一系列深远筹谋，从顶层上立起了加快国防和军队现代化的战略总纲，开拓了一条符合国情军情的现代化发展之路。

3. 习近平强军思想是进行新时代军事斗争的战略指导

习近平强军思想准确把握时代之变、世界之变、科技之变、战争之变、对手之变，确立军事斗争新目标新布局，明确军事力量运用新指导新策略，提出备战打仗新举措新要求，深刻回答了未来打什么仗、怎么打仗的重大问题，把我军对战争指导的规律性认识提升到新高度。

4. 习近平强军思想是新时代人民军队伟大变革的科学指引

党的十八大以来，习近平主席带领全军直面问题、勇于变革、攻坚克难，在新时代重塑、发展了人民军队，强军事业取得历史性成就、发生历史性变革。习近平强军思想把人民军队建设放在实现中华民族伟大复兴的战略全局下来运筹，提出党在新时代的强军目标，提出新时代人民军队使命任务，明确推动我军建设发展的战略路径和着力重点，使中国特色强军之路越走越宽广。

【思考题】

1. 中国古代军事思想的主要内容是什么？
2. 思考《孙子兵法》在未来信息化战争中指导价值。
3. 毛泽东军事思想是如何形成发展的？
4. 毛泽东军事思想的主要内容有哪些？
5. 阐述习近平强军思想在国防建设中的重要意义。

第四章 军事高技术

【学习目标】

1. 理解军事高技术的概念及对现代战争的影响。
2. 了解各种高技术在军事上的应用。
3. 初步了解核生化武器及新概念武器。

第一节 军事高技术概述

一、军事高技术的概念与特点

(一) 军事高技术的概念

1. 高技术

高技术是一系列新兴的尖端技术的泛称。高技术是一个历史的、动态的、发展的概念。国际上对高技术比较权威的定义是：高技术是建立在现代自然科学理论和最新的工艺技术基础上，处于当代科学技术前沿，能够为当代社会带来巨大经济、社会和环境效益的知识密集、技术密集技术。

高技术有以下几个特征：

（1）高技术是技术复杂程度高的技术，即高技术本身的技术等级高、攻克难度大，是现阶段的先进技术和尖端技术，建立在人类最新科学技术成就的基础上。

（2）高技术是新兴的技术，即近几十年来才兴起并得到实际应用的技术。如电子计算机从1946年发明到现在只有不到80年的历史，但经历了三次飞跃，已发展到了第四代，即超大规模集成电路计算机和微型计算机时代。

(3) 高技术是实在的技术，即那些可以直接利用并能够在现在或将来转化为商品、形成产业、创造巨大经济效益的技术。因此，高技术紧密地与市场联系在一起。

(4) 高技术是一个具有时间性的动态概念，即不同的时代会有不同的高技术，某一项技术只在一定时间内属于高技术范畴。如蒸汽机、电力、汽车都曾是高技术，现在却成了传统产业。

2. 军事高技术

所谓军事高技术，就是应用于军事领域的现代高新科学技术，即已经应用或即将应用于军事领域中，并对现代军事和现代战争产生重大影响的高新科学技术群。按照科学分类方法，科学技术的体系结构通常划分为基础科学、技术科学和工程技术三个层次。军事高技术的体系结构是由科学体系中面向军事应用的那部分技术科学和工程技术所组成的。它包括两个层次，即军事基础高技术和军事应用高技术。

军事基础高技术是指武器系统和国防科技装备的研制所需要的各种基础理论和技术。它涉及的内容很多，从现代高技术的观点看，主要包括微电子技术、光电子技术、计算机和人工智能技术、新材料技术、生物技术、航天技术、定向能技术、仿真技术、先进制造技术等。

军事应用高技术是指利用各种科技成果进行武器装备的研制、生产及使用，充分发挥武器装备效能的科学技术。军事应用高技术的内容非常广泛，分类方法也多种多样。按其完成的军事任务可分为战略武器装备技术、战役战术武器装备技术、后勤保障装备技术、军事工程技术、军事系统工程技术等；按其功能可分为侦察监视技术、伪装与隐身技术、精确制导技术、电子战与信息战技术、指挥自动化系统技术、军事航天技术、核生化武器技术、新概念武器技术等。

（二）军事高技术的特点

军事高技术是高技术的重要组成部分，它既具有高技术的共同特征，又有其自身的特点。

1. 发展的超前性

军事高技术的研究、开发和应用通常超前于民用高技术。首先，军事上的需要是军事高技术发展的主要推动力。国家安全的特殊重要性决定了任何一个国家都试图将军事高技术置于优先发展的战略地位，这就导致军事高技术的发展往往超前于民用技术的发展，即大多数高技术成果或者间接产生于军事领域，或者首先应用于军事领域，这已成为一种普遍规律。其次，军事高技术的研究、开发和应用通常超前于当时军事斗争的需要。为了保持军事领域的优势，在尚未有理论依据或仅有初步理论探索的情况下，依据战争可能的发展趋势，探索新的军事技术，研制新的技术装备，为未来可能的军事斗争做准备。

2. 效果的突袭性

军事高技术的发展，特别是理论上和技术上的重大突破，往往因其技术上和战术上的创新性，在军事上给对手造成突袭性或突然性，使其在战争中遭受重大损失以后还不明白其原因何在,从而在军事上处于非常被动的地位。历史上,坦克、原子弹、弹道导弹、雷达等的研制成功和使用,都曾带来这种突然性或突袭性,在战争中起到过巨大作用。例如,在阿富汗战争期间,美军使用了先进的 B-52 轰炸机。一架装载十几枚智能导弹的 B-52 轰炸机摧毁目标的能力,相当于海湾战争期间一个由 18 架 F-16 战斗机组成的空军中队。美军充分利用这种先进的 B-52 轰炸机进行空中精确打击,歼灭了大量塔利班军队,迅速摧毁了塔利班的抵抗。

3. 应用的双重性

军事高技术不仅可以应用于军事领域,绝大多数也可用于民用领域,并没有严格的分界线。任何高技术,不管来源于军事领域还是民用领域,首先都尽可能地应用于军事领域,然后向民用领域转移。军事高技术的军民两用性,为军事科研和军事工业转为民用提供了可能。如美国的全球定位系统 GPS,就是兼顾军用和民用领域的高技术。该系统最初是美国国防部出于军事上的需求研发的,经过多年的研制,于 1993 年 6 月全部建成并投入使用,在几次局部战争中发挥了重要的作用。该系统有军用码和民用码之分,军用码是系统的核心码,由美军方牢牢控制和掌握,主要为美军提供实时精确的战场导航定位,提高战场感知和精确打击能力。民用码主要用于民间市场的导航定位,为美国带来了巨大的商业利润。

4. 高度的保密性

军事高技术在国家安全中占据着非常重要的地位。各国都力图获得军事高技术,或者及时了解别国军事高技术的发展详情,以掌握对别国的军事优势或防止自己在技术上落后于人。这就使得各国都从国家战略利益的高度出发,保持对军事高技术的严密控制,绝不允许军事高技术像民用高技术那样为获取高额利润而轻易进行转让。美军将军事高技术划分为三类技术或技术流,即渐进性技术、突破性技术和王牌技术。三类技术均要求严格保密,保密期限依据其作用的不同而有所区别。像核武器技术之类的王牌技术,在半个多世纪后的今天依然高度保密,绝不向别国转让。对潜在对手不仅在军事高技术转让方面进行严格控制,而且对可能在军事领域发挥作用的民用高技术也进行严格控制。

二、军事高技术对现代战争的影响

(一)军事高技术条件下战争理论发展具有明显超越性

技术决定战术,技术的进步和发展必然促进和推动战争理论的变革,这是毫无疑义的。但是,在不同的历史时代和技术水平条件下,技术推动战争理论发展的表现有不同的特征。军事高技术促进现代战争理论发展不同于以往,其重要特征就是具有明显的超越性,主要表现在以下三个方面。

1. 军事高技术可以超越武器装备变革的实际存在而直接促进战争理论的发展

技术应用于军事过程,一般要经历科学存在、生产存在、装备存在三个阶段。某种先进技术发明创造出来,并具有在军事领域应用的功能或性质,为其科学存在;当发明创造投入生产，转化为军事上需要的技术成品（武器装备），为其生产存在；当产品大量装备部队，形成新的战斗力，为其装备存在。

在以往的历史时代，先进技术应用于军事领域，最终推动战争理论的变革，通常要在依次经过上述三个阶段，并在实际形成战斗力之后才能实现。这是因为，在生产力比较低的历史时代，科学技术转化为产品要经历较长的时间，武器产品大量装备部队，形成新的作战能力也要较长时间，使人们需要经历较长的过程才能认识新技术的巨大作用，并以此来建构新的战争理论。因此，以往新的作战理论原则只能产生于新式武器装备存在之后，而不能在其之前。

军事高技术对战争理论发展的影响，与以往历史上有所不同了。在其处于科学存在或生产存在阶段，就能超越装备存在阶段而促使战争理论发生变革，改变其性质和内容。如美国1982年提出"空地一体作战"理论时，新型坦克、隐形飞机、精确制导等并未大量装备部队，有许多甚至未投入生产。美国政府提出的"星球大战"理论，也不是星际武器产生和装备部队的结果，而是根据高技术群体可能在军事领域应用的科学存在来设计和筹划的。

这种超越现象，是由军事高技术自身的发展与武器装备生产及军事理论研究活动的内在联系所决定的。第一，军事高技术群体内部各个领域之间的相互联系、相互促进，把影响军事活动的可能和趋势整体地呈现在人们面前，使人们能够十分近似地把握未来战争的图景进而改进或更新战争理论。第二，科学技术转化为现实生产力的速度惊人，只要科学技术能提供设计，生产就能实现其存在，而只要军队需要，产品就能很快满足其要求。这就改变了以往那种"有什么武器打什么仗"的传统思维，而能够实现"打什么仗制造什么武器"的理论构想。在这种情况下，就不再需要等到新式武器大量装备部队之后才去构思战争理论，而是可以大胆地超越设计和创造。第三，现代军事理论研究活动本身，把技术对战争的影响当作重要的课题，又借助军事高技术提供的以电子计算机为代表的先进科研手段，整体、系统、科学地分析军事高技术对战争的影响，从而使战争理论研究超越装备发展阶段而具有设计未来战争的能力。

2. 军事高技术可以超越战争实践而直接促进战争理论的发展

在以往的军事技术条件下，无论从冷兵器作战到火器作战，还是从火器作战到通用武器作战，无一不是遵循这样一条轨迹：在战争实践形态发生根本性变化以后，人们才开始逐渐从某些经验性的认识上升为系统的战争理论。在军事高技术时代，战争理论则可以超越战争实践形态而发展和创新。军事高技术的发展，不仅为实现"打什么仗制造什么武器"提供了可能，而且为军事理论研究提供了先进的预测手段。以往人们对未来战争的预测，无论是定量预测还是定性预测，都是决策者及其幕僚人员依赖人脑和人工的手段去分析、判断、推理，这样得出的结论往往带有或多或少的随意性。现代军事高技术是以微电子技术为核心的技术群体，其中以电子计算机为基础的现代信息论、系统控制论等"软"技术为军事预测提供了模拟手段。钱学森在《论系统工程》一书中提到，作战模拟方法"实质上提供了一个'作战实验室'，在这个实验室里，利用模拟的作战环境，可以进行策略和计划的实验，可以检验策略和计划的缺陷，可以预测策略和计划的效果，可以评估武器系统的效能，可以启发新的作战思想"。因此，在新的战争形态尚在酝酿的时候，在具体的战争还没有发生的时候，人们可以依据军事高技术可能达到的水平，依靠科研专家队伍，运用以电子计算机模拟为代表的先进的科研手段和方法，开始对新的战争实践形态进行"设计"。在东西方"冷战"时期，这种"设计"本身就是战争创造力的竞赛，你设计一种作战样式，我就设计另外一种作战样式与你对抗，从"硬壳式前沿防御"到战役机动集群，从"纵深打击"到"空地一体作战"，从核威慑到"战略防御倡议"，等等，都展示了战争理论先于战争实践而创造的生动局面。尽管这种"设计"归根到底离不开实践，然而它所表现出的超前性，已不再单纯是过去战争经验的总结和现实战争情况的分析，不再是某次具体战争的对策，而是科学家、专业人员与决策者相结合，为保证在战争中制胜，而对未来战争进行的整体上的预先安排和运筹。当然这种在军事高技术条件下超越战争实践发展的战争理论最终还是离不开实践，还是要应用于战争实践，并在实践中检验、修正、完善，使之越来越适应实战的需要。

3. 军事高技术可以超越不同层次的战争理论领域，同时促进战略、战役、战术理论的发展

在核武器出现以前，先进技术导致战争理论的变革有循序渐进的连续变化的规律，即先进技术首先引起战术层次理论的变革，渐及战役、战略层次的理论。核武器的出现使战争理论的发展变化呈现与上述过程相反的逆式过程。由于它首先以大规模杀伤兵器的身份粉墨登场，因而它首先在战略层次引起了变革，产生了核战争战略理论，然后派生出核条件下战役、战术理论。而今军事高技术在更高水平和更广范围内打破了战争理论发展的这两种模式，即：既不是单纯按由战术到战役、战略的程式，也不是单纯按从战略反转到战役、战术的程式发展，而是可以超越不同理论层次或领域，对战争理论发生全方位的深刻影响，几乎可以同时导致战术、战役、战略理论全面而深刻的变革。

军事高技术不是一两个孤立的发明，而是一个个相互联系的技术群体，能够满足不同层次和方面的战争理论的整体需求。在军事高技术条件下，武器装备是以系统的形式存在的，一般具有能用于战略、战役、战术等各个范围的技术性能与作战功能。如，卫星通信系统提供的信息资料在战略、战役、战术范围都可以利用，指挥控制系统从统帅部到最小战术单位都可构成指令和反馈系统，等等。高技术武器装备的设计与制造虽然在技术性能上有战术、战役、战略武器的区分，但由于采用模块设计和系统控制的转换，实际运用时则是可以灵活掌握的。这就使战争本身原来存在的战略、战役、战术行动出现了跨界或互相渗透的现象。美军入侵格林纳达、袭击利比亚，已经很难说是战斗行动还是战役行动，或是战略行动。海湾战争中，多国部队指挥机构可以直接指挥到每架飞机，甚至对每架飞机的出动时间、攻击目标的详细坐标，都直接作出了规定。这说明，军事高技术的指挥控制系统大大提高了集中掌握战争全局的能力，在很多情况下，战略目的可以不再通过若干战役行动来达成，战役目的也可不再通过若干战斗行动来达成。战略行动、战役行动、战斗行动，只是不同层次作战组织的活动领域，但这些不同层次的作战行动可能是同时实施和完成的。这就使得战争理论打破顺序发展的程式和层次上的严格区分而齐头并进发展。

军事高技术条件下战争理论发展的超越性，使得世界各国在战争理论研究上，更加重视超前性研究。过去那种战争理论研究的"历史时间观"正在为"未来时间观"所取代,"历史外推"的研究方法正在为"预测模拟"的研究方法所取代。现代战争理论的发展,正呈现出一种阶段性超前,并随着未来与现实的接近而逐步完善的发展模式。充分认识和把握战争理论发展的这种趋势,对发展我军的战争理论有着重要意义。

(二) 军事高技术条件下战争理论具有威慑和实战双重功能

中国古代军事家孙子早在2500年前就提出了"不战而屈人之兵"的著名论断,但系统的现代威慑理论却是在核武器时代产生的。以往战争理论基本上是指导战争准备与实施的理论,是为了打赢现实战争。核武器出现后,由于其具有极大的破坏力,因而核威慑理论随之产生,如全面核威慑理论、有限核威慑理论等。其基本的思想是以核优势震慑敌方,使其屈服于自己的意志。核威慑理论的产生,使得现代战争理论呈现出实战与威慑并重的发展趋势。随着高技术的发展和广泛用于军事,这一趋势更加明显、突出,并呈现出新的特点。

首先,高技术的发展,极大地扩展了军事威慑力量的功能,使得威慑理论在现代战争理论中占有非常突出的地位。现代战争已不单纯是军事对抗,而是综合国力特别是高技术的对抗。高技术的发展不仅可以推动经济的发展,改善支持战争的基本条件,而且可以直接发展军事力量。同时,在高技术领域中,民用技术与军用技术分界越来越小,军转民、民转军越来越便捷。因此,现代高技术的发展,必然将极大地扩展军事威慑力量的功能,帮助打造强大战略威慑力量体系。正因为如此,目前世界许多发达国家都把发展以高技术为核心的全面竞争战略引入战争理论,把发展和保持强大的综合威慑力量作为国家发展战略的重要目标。美国政府推行的"战略防御计划"和西欧的"尤里卡计划",就是这种思想和政策的产物。正如西德总理科尔所说:"美国的战略防御计划有10%是战争理论问题,90%是尖端技术问题。"这一情况说明,在相对和平时期,提高国家的威慑能力,既是国家发展战略的重要内容,又是战争理论的重要课题。

其次,高技术武器装备的发展,极大地提高了武器装备的性能,使得威慑理论和实战理论进一步融合。其原因包括:一是高技术武器不同于核武器,它具有威慑和实战的双重功能。高技术武器装备,不仅在远距离打击和毁伤效果方面可与核武器不分伯仲,而且具有核武器不可比拟的准确性和可控性,因此高技术武器既可作为实施威慑的重要实力,又可用于实战,从而克服了核武器只能用于威慑,一般难于在实战中使用的不足。这样,以高技术武器装备为物质基础的威慑理论和实战理论作为达成一定政治目的的两种手段,更易于相互转换和交替使用。二是高技术武器装备的发展,使得现代局部战争本身也成为一种重要的威慑手段。威慑不仅要以一定的实力,有时还要采取一定的军事行动才能达成目的。由于高技术武器具有精确而巨大的破坏力和远程的打击力,一般来说,使用少量兵力、兵器,通过空中或远距离打击,即可达成一定的战略目的;同时,由于拥有高技术优势的一方,一般都掌握着主动权,能有效地控制战争的规模和过程。因此,有些国家为了实现某种政治目的,对其可能的对手不仅以军事实力相威慑,而且有时采取有限的军事行动来压迫对方屈服于自己的意志。这种军事行动,实际上也是一种威慑。如以色列袭击伊拉克核反应堆、美国空袭利比亚、美英法等国在伊拉克建立"禁飞区"等,都属于这一类的性质。

综上所述,在军事高技术条件下,威慑和实战理论正逐步融为一体。它们相互依存、相互补充,从而构成完整的现代战争理论体系。

(三) 军事高技术条件下战役作战理论发生了深刻的变化

军事高技术使现代战争的战役作战发生了前所未有的变化,呈现出大立体、全纵深、高强度的特点。作战行动将在地面、海上、空中、外层空间及电磁频谱领域昼夜不断地进行。敌对双方的作战力量将在作战地幅的全纵深进行无后方作战和非线性作战,作战将在较短的时间内消耗大量作战物资,给敌对双方以巨大的毁伤和破坏,由此而引起了战役作战理论的各方面的深刻变化。

1. 进攻作战理论的变化

传统的进攻作战理论强调军队从行进间展开,经火力准备,由战术突破开始,进行线性作战,进而逐步转为战役突破、战略突破,逐次歼灭敌方防御集团,夺占重要目标或地区。军事高技术条件下,这一理论的显著变化是,进攻行动从以地面突击为主,变为空中突击为主;从前沿向纵深的连续打击,变为全正面、全纵深的同时打击。海湾战争中,美军要求空中进攻战局必须首先摧毁伊军50%的战斗力,地面进攻战局开始后,空中打击仍然保持连续不断,各种装备精良的战斗机是歼灭伊军装甲目标和摧毁坚固工事的主角,步兵的行动几乎接近于从运动中肃清残敌,很少突破和攻坚行动,并且从进攻开始就对伊军纵深的战略、战役、战术目标实施了猛烈的打击。有人认为,"未来高技术战争的胜败不取决于大规模使用地面部队,而是与奇袭和空中优势紧密相关"。

2. 防御作战理论的变化

由于军事高技术兵器提高了军队的机动作战能力和火力,扩大了作战半径,也由于进攻兵器几乎可以摧毁任何防御工事,阵地支撑点因素已变得不那么重要了,防御一方在一定地区内机动灵活地打击敌人成为制止敌人进攻的主要手段。这使防御作战理论发生了三点显著变化。一是强调机动防御为主。因为机动防御可综合运用进攻、防御、迟滞作战等手段,是以进攻行动为主的防御作战。二是更加强调灵活组织。美军规定,无论是机动防御还是地域防御,均可选择在相当靠前的地方防御,在敌人逼近时实施打击;可选择在主要地域与敌决战;可诱敌深入,然后打击敌人翼侧和后方;甚至可先敌发起破坏性进攻。三是强调对进攻之敌实施纵深打击和在后方纵深地域作战。美军认为,纵深作战、近距离作战和后方作战在防御中是统一的。"纵深作战将打乱敌方纵深内的部队运动,摧毁对敌方至关重要的高价值目标,并在关键时刻打乱敌军的指挥与控制。"在后方地域,即己方纵深内作战,"主要作用是通过不使指挥与控制、火力支援、后勤支援和预备队的运动被敌军打乱,来保护指挥官的行动自由"。

3. 指挥作战理论的变化

军事高技术指挥活动的根本变化是从指挥人力密集型的军队,变为指挥技术密集型的军队;从以人力指挥为主的理论,转变为以自动化指挥系统为主的指挥理论。具体表现是:

（1）在情报工作上，从人力侦察为主发展为以技术侦察为主，广泛利用高技术侦察装备获取情报。海湾战争中，战争国部队之所以能准确、全面、及时地获取情报，主要依靠具备全时、全方位的侦察和自动化传递信息能力的优势技术装备。其预警飞机24小时升空工作，情报侦察系统可实时传输战场实况的多光谱图像，全球定位系统和位置标定报告系统可随时为飞机和地面部队导航、指示目标；从地面到外层空间的情报、通信、指挥系统，每天管理3.4万多个频率，可每天保持70万次电话呼叫和15.2万份电文传递。

（2）在作战组织上，由统一、逐级计划为主，转变为统一、系统计划为主。最高指挥机构的作战计划往往深入到部队、分队。如美军规定，作战必须制定总的计划、战中应急计划（也称分支计划）、后续行动计划，其中后两个计划带有多方案的性质，预见作战中可能出现的各种情况、可能的处置办法，务求详细周密。海湾战争中，美军调用了大量计划人员，用计算机模拟作战进程的各种情况，根据模拟结果和临战学习的实验效果，制定和不断修改计划。空军在作战中，还采取了提前二日制定攻击计划，提前一日转化为"空中任务指令"，控制到每一架飞机。

（3）在作战部署上，从追求"多多益善"的数量优势观念，转化为追求"合理够用"的效能观念。在战斗编组中大量增加了技术兵种的成分，对各军兵种的比例根据不同任务，经过充分的运筹分析，合理地确定。强调军队现地配置的机动性，尽量改变过去静止配置的方法，尽量减少在一个地域停留的时间，以隐蔽作战企图，达成作战的突然性。

（4）在作战保障上，一是从原来单纯的保障行动，转化为更具有战斗性质的作战行动。传统的保障行动正在越来越多地列入作战行动体系，侦察、通信保障已列为指挥的要素，工程保障除道路保障外，其他工程保障已由作战部队自己承担，防空保障已完全作为作战行动，"三防"保障也成为作战行动不可缺少的组成部分。二是由于军队的频繁机动、补给量的空前增加，运输保障已成为后勤保障的关键。三是重视技术保障的作用。为保障坦克、飞机、火炮、雷达、自动化指挥系统的正常运行和完好率，需要良好的储备、测试、检验、抢修及技术补充等，技术保障活动正在渗透到作战的保障和各个环节中。

第二节　高技术在军事上的应用

一、侦察监视技术

情报是军事指挥和作战的基础。在高技术战争中，被发现就意味着要遭受打击，遭受打击就意味着被摧毁。由此可见，在现代战争中，侦察监视技术的地位是非常重要的。为确保获取可靠的情报，各国军队都高度重视发展侦察监视新技术。从一些国家侦察技术发展的现状可以发现，由于高技术的广泛应用，正在使现代侦察监视装备及其应用进入一个新的发展阶段。

现代侦察监视技术已成为军事高技术的一个重要领域，成为由多种技术组成的庞大、复杂和多样化的技术体系。目前，现代侦察监视技术可分为地（水）面侦察监视技术、水下侦察监视技术、航空侦察监视技术和航天侦察监视技术四个系统。

（一）地（水）面侦察监视技术

地（水）面侦察监视技术是在陆地（水面）上进行的侦察监视行动。其手段除光学侦察外，还有无线电技术侦察、雷达侦察和地面传感器侦察等。

1. 无线电技术侦察

无线电技术侦察是指使用无线电技术器材收集和截收对方无线电信号的侦察。它可以截收和破译敌方无线电通信信号，查明敌方无线电通信设备的配置、使用情况和战术技术性能，以此判明敌人的编成、部署、指挥关系和行动企图。无线电技术侦察具有隐蔽性好、获取情报及时、侦察距离大、不受气象条件限制和不间断地对敌进行侦察等优点，但也受到敌无线电通信距离、器材性能和采取的各种隐蔽措施的制约。

无线电技术侦察的方式主要包括无线电侦收、无线电侦听和无线电测向等。无线电侦收是使用无线电收信器材接收敌方无线电通信信号从中获取情报的方法。无线电侦听是使用无线电收信器材收听敌方无线电通话从中获取情报的方法。无线电测向是利用无线电测向设备确定正在工作的无线电台的方位。

2. 雷达侦察

雷达侦察是使用雷达设备，利用物体对无线电波的反射特性测定目标距离、速度、方位和运动速度的侦察方法，具有探测距离远、测量精度高、能全天候使用等特点，是目前应用非常广泛的一种侦察方法。

雷达的种类很多，按任务或用途可以分为警戒雷达、引导雷达和武器控制雷达等。例如：对空情报雷达，主要包括对空警戒雷达、引导雷达和目标指示雷达，是用于搜索、监视和识别空中目标的雷达；对海警戒雷达，安装在各种水面舰艇或海岸、岛屿上，是用于对海面目标进行探测的雷达；机载预警雷达，是预警飞机的专用雷达，它可以探测、识别各种高度上的空中目标和地（水）面目标，引导己方飞机作战等；弹道导弹预警雷达，主要用来发现战略弹道导弹的发射，并测定其瞬时位置、速度、发射点、弹着点等弹道参数，为预警、防御和反导提供必要的信息。

3. 地面传感器侦察

地面传感器是指对地面目标运动引起的磁、声、地面震动和红外辐射等变化量进行探测，并把它们转换成人能识别和分析的图像及电信号的设备。地面传感器通常由探测器、信号处理电路、发射机和电源四个部分组成。其设置方法主要有人工埋设、火炮发射和飞机空投等方式，具有受地形限制小、结构简单、便于使用和易于伪装，以及容易受干扰等特点。目前，使用比较广泛的有振动传感器、声响传感器、磁性传感器、应变电缆传感器、红外传感器等。

(二) 水下侦察监视技术

水下侦察监视是利用水下侦察监视设备来探测水下的各种目标。它是现代侦察监视系统的重要组成部分。

水下侦察监视装备大体可以分为两类，即水声探测设备和非水声探测设备。水声探测装备，主要有声呐、水下噪声测量仪、声线轨迹仪、声速仪等；非水声探测装备主要有磁探仪、红外线探测仪、废气探测仪等。目前，水下侦察监视网络是以水声探测为主构成的，非水声探测设备作为补充得到了较快的发展。

声呐是利用声波对水中目标进行探测、定位和识别的水声探测装备。它是最主要的水下侦察监视装备，俗称水下"千里眼""顺风耳"。

声呐按其工作方式分为主动式和被动式两种。主动式声呐主要由发射机、换能器、接收机、显示器、定时器和控制器等组成。发射机产生电信号，经换能器，把电信号变成声信号向水中发射。声信号在水中传递过程中，如遇到目标，则被反射，返回的声信号被换能器接收后，又变成电信号，经接收机放大处理，就会在显示器的荧光屏上显示出来。可见，主动式声呐需要主动地向海中发射声信号，从而测定目标方位和距离。它能够探测静止无声的目标，但同时也很容易被敌方侦听，使自己暴露。另外，其侦察距离也比较近。

被动式声呐主要由换能器、接收机、显示控制台等组成。当目标在水中、水上航行时，产生的噪声被换能器接收变成电信号，传给接收机，经放大处理再传送到显示—控制台进行显示。可见，被动式声呐不主动发射声信号，只接收海中目标发出的噪声信号，从而发现目标，测出目标方向和判别目标性质。它隐蔽性、保密性好，识别目标能力强，侦察距离较远，但不能探测静止无声的目标，也不能测定目标距离。

根据使用对象的不同，声呐可以分为水面舰艇声呐、潜艇声呐、航空声呐和海岸声呐等。

(三) 航空侦察监视技术

航空侦察监视是指使用航空器对空中、地面、水面或水下情况进行的侦察。由于航空侦察具有灵活、机动、准确和针对性强等特点，它既是获取战术情报的基本手段，也是获取战略情报的基本手段。即使有了侦察卫星，航空侦察仍然是不可缺少和不可代替的。

1. 航空侦察监视设备

航空侦察监视设备主要有可见光照相机、红外照相机、多光谱照相机、激光扫描相机、红外扫描装置、电视摄像机、合成孔径雷达和机载预警雷达等。

可见光照相机是利用普通黑白和彩色胶片作为感光组件的照相机。根据结构可以分为画幅式、航线式和全景式三种。

红外照相机与可见光照相机的原理相同，不同的是要采用只能透过红外辐射的锗制镜头，而且要采用对红外辐射敏感的专门的红外胶卷。根据拍摄的红外黑白照片的色调变化或红外彩色照片的色彩变化，识别和发现隐蔽的目标。它具有在夜间或浓雾等不良条件下拍摄远距离影像的能力。

多光谱照相机把电磁波划分为几个窄的谱段，用几台照相机（可以是一架多镜头照相机或多架单镜头相机或光束分离型多光谱相机）同时对同一地区拍照，得到同一地区的几个谱段的成套照片，经适当处理比较，就可以将目标进行分类和区别。它最大的优点在于能够剥去绿色植物伪装，发现军事目标。

激光扫描相机由激光器、发射机、接收机、视频信号存储和显示设备组成，利用激光良好的相干性实现非透镜成像，主要用于低空和夜间摄影。它的优点是照片生动逼真、立体感强、分辨率高、容易判读。

红外扫描装置利用光学扫描技术和对中、远红外辐射敏感的半导体材料，将地物辐射的红外能量转变成电信号，进行放大处理后再转变成可见光图像。根据提供图像的方式不同，有红外扫描相机、前视红外系统和热像仪等。

电视摄像机把光学图像转换成便于传输的视频信号，常用的主要是反束光导管型多通道电视摄像机。电视摄像机体积小，重量轻，没有机械传动部件，易获得地面遥感数据，而且对光照度要求低，分辨率比较高。

合成孔径雷达是利用雷达与目标的相对运动，把尺寸较小的真实天线孔径，用数据处理的方法，合成一较大的等效天线孔径雷达。它分辨率高，能全天候工作，能有效地穿透某些掩盖物识别伪装，但图形几何畸变较大，判读困难。

机载预警雷达是预警飞机的主要电子设备，主要包括脉冲多普勒雷达和相控阵雷达。脉冲多普勒雷达是利用多普勒效应探测运动目标，具有盲区小，对低空、超低空目标的探测距离远，机动性强等特点。目前，正在研制新一代相控阵雷达，是电扫描相控阵天线利用计算机控制相位的方法实现波束的扫描，具有扫描灵活、可靠性高、抗干扰能力强、对载机气动影响小和有利于隐身等优点。

2. 航空侦察监视平台

航空侦察监视平台主要包括有人驾驶侦察机、侦察直升机、无人驾驶侦察机和预警机。

有人驾驶侦察机从设计上分为两类：一是专门设计的侦察机，其特点是生存能力强，侦察容量大，精度高；二是由各型飞机改装的侦察机，例如：由运输机和轰炸机改装的侦察机主要用于完成战略、战役侦察任务；由歼击机、歼击轰炸机改装的侦察机主要用于完成战术侦察任务。

侦察直升机可以依靠视觉和各种光学观察设备进行直接观察，还普遍装备了航空照相机、电视摄像机、红外扫描装置等侦察监视设备。其优点是有利于对地面进行更细致、更准确的观察，能够在空中旋停，可以在己方空域直接监视敌战术纵深内的活动目标。

无人驾驶侦察机能够携带可见光照相机、电视摄像机、前视红外遥感器和侧视雷达等侦察设备，具有成本低、可靠性高、体积小和机动灵活的特点。但在地面需要维护保养和测试，操作比较复杂，地面对飞机的控制信号及飞机向地面传送侦察的数据易受到电子干扰。无人与有人驾驶侦察机只能互为补充，不能相互取代。

预警机是航空侦察监视系统的重要组成部分，起到活动雷达站和空中指挥中心的作用，由载机和电子系统组成。电子系统包括监视雷达、数据处理、数据显示与控制、敌我识别、通信、导航和无源探测等，能够引导各种飞机进行作战、为战区指挥员提供各种作战情报。它具有监视范围大、生存能力强、指挥控制能力强等特点。

（四）航天侦察监视技术

航天侦察监视是指使用有侦察设备的航天器在外层空间进行的侦察。随着航天技术的发展，航天侦察监视已经不仅能满足战略情报的需要，也能满足战役、战术情报的需要，具有轨道高、速度快、范围广和限制少等优点。还可以根据需要长期、定期、反复、连续地监视全球或某一地区，能在较短的时间内实时地提供侦察情报。按任务和侦察设备，航天侦察监视可以分为照相侦察卫星、电子侦察卫星、导弹预警卫星和海洋监视卫星等。

（1）照相侦察卫星是侦察卫星中发展最早、发射最多的卫星，同时是航天侦察监视任务的主要承担者。它同时使用可见光相机、红外相机、多光谱相机和电视摄像机等不同种类侦察设备，可以优势互补。有的照片直观，易于判读；有的能识别伪装；有的便于识别更多的目标；有的可以进行近乎实时的传送。目前，只有少数国家能够发射并回收照相侦察卫星，又以美国水平最高、历史最长，已经发展到第六代。前三代分为普查型和详查型两种；到了第四代，一颗卫星既可普查，又能详查；第五代实现了图像传输的数字化；第六代带有更先进的光电遥感器，进一步提高了夜间侦察能力和情报信息的准确性，据称其地面分辨率达 0.1 米，同时具有截获电子信号的侦察能力。

（2）电子侦察卫星是航天侦察的主要平台之一。为保证电子侦察卫星的寿命，其高度不能太低；为保证侦察效果，又不能太高。一般高度在 300～1000 千米。电子侦察卫星上装有侦察接收机和磁带记录器，当卫星飞经敌方上空时，将接收的各种频率的无线电信号记录在磁带上，当卫星飞经本国地球站上空时，再回放磁带，以快速通信方式将信息传回。其主要任务包括：一是侦察对方雷达的位置、使用频率等性能参数，为实施电子干扰和战略轰炸机、弹道导弹的突防提供依据；二是探测对方军用电台和发信设施的位置，以便窃听和破坏。侦察卫星具有天线覆盖面积大、侦察范围广、持续时间长、手段优越和安全等特点。

（3）导弹预警卫星用于监视、发现和跟踪敌方战略弹道导弹的发射及其主动段的飞行，并提供早期预警信息。此外，还兼顾有探测核爆炸的任务。它利用红外探测器，探测导弹在主动飞行期间发动机尾焰的红外辐射，为保证不"虚惊"、误报，还使用电视摄像机加以配合，准确地判明导弹发射。

（4）海洋监视卫星主要用于探测、监视海面状况和舰船、潜艇活动，侦收舰载雷达信号和窃听舰船无线电通信，能在全天候条件下鉴别舰船的编队、航向和航速，并能探测水下核潜艇的尾流辐射等，还可以为舰船的安全航行提供海面状况和海洋特性等重要数据。它具有覆盖海域广阔、可探测运动目标、可探测高轨道目标，以及由多颗卫星组网等特点。

二、伪装隐身技术

随着电子信息技术高速发展及其在军事领域中的广泛应用，战场军事侦察的技术手段已经实现了高技术化。精确制导武器的广泛应用，意味着战场目标"发现即可命中"，这就促使了反侦察技术的发展。现代战争中，伪装隐身技术作为高技术反侦察手段已成为战场重要组成部分。

(一) 伪装技术

伪装就是进行隐真示假，为欺骗或迷惑对方所采取的各种隐蔽措施，是军队战斗保障的一项重要内容。

伪装的基本原理是一方面要减小目标与背景在光学、热红外、微波波段等电磁波的散射或辐射特性的差别，以隐蔽目标或降低目标的可探测特征；另一方面要模拟或扩大目标与环境的这些差别，以构成假目标欺骗敌方。

伪装有两种基本的分类方法：一是按军事伪装的运用范围分类，可分为战略伪装、战役伪装、战术伪装；二是按伪装所对付的侦察器材分类，可以分为反雷达侦察伪装、反可见光及红外侦察伪装、反声测伪装。

伪装的技术措施主要包括：天然伪装、植物伪装、迷彩伪装、人工遮障伪装、烟幕伪装、假目标伪装、灯火与音响伪装。

(1) 天然伪装就是充分利用地形、地物、夜暗和能见度不良天候等条件（雾、雨、风、雪），给敌方造成观察死角，妨碍敌方雷达、红外、声测和遥感侦察，从而隐蔽目标或降低目标的显著性。天然伪装简便易行，省时省料，实施方便，伪装效果好。天然伪装主要用于对付光学侦察，在一定条件下也能对付红外侦察、雷达侦察、声测和遥感侦察。实施天然伪装，应做到保持背景外表不发生任何破坏和不合理的改变，使探测器中目标配置后形成的斑点与背景的总体斑点图案吻合。

(2) 植物伪装技术是利用种植植物、采集植物和改变植物颜色等方法对目标实施伪装的技术。其做法包括：在目标上种植植物进行覆盖；利用垂直植物遮蔽道路上的运动目标；利用树木在目标地区构成植物林；利用种植植物改变目标外形和阴影（即植物遮障技术）；利用新鲜树枝和杂草对人员、火炮、汽车和工事实施临时性伪装；割草、施肥、熏烧或喷洒除莠剂，以制造斑驳的背景形象，降低目标的显著特征；等等。植物伪装技术简单易行，所以在现代战争中仍是常用的伪装技术，而且十分有效。

(3) 迷彩伪装是利用涂料、染料和其他材料来改变目标、遮障和背景的颜色及斑点图案，以消除目标的光泽，降低目标的显著性和改变目标外形的伪装措施。伪装迷彩可大致分为保护色迷彩、变形迷彩、仿造色迷彩、光变色迷彩、多功能迷彩等。

(4) 人工遮障伪装是利用各种制式伪装器材或就便器材对目标设置遮蔽的屏障，包括水平遮障，道旁垂直遮障（也称栅栏遮障），道路上空垂直遮障，凸面掩盖遮障，用平面遮障遮蔽堑壕、交通壕，变形遮障等，是一种因地制宜、简单易行、省时省料的伪装技术。

(5) 烟幕伪装指利用烟幕遮蔽目标，迷惑敌人的措施，包括发烟手榴弹、发烟罐、发烟炮弹、气溶胶等。实践证明，烟雾伪装能有效地降低敌方的侦察效果，使敌方无法精确确定目标的位置，从而降低武器对目标的命中率。

(6) 假目标伪装是利用模拟目标暴露征候，欺骗迷惑敌人的伪装措施，包括形体假目标和形象假目标。假目标作为伪装的一个方法,在"隐真""示假"活动中占有重要的位置。

(7) 灯火与音响伪装是指通过消除、降低和模拟目标的灯光与音响暴露征候,以隐蔽目标或迷惑敌人的伪装技术。使用灯火伪装时,对室内灯火,主要采用遮光、降低照明强度、限制照射范围、模拟透光窗户等方法进行伪装。对室外灯火的伪装,主要是对信号灯、车辆的前后灯、发光标志(指示运动方向、指示目标位置、障碍物中的通路等)的隐蔽,或采用新型冷光源模拟正在行驶的车辆灯光和模拟作业场的灯火等的隐蔽。音响伪装则是通过消除音响、降低噪声、加装隔音装置使目标音响特征降低。如不能达到消除音响的要求,也应尽量降低音响。

(二) 隐身技术

隐身技术又称隐形技术或低可探测技术,是改变武器装备等目标的可探测信息特征,使敌方探测系统不易发现或发现距离缩短的综合性技术。

隐身技术是传统伪装技术走向高技术化的发展和延伸,是将流体力学、材料学、电子学、光学、声学、热学等领域的技术融于一身的综合性技术,被称为"王牌技术"。

1. 主要隐身技术

隐身技术通常可分为:雷达隐身技术、红外隐身技术、电子隐身技术、可见光隐身技术和声波隐身技术等。

(1) 雷达隐身技术。雷达侦察是最重要的侦察探测活动方式之一,因此雷达隐身技术成为世界各国重点研究发展的隐身技术。目前已经采用的雷达隐身技术主要有:隐身外形技术(在外形设计时,力避出现任何边缘、棱角、尖端和缺口等垂直相交的面,来抑制雷达波的散射)、隐身结构技术(主要是合理设计发动机进气和排气系统,减小辐射源数量,尽量消除外露突起部分)、隐身材料技术(隐身材料主要分为雷达吸波材料和雷达透波材料,雷达吸波材料能有效吸收敌方侦察雷达发射的电磁波,雷达透波材料则能使大部分电磁波透过目标,从而达到对雷达隐身的目的)等。

(2) 红外隐身技术。红外隐身技术是指抑制目标在敌方红外探测系统方向上的红外辐射,以降低敌方红外探测系统对目标探测概率的技术。红外隐身技术包括:改变红外辐射波段,降低红外辐射强度,调节红外辐射的传输过程等。

(3) 电子隐身技术。电子隐身技术主要是抑制武器装备等目标自身的电磁辐射。目前采用的主要技术措施有:减少无线电设备(如用红外设备代替雷达,用全球定位系统或天文惯性导航系统代替无线电导航系统等),降低电子设备的电磁散射(如采用发射功率自动管理技术,在时间、空间和频谱方面控制无线电设备的电磁波发射),减小电缆的电磁辐射(如用光缆代替电缆),对电子设备进行屏蔽等。

(4) 可见光隐身技术。可见光隐身技术就是通过减小目标与背景之间的亮度、色度和运动对比特征,达到对目标视觉信号的控制,降低被可见光探测系统发现的概率。目前投入使用和研究提出的可见光隐身技术主要有:改进目标外形的光反射特征(如飞机采用平板或近平板外形的座舱罩,减少太阳光反射的角范围和光学探测器瞄准、跟踪的时间);控制目标的亮度和色度,使目标与背景的亮度和色度匹配(如涂敷迷彩涂料或挂伪装网）；控制目标发动机喷口的火焰和烟迹信号（如采用不对称喷口、转向喷口或对喷口遮挡）；控制目标照明和信标灯光（如对夜间照明和信标灯光多的目标实行灯火管制）；控制目标运动构件的闪光信号。

(5) 声波隐身技术。声波隐身技术就是研究减弱目标向周围介质的噪声传播，从而达到降低目标被对方声探测设备发现概率的一种技术。目前研究的主要技术措施有：发动机和辅助机采用超低噪声设计；采用吸声和阻层材料，安装减振和隔声装置；减小螺旋桨的噪声，如增加螺旋桨叶片数并降低旋速；合理进行目标整体设计，以避免发生共振现象。

2. 新型隐身材料

(1) 手性材料。手性是指一种物体与其镜像不存在几何对称性且不能通过任何操作使物体与镜像相重合的现象。研究表明，具有手性特性的材料，能够减少入射电磁波的反射并能吸收电磁波。用于微波波段的手性材料都是人造的，研究的雷达吸波型手性材料，是在基体材料中掺杂手性结构物质形成的手性复合材料。

(2) 纳米隐身材料。近几年来，对纳米材料的研究不断深入，证明纳米材料具有极好的吸波特性，因而引起研究人员的极大兴趣。美、法、德、日、俄等国家把纳米材料作为新一代隐身材料进行探索和研究。

(3) 导电高聚物材料。这种材料由于结构多样化、高度低和独特的物理、化学特性，因而引起科学界的广泛重视。将导电高聚物与无机磁损耗物质或超微粒子复合，有望发展成为一种新型的轻质宽频带微波吸收材料。

(4) 智能型隐身材料。智能型隐身材料是一种具有感知功能、信息处理功能、自我指令并对信号作出最佳响应功能的材料和结构。

(5) 超材料。隐身技术中最大有可为的新进展或许是一种叫作"超材料"的奇异材料，有朝一日它也许真的能让物体隐身。

3. 主要隐身兵器

隐身兵器是把隐身技术应用于武器装备上而形成的新式武器，它可以是对原来不具备隐身能力的武器装备的改进，也可以是新设计、新研制的武器。

(1) 隐身飞机。它是研制最早、发展最快、隐身技术含量最高的隐身兵器，其发展经历了利用单一技术对飞机进行局部隐身和运用综合技术对飞机进行全面隐身两个阶段。已研制成功的隐身飞机主要有：SR-71隐身战略轰炸机、F-117A隐身战斗轰炸机、B1-B隐身战略轰炸机、B-2隐身战略轰炸机等。其中，F-117A和B-2两种飞机的隐身性能最具代表性。

(2) 隐身导弹。目前，已研制成功的导弹有美国的隐身战略巡航导弹和隐身战术导弹。隐身战略巡航导弹有AGM-86B和AGM-139两种型号。隐身战术导弹也有两个型号，即空中发射的AGM-137型和地面发射的MGM-137型。

(3) 隐形舰船。隐身舰船概念是近年来提出的，它是各种侦察系统、红外寻的反舰导弹、新一代鱼雷和水雷迅速发展，要求降低舰船可探测概率的发展成果。近年来，研制比较成熟的隐形舰船有英国的 23 型护卫舰、美国的"阿利·伯克"级导弹驱逐舰等。而高隐身性能的舰船用于战场已初显身手,如美国海军正在研制 SSN-21"海狼"隐身潜艇和掠海航行的非金属双船体的隐身舰船等。

三、精确制导技术

(一) 精确制导技术概述

精确制导技术简称制导技术,是指按照一定规律控制武器的飞行方向、姿态、高度和速度,引导其战斗部准确攻击目标的军用技术,是利用自身获取或外部输入的目标区信息,探测、识别和跟踪目标,导引和控制导弹弹药命中目标或目标要害部位的制导技术。精确制导技术按照不同的控制和导引方式进行分类,可分为自主式制导、寻的式制导、遥控式制导和复合式制导等。

1. 自主式制导

自主式制导是指控制导弹飞行的导引信号不依赖于目标或制导站,而由导弹本身安装的测量仪器来测量地球或宇宙空间的物理特性,从而决定导弹的飞行轨迹。自主式制导包括惯性制导、方案制导、地形匹配制导和星光制导等。自主式制导由于与目标及指挥站不发生联系,因而隐蔽性好、抗干扰能力强,导弹的射程远、制导精度高。但飞行弹道不能改变的特征,使之只能用于攻击固定目标或预定区域的弹道导弹、巡航导弹。

2. 寻的式制导

寻的式制导体制又称自动导引制导体制,是指导弹能够自主地搜索、捕获、识别、跟踪和攻击目标的制导方式,这是制导武器系统最主要的现代制导体制。寻的式制导是通过装在导弹上的导引装置接收目标辐射或反射信号后,发出控制信号将导弹引向目标,适合打击运动目标。寻的制导系统是由装在弹体上的导引头、指令计算机和导弹控制装置等组成。导引头是寻的制导系统的关键,它感受目标辐射或反射的电磁波,自动测量目标的运动参数。指令计算机接受参数后,形成制导指令。导弹控制装置对指令进行适当变换,驱动导弹的飞行方向,直至命中目标。寻的式制导的最大特点是:精度非常高,但是它的作用距离较近,识别敌我能力较差。寻的式制导可以根据能源所在位置不同,分为主动、半主动和被动寻的式制导;也可按照能源的物理特性分为微波和毫米波、红外、激光、电视寻的式制导。

3. 遥控式制导

遥控式制导是由设在导弹以外的地面、水面或空中的制导站控制导弹飞向目标的制导技术。制导站可设于地面上、舰船上或飞机上,它就像一个前方指挥所,根据跟踪测量系统测得的目标和弹体的相对位置和运动参数,形成制导指令并发送给弹体,弹体接收到指令后,由自动驾驶仪控制弹体,按指挥员的意图飞行,直至命中目标完成任务。遥控式制导有多种,根据所用装置的特点进行分类,可分为有线指令制导、无线电指令制导和波束制导等。

遥控式制导的特点是：导弹受控于指令站，因此弹道可以随目标的运动而改变，适合攻击运动目标。但是这种制导方式比较容易受干扰，且有线制导受导线长度和强度的限制，作用距离较近。

4. 复合式制导

复合式制导是在一种武器中采用两种或两种以上制导方式组合而成的制导技术。先进的精确制导武器系统往往采用复合制导技术，即在同一武器系统的不同飞行段、不同的地理和气候条件下采用不同的制导方式，扬其所长，避其所短，组成复合式精确制导系统，以实现更准确的制导。常用的复合制导技术有：自主式制导＋寻的式制导、自主式制导＋遥控式制导、自主式制导＋遥控式制导＋寻的式制导、遥控式制导＋寻的式制导等。这些复合制导技术在地对空、空对地、地对地战术导弹中均被采用。

除上述分类方法外，制导技术还可根据所用物理量的特性进行分类，如无线电制导、红外制导、激光制导、雷达制导、电视制导等。

复合式制导系统结构比较复杂，体积大，设备比较昂贵，制造成本较高。

（二）精确制导武器

精确制导武器包括导弹和精确制导弹药两大类。导弹与精确制导弹药的主要区别在于，前者依靠自身的动力系统和导引控制系统飞向目标，后者自身无动力装置，需要借助火炮、飞机投掷，也没有全程制导装置，仅有在飞行末段起作用的寻的装置或传感器。

1. 导弹

导弹是依靠自身的动力装置推进，由制导系统导引、控制其飞行路线并导向目标的武器。导弹是精确制导武器的一大家族，它的分类方法很多：

（1）按作战任务分：战略导弹（完成战略任务，主要用于攻击对国家生存和战争胜败有重大意义的战略目标）、战术导弹（毁伤战术目标，主要用于打击敌方战术纵深内的核袭击兵器、集结的部队等目标）。

（2）按射程分：近程导弹（射程在1000千米以内）、中程导弹（射程在1000~3000千米）、远程导弹（射程在3000~8000千米）、洲际导弹（射程在8000千米以上）。

（3）按弹道特性分：弹道导弹、飞航式导弹。

（4）按发射点和目标位置分：地对地导弹、地对空导弹、岸对舰导弹、空对地导弹、空对空导弹、空对舰导弹等。

2. 精确制导弹药

精确制导弹药指采用精确制导技术，直接命中概率较高的弹药，分为末制导弹药和末敏弹药两类。

末制导弹药有寻的器和控制系统，在弹道末段能根据目标和弹药本身的位置自行修正或改变弹道，直至命中目标，主要有制导炮弹、制导炸弹、制导雷等。

末敏弹药不能自动跟踪目标，也不能改变飞行弹道，只能在被撒布的范围内利用自身的探测器（寻的器）探测和攻击目标。

四、电子对抗技术

(一) 电子对抗技术概述

电子对抗技术，简单地说是直接应用于信息对抗的各种技术的总称。电子对抗又称电子战、电子斗争，是指敌我双方利用电子设备武器或器材所进行的电磁斗争。它是军用信息技术的一个分支和现代军事高技术之一。由于军队广泛应用先进的电子技术和装备进行战场侦察、目标监视、作战指挥、通信联络、武器控制与制导，从而大大提高了作战能力和快速反应能力。

电子对抗的目的就在于削弱或破坏敌方而同时又保护己方的这种能力，为掌握战场主动权，夺取战役、战斗的胜利创造有利条件。随着电子技术在军事上的广泛应用，电子对抗将成为对抗敌方自动化指挥系统和武器控制系统的重要手段。

(二) 电子对抗技术的作用

（1）能获得重要的军事情报。通过电子侦察，可以获取敌方无线电通信的内容，查明敌方电子设备的有关技术参数及兵器属性、类别、数量和配置位置等情报，从而可以判断敌方的兵力部署和行动企图。

（2）破坏敌方的作战指挥系统。无线电通信是军队作战指挥的主要手段。在陆海空三军协同作战、坦克集群突防、飞机或舰艇编队行动、空降作战、海上登陆作战以及军队被围时，无线电通信是唯一的通信手段。有效地干扰、欺骗或摧毁敌人的无线电通信设备，可使其联络中断、指挥瘫痪，严重削弱敌军的战斗力。

（3）破坏敌方的电子防御系统，掩护己方突防武器的攻击行动。

（4）对重要目标进行防御。在机场、桥梁、指挥所等重要目标附近部署雷达干扰设备，可以干扰敌方轰炸机的轰炸瞄准雷达，使其炸弹失去准确性；可以干扰导弹的雷达制导系统，使导弹失控。

(三) 电子侦察与反侦察

和平时期的电子对抗集中表现在电子侦察与反侦察方面，电子侦察不仅为战争所直接需要，而且所获情报是制定电子对抗作战计划、研究电子对抗战术和技术对策、发展电子对抗装备乃至整个武器系统电子设备的依据。

1. 无线电通信侦察与反侦察

（1）侦收识别。要侦收敌方无线电通信，己方接收机就必须在工作频率上和敌方相同，在解调方式上和敌方电台调制方式相适应。对敌方短波无线电通信进行侦收就必须使用短波接收机，对敌方调频电台侦收就必须使用调频接收机而不能使用调幅接收机。侦收设备还应该有较高的灵敏度以增加侦收距离，具有较宽的频段以增加搜索范围。

（2）测向定位。用无线电定向接收设备来测定正在工作的无线电发射台的方位，称为测向，接收设备称为无线电测向机。无线电测向的实施是利用定向天线做定向接收。在实际工作中，常把无线电通信信号的侦收、识别和对敌电台的测向定位置于同一系统。常用的无线电通信侦察和定位系统由四大部分组成：侦察接收设备，主要担负无线电通信侦察与监听；天线系统，进行通信和监视接收敌方信号；测向定位设备，自动进行测向与定位；程序操作部分，对各部分进行程序控制，使整个系统按要求进行工作。

（3）反侦察。一是使用异常通信手段或其他通信手段，如向更高或更低的频率发展，使敌方无法侦收或改变频段进行通信；二是采用保密通信设备或进行无线电台伪装，实施佯动和欺骗；三是使用定向天线，适当控制发射功率，在保障通信的前提下，尽可能使用小型天线和降低发射功率，增加敌方的侦收困难；四是使用新的调制方式，如使用伪随机码通信等。

2. 雷达侦察与反侦察

雷达侦察的目的一是发现敌方带雷达的目标；二是测定敌方雷达的主要参数，确定雷达和目标的性质；三是引导干扰机和引导干扰杀伤武器。

为了防止己方雷达被敌方侦测，必须严格控制雷达的工作时间和工作频率。在保证雷达完成任务的前提下，雷达开机工作时间越短越好。开机必须按规定的权限批准。值班雷达的开机时间和顺序要不规律地改变。

雷达干扰是针对雷达工作频率进行的，所以，雷达工作频率不被对方侦知是反侦察的关键。控制频率的一般措施包括：（1）现用雷达按规定使用常用工作频率；（2）几个相同工作波段的雷达，应以相近的频率工作；（3）严格控制雷达改频；（4）严格控制备用频率和隐蔽雷达的启用。另外，还可以采用转移雷达阵地、放置假雷达、发射假信号等方法欺骗敌人。

（四）电子干扰与反干扰

电子干扰就是通过干扰电磁波或使用其他器材吸收、反射电磁波，达到干扰和欺骗敌方电子设备，使其不能正常工作的目的。电子干扰与反干扰是电子对抗的主要形式。

1. 无线电通信干扰与反干扰

当干扰信号的频率与通信信号相同或接近时，接收设备就会同时收到干扰与通信信号，从而扰乱接收设备对正常信号的接受。要有效地实施无线电通信干扰，在技术上必须做到频率相同、功率超过和样式合适。

无线电通信反干扰的主要措施有：增大发射功率，缩短通信距离，提高信号与干扰的强度比，使信号强度超过干扰强度；采用强方向性天线，减少电波能量向其他方向辐射，减少来自其他方向的干扰，增强通信信号的强度；避免信号标准化，干扰敌干扰机的工作；采用改进的、抗干扰能力强的通信方式等。

2. 雷达干扰与反干扰

雷达干扰分为有源干扰与无源干扰两种，雷达反干扰可采用多种措施。

（1）有源干扰。利用雷达干扰设备（干扰机）发射无线电波对敌雷达造成的干扰，称为有源干扰。有源干扰常用的有压制性干扰（利用干扰机发射强大的干扰信号，压制住敌人雷达的目标回波，使目标回波"淹没"在干扰信号之中，在显示荧光屏上识别不出真实目标）和欺骗性干扰（是利用干扰机发射欺骗性干扰信号对敌雷达造成的干扰，使敌方雷达以假当真做出错误的判断）。

（2）无源干扰。无源干扰与有源干扰的区别在于它不是通过发射无线电波对敌造成干扰，而是利用反射无线电波或衰减"吸收"无线电波的器材造成干扰。常用的措施有：一是用反射性器材实施干扰；二是用吸收性干扰器材实施干扰。

雷达反干扰就是消除雷达在正常工作中所受到的干扰，或把干扰减少到允许的程度。主要措施有：（1）增大雷达的发射功率。雷达的发射功率增大，目标回波强度就会增强，雷达就容易从干扰波中识别出目标，因而提高雷达抗干扰能力。（2）改变雷达的工作频率。用改变雷达工作频率的办法反干扰，常用的有跳频反干扰、频率捷变反干扰和多波段雷达等。（3）扩展雷达的工作频率。由于干扰机一般是根据预先侦察到的某种雷达波段而研制生产的，所以，将雷达扩展到新的工作波段，战时突然使用，就会使敌方侦察、干扰措手不及，保障雷达不受干扰。（4）提高雷达天线的方向性，就是将雷达天线的波束变窄。只有处在天线波束内的干扰信号，才能被雷达接收，对雷达造成干扰。由于雷达波束变窄，而干扰机天线波束通常较宽，所以真正进入雷达的干扰功率仅仅是干扰发射功率的一小部分，大部分干扰功率耗散在空间，雷达受到的干扰减弱。（5）动目标显示。动目标显示雷达，可以在"宿条气地物和海浪等无源干扰"情况下发现与测定运动的目标。地面起伏、海上波浪及干扰"循条"等无源干扰物，相对于快速运动的目标（如飞机、车辆、舰船等）都称为固定目标。固定目标的位置相对于雷达是不变的，而运动目标相对于雷达的位置是变化的，所以两种目标的回波有差别。根据其差别，在技术上采取措施，把这两种回波区别出来，将固定目标回波消除，保留运动目标回波并在雷达显示器上显示出来。因此，它可以发现和测定运动目标。

五、航天技术

（一）航天技术概述

航天技术，又称空间技术，是通过将无人或载人航天器送入太空，达到开发和利用太空的军事目的，用以完成侦察、通信、监测、导航、定位、测绘和气象测报等各种军事航天任务的综合性工程技术。

航天技术包括航天器技术、运载器技术、航天测控技术三大组成部分。

1. 航天器技术

航天器技术是在地球大气层以外的宇宙空间执行探索、开发或利用太空等航天任务的飞行器。航天器有无人航天器和载人航天器两类。航天器一般由通用系统和专用系统两部分组成。通用系统是指各类航天器的必备系统，如结构系统、温度控制系统、姿态控制系统、无线电测控系统、轨道控制系统、能源系统、程序控制系统以及回收系统等。专用系统是根据航天器担负任务的需要而设置的，它是区别航天器用途的主要指标，如通信卫星的转发器和无线电系统、侦察卫星的照相系统、导弹预警卫星的红外辐射器和电视系统等。载人航天器还特别设置了返回和生命保障系统，乘员舱内设有应急脱险装置。

2. 运载器技术

运载器技术是航天技术的基础。要想把各种航天器送到太空，必须利用运载器的推力克服地球引力和空气阻力，而运载器技术的发展为各种航天器提供了强大的动力装置。目前常用的运载器有运载火箭和航天飞机。

3. 航天测控技术

为了保证航天器在轨道上正常工作，必须使航天器不断将有关信息向地面报告，地面也必须依靠所建立的测控系统对航天器进行遥测、遥控、跟踪和通信。为此，除了航天器上应载有测控设备之外，还必须在地面建立测控（包括通信）系统。地面测控系统由分布在全球各地的测控台、站及测量船组成。由于数据传输的重要性，现在又将数据传输系统作为测控网的一个重要组成部分。

（二）航天技术在军事上的应用

航天技术的发展使军事侦察、通信、测绘、导航、定位、预警、监视和气象预报等能力得到空前提高。目前，航天技术在军事上的应用大致可分为航天监视、航天支援、航天作战及航天勤务保障四个方面。

（1）航天监视。它是指充分利用航天器监视范围大、不受国界和地理条件限制、可定期重复监视某个地区、可以较快地获得其他手段难以得到的情报等优势，通过航天器上的各种侦察探测设备对目标进行监视，主要包括照相侦察、电子侦察、导弹预警、海洋监视和核爆炸探测等。

（2）航天支援。它是指利用军事航天技术，支援地面和空中军事活动以增强军事力量的效能，包括军事通信、军事气象观测、军事导航和测地等。

以上两个方面均已得到广泛应用，并且随着微电子技术、计算机技术、传感器技术等发展，其能力在不断提高。

（3）航天作战。它是指利用航天器载激光、粒子束、微波束等定向能武器或动能武器，攻击、摧毁对方的航天器及弹道导弹等目标，或者由载人航天器的机械臂、太空机器人或航天员，直接破坏或擒获敌方的军用航天器。这一方面的技术尚处于初期研究和试验阶段，已能做到利用截击卫星接近对方卫星，采取自爆或撞击方式达到攻击、摧毁对方卫星的目的。

（4）航天勤务保障。它是指在太空利用航天器实施检测、维修，加注推进剂，更换仪器设备、备用件及其他消耗器材，组装、建造军用航天器等的活动。这一方面的技术目前尚处于探索阶段。

（三）军事航天技术对现代战争的影响

军事航天技术的发展极大地拓展了现代战场的空域，使现代战场由"陆、海、空"三位一体发展为"陆、海、空、天"四位一体，使太空成为现代战争新的"制高点"。

目前，军事航天技术对现代战争的影响主要表现在以下几方面。

1. 极大地增强了军事侦察能力和军事指挥控制能力

部署在空间轨道上的各种军事空间系统（包括照相侦察卫星、电子侦察卫星、导航卫星、预警卫星、通信卫星等），可以居高临下，全时域、全空域、全天候地监视和掌握地面、海上和空中战场所发生的一切变化，为军事指挥员不断实时获取并提供所需的有关敌方军事目标、军队部署与调动、军队武器装备的数量和性能等各方面的重要情报，从而保证作战方案的正确制订及对整个作战过程实施正确的指挥。在高技术战争中，如果没有军事航天器提供情报和传输信息，军事指挥员就难以根据瞬息变化的战场形势做出正确的决策，实施有效的作战指挥。目前，太空已成为现代战场新的重要组成部分，军事航天技术已成为现代军事技术不可或缺的组成部分和决定战争胜负的重要因素之一。可以说，谁掌握先进的航天技术，谁就能控制太空，谁就能在战争中拥有主动权，也就更具有军事优势。

2. 有效地提高了武器装备的作战效能

利用军事空间系统可以为火炮、导航、飞机、舰艇提供敌方目标的精确坐标，并为我方武器装备进行导航，引导它们准确攻击和摧毁敌方目标，甚至还可通过空间系统的侦察对作战效果进行评估。

3. 对建立以信息技术为基础的数字化部队和数字化战场发挥关键作用

信息技术的军事应用、数字化部队的建立和数字化战场的出现，一刻也离不开军事航天技术。所谓数字化部队和数字化战场，其物质基础是从单兵武器到弹药、火炮、坦克、直升机、作战飞机、军舰及指挥技术器材等，都要装备数字化的处理与传输设备或装置，它们都需要各种军事侦察卫星和通信卫星提供和传输数字化的战场信息，即使是一个小分队，甚至是单兵，都必须携带并使用卫星终端。如果没有军事空间系统的支持，不但数字化部队的规模极小，数字化战场的覆盖范围有限，而且根本不可能通过地面的通信网络将它们连接成一个有机的整体，也就不可能实时、准确、可靠地获取战场信息。由此可见，军事航天技术在未来的军队建设、作战指挥、武器装备及战场的信息化、数字化、自动化方面都起着关键的作用，它在很大程度上决定着未来军事革命的特点和历程。

4. 促使战场进一步向空间延伸

随着军事航天技术的发展，"天军"和"天战"已经不再仅仅是人们议论的话题，而是已经实实在在地走进了战略指挥员的指挥台面。目前，"天军"已经担负着侦察、预警、指挥、导航、通信、控制及搜集军事气象资料等任务。随着航天技术的发展，在可见的未来，太空中的空间站不但可以是住人的军营和天军的军事基地，还可以作为太空指挥所、太空武器的试验基地、太空航天器和太空武器的修理所，以及用来装备定向能武器、摧毁敌方的军用卫星和导弹。建立了"天军"，就必然有"天战"。目前，美国和欧洲已初步建立起了弹道导弹防御系统，俄罗斯已经建立了"天军"部队——航天兵。可以预见，随着太空争夺的日趋激烈和航天技术的发展，战场也将进一步向空间延伸。

第三节 核生化武器与新概念武器

一、核生化武器

核生化武器是核武器、生物武器和化学武器的统称。

（一）核武器

核武器也称原子武器，是指利用原子核裂变或聚变反应，瞬时释放出巨大能量，造成大规律杀伤破坏效应的武器，可分为原子弹、氢弹、中子弹和特殊性能核武器。核武器的发射方式有飞机投掷，也可以用导弹、火箭发射。核武器可以在地面发射，也可以在地下掩体和水下潜艇中发射。

1. 核武器的爆炸方式

核武器的爆炸方式用比高表示。比高就是实际爆炸高度（米）与爆炸当量（千吨）立方根的比值。比高小于0的爆炸，称为地下（水下）爆炸，一般用于破坏地下目标；比高等于或大于0但小于60的爆炸称为地面（水面）爆炸，主要用于破坏地面和浅地下的坚固目标；比高大于60的爆炸，称为空中爆炸（简称空爆）。空中爆炸又分为低空爆炸、中空爆炸、高空爆炸和超高空爆炸。核武器在空中和地面爆炸时，会依次出现闪光、火球和蘑菇状烟云，在一定范围内还能听到核爆炸的巨大响声。核武器在地下爆炸时，通常看不见闪光和火球，在一定距离内能感觉到强烈的地震。

2. 核武器杀伤破坏因素

核武器杀伤破坏因素是核爆炸瞬间释放的巨大能量形成或转化而来的杀伤破坏因素。

（1）光辐射。光辐射是指核爆炸时从高温火球辐射出来的光和热，主要特点是传播速度极快、热效应强、作用时间短。光辐射可造成人员皮肤、眼睛、呼吸道烧伤和闪光盲。它还能使物体熔化、碳化、燃烧和造成火灾。

（2）冲击波。冲击波是指核爆炸瞬间形成的高速高压气浪，主要特点是传播速度快、压力强、作用时间短。冲击波可造成人员的直接杀伤和间接杀伤，使人耳鼓膜和内脏出血或破裂、颅脑损伤、骨折、皮肉撕裂等。它还能严重毁坏建筑物、工事和其他物体。

（3）早期核辐射。早期核辐射是指核爆炸最初十几秒内，从火球和烟云中释放出的 γ 射线和中子流，主要特点是传播速度快、穿透能力强、能使某些物质产生感生放射性、作用时间短。早期核辐射能造成人体生理机能失调和中枢神经系统紊乱。

（4）核电磁脉冲。核爆炸释放的 γ 射线和 X 射线与周围的分子、原子相互作用产生大量带电粒子，这些带电粒子高速运动，在爆心周围形成很强的瞬时电磁场，并以波的形式进行传播，这就是电磁脉冲。其主要特点是作用范围广、电场强度高、频谱范围宽、传播速度快、作用时间短。电磁脉冲对人员无杀伤作用，对一般物体也没有破坏作用，只对无防护的电子设备、电路和元器件有干扰和破坏作用。

(5) 放射性沾染。核爆炸产生的放射性沉降物质对地面、水、空气、食品、人体、武器装备等造成的污染称为放射性沾染。因作用时间长，又称延缓性杀伤破坏因素。其主要特点是来源多，能放出多种射线、沾染持续时间长，放射性难以改变。放射性沾染通过体外、体内照射和皮肤沾染造成人员伤害，使其患放射病。它还可以使某些食物和物体产生感生放射性。

3. 核武器的发展

1）第一代核武器：原子弹

原子弹又称裂变弹，是利用铀或钚等易裂变重原子核链式裂变反应瞬时释放的巨大能量，产生杀伤破坏效应的核弹，是第一代核武器。1945年7月16日，美国成功试爆了人类历史上第一颗原子弹，之后又分别于8月6日和8月9日在日本的广岛和长崎投放了两颗原子弹，其巨大的爆炸威力，使两座城市瞬间化为废墟，夺走了10.6万人的生命，伤12.8万人，直接加速了日本投降的进程。此后，苏联于1949年8月29日、英国于1952年10月3日、法国于1960年2月13日、中国于1964年10月16日先后成功试爆了第一颗原子弹。

美国、俄罗斯、英国、法国和中国是当今世界上《不扩散核武器条约》公认的五个核国家。但一些国家出于不同的战略目的，并未签署该条约，公开或秘密地发展本国的核武器，如印度、巴基斯坦和朝鲜，以色列也被认为拥有核武器。

2）第二代核武器：氢弹

氢弹又称聚变弹或热核弹，是指利用氢的同位素氘、氚等原子的聚变反应瞬时释放的巨大能量，产生杀伤破坏效应的核弹，是第二代核武器。氢弹的杀伤破坏因素与原子弹相同，但威力比原子弹大得多。原子弹的威力通常为几百至几万吨级TNT当量，氢弹的威力则可达几千万吨级TNT当量。氢弹还可通过设计增强或减弱其某些杀伤破坏因素，其战术技术性能比原子弹更好，用途也更广泛。截至目前，先后成功试爆过氢弹的国家有美国、苏联、英国、法国、中国。此外，朝鲜也于2017年9月3日宣布成功进行了氢弹试验。

3）第三代核武器：特定功能核弹

特定功能核弹，是指效应经过"裁剪"或增强的特种核武器，就是将核武器的五个主要杀伤方式（光辐射、冲击波、早期核辐射、电磁脉冲、放射性污染）中的某一种功能进行放大，而其他杀伤作用随之减少，追求的是小当量低污染的战术核武器，以便于增强核武器的实用性，降低使用门槛。目前，少量第三代核武器已经进入现役，多数尚处于研究试验阶段，主要包括中子弹、冲击波弹、伽马射线弹、感生辐射弹、核电磁脉冲弹、定向离子弹、核激励X射线激光弹、微型核弹等。以上几种第三代核武器虽然性能很好，但是研制工作受到《全面禁止核试验条约》的限制，进展缓慢，所以美国、俄罗斯、法国等核大国都在积极研制第四代核武器。

4）第四代核武器："常规武器"核弹

第四代核武器，就是以原子武器的原理为基础，以高能炸药代替核裂变来提供核反应所需的条件，能够在使用中不产生剩余的核辐射，使用后没有放射性沾染等核污染的核弹。第四代核武器可以大幅降低核武器使用的门槛,其发展不受《全面禁止核试验条约》的限制,可以视作"常规武器"使用,因而备受有核国家的关注。但因其技术复杂,研制难度很大,只有那些已经掌握了原子弹、氢弹等核武器研制,核技术水平高的国家才有能力发展第四代核弹。目前,正在研制的第四代核弹包括纯聚变弹、金属氢弹、反物质弹、粒子束武器、核同质异能素武器等。

(二) 生物武器

1. 生物武器概述

在战争中用来伤害人、畜,毁坏农作物的致病微生物及其所产生的毒素统称为生物战剂。装有生物战剂的炸弹、导弹弹头和气溶胶发生器、布洒器等各种施放装置称为生物武器。

生物武器最早称细菌武器,是受战争传染病流行而导致大量非战斗减员和军事失利的启示而发展起来的。最早的一次细菌战发生在1346年,鞑靼人围攻克米亚半岛卡法城的热那亚人,三年不克,便把死于鼠疫的尸体投入城内,结果使全城鼠疫流行,后来又蔓延到整个欧洲,流行达8年,死亡人数高达2500万,约占当时欧洲人口的三分之一。第二次世界大战期间,日本、德国、美国、英国、加拿大、苏联都研制了大量的生物武器。日本帝国主义从1930年起,在我国东北建设研制细菌武器的基地,掌管这个基地等设施的731部队曾大量培养鼠疫、霍乱、伤寒、炭疽等细菌。1940年至1943年,日军曾多次向山东、湖南、浙江等地大量使用细菌武器,给中国人民造成了极大的灾难。1952年,美国在朝鲜和我国东北地区多次使用了生物武器。

2. 生物武器的杀伤特点

(1) 致病力强,污染范围广。

(2) 伤害途径多,通常能通过吸入、误食(饮)和皮肤接触三种途径侵入人体。

(3) 具有传染性。有的生物战剂如鼠疫、天花、霍乱和斑疹伤寒等,有很强的传染性,个别人发病后如不及时采取防疫措施,能很快形成大面积传染流行。

(4) 危害作用时间长。生物战剂气溶胶的危害时间通常为数小时,条件适宜时时间更长,鼠疫杆菌在背阴处可存活数周,炭疽杆菌芽孢在土壤中能存活几十年。

(5) 没有立即杀伤作用。生物战剂从侵入人体到发病,短者数小时,长者十几天,其发病时间长短主要取决于战剂的种类和侵入的剂量等。

生物武器被称为"穷国的原子弹",因为一个中等大小的实验室在基本实验条件下就可以制造出病毒,价格比较便宜。生物武器一旦使用,将对人类造成巨大的灾难,因此1971年12月16日联合国第26届大会正式通过了《禁止发展、生产、储存细菌(生物)及毒素武器和销毁此种武器公约》(即《禁止生物武器公约》)。1975年3月26日该公约生效,无限期有效。截至2023年1月,已有184个国家签署了该公约。

美国是全世界军事生物活动的最大制造者、资助者和扩散者,时刻威胁全球公共卫生安全。根据美国2021年向《禁止生物武器公约》缔约国大会提交的数据,美国在全球30个国家控制了336个生物实验室,给世界带来重重隐患。美国是世界上生物军事活动最多的国家，也是唯一反对建立核查机制的国家。多年来，美国军方资助和控制的生物实验室在世界各地秘密从事军事生物活动的恶劣行径不断曝光，引发国际社会关切、质疑和愤怒。

（三）化学武器

1. 化学武器概述

战争中用来毒害人、畜的化学物质，叫作毒剂。装有毒剂的各种炮弹、炸弹、火箭弹、导弹、毒烟罐、手榴弹、地雷和布（喷）洒器等，统称化学武器。

2. 化学武器的杀伤特点

化学武器与常规武器相比，有以下突出特点。

（1）剧毒性。化学毒剂毒性大，见效快，往往遍及整个机体。

（2）多样性。化学武器使用，经呼吸道、眼睛、伤口、消化道、皮肤等多种途径使人中毒，直接受到伤害；还可由于误饮、误食沾染过毒剂的水和食物而造成间接伤害。

（3）空间流通性。化学武器使用后，在空间形成毒剂云团，随风扩散，使较大范围的空气和地面染毒。不但可以杀伤暴露人员，而且还可以杀伤隐蔽不严密的人员。

（4）持续性。化学武器的杀伤作用持续时间较长，少则几分钟、几十分钟，多则几天、几十天，甚至更长。

化学武器也有一定的局限性。首先是受到防护设施、器材的制约，对有防护准备的军队杀伤效果一般在10%左右，而无防护的可达50%以上。其次是受气象条件影响，条件有利时，能充分发挥和扩大杀伤作用和范围；条件不利时，会使杀伤作用大大降低，甚至无法使用。另外，地形条件对化学武器的杀伤作用也有一定影响。

为了阻止化学武器的危害，1992年11月30日第47届联合国大会一致通过了《关于禁止发展、生产、储存和使用化学武器及销毁此种武器的公约》（即《禁止化学武器公约》）。1997年4月9日该公约生效，无限期有效。截至2023年1月，共有193个缔约国。该公约是第一个全面禁止、彻底销毁一整类大规模杀伤性武器并具有严格核查机制的国际军控条约，对维护国际和平与安全具有重要意义。

然而，全面禁止化学武器的研发和使用仍然面临诸多挑战。在2013年和2017年，叙利亚遭受到了多次化学武器袭击，造成成百上千人死伤。美国不仅是目前《禁止化学武器公约》唯一尚未销毁化学武器库存的缔约国，而且曾经多次使用虚假的"化学武器"借口对其他国家发动侵略战争和军事打击。2003年3月，美国以"伊拉克存在化学武器"为由，对其发动侵略战争，最后却找不到任何化学武器，不得不承认"情报错误"。2018年4月，美国以"叙利亚政府军使用化学武器"为由，对其发动军事打击，最后所谓的证据却被证明是西方支持的"白头盔"组织拍摄的"假视频"。

二、21世纪核生化武器威胁形势与走向

（一）大规模使用核化生武器的威胁降低，小规模使用的威胁依然存在

《禁止生物武器公约》《禁止化学武器公约》限制了生物、化学武器的生产、储存

和使用，并已建立或准备建立核查机制，像20世纪那样大规模使用生物、化学武器的威胁也可能减少。同时，虽然各国进一步提高核武器质量的政策不会改变，但总体上削减核武器数量的趋势不会逆转。

（二）核生化武器扩散更加严重，威胁源头呈多元化趋势

冷战结束后，由于苏联解体，俄罗斯国力减弱，研制核生化武器的人才、技术大量流失。美国文件指出，"现在从国际黑市上可以买到核专家、核材料和核技术资料，甚至可能买到核武器。"另据国际原子能机构称："在过去的10年里，全世界共发生了375起核走私案件。"1998年，俄罗斯安全委员会前官员承认，苏联曾制造手提箱式的小型核武器，每件当量为1000吨，重60～100磅（27.22～45.36千克），1997年发现132枚中有48枚不知去向。

时至今日，一般生物、化学武器技术几乎已无秘密可言。与此同时，拥有核反应堆及核电站的国家被认为是具有核能力的国家。世界核工业的发展将使更多的国家具有核能力，核威胁将具有更广泛、更庞大的物质基础。

（三）由于技术和战略环境的变化，使用核生化武器的可能性不能排除

1. 技术发展为使用核生化武器提供了方便

美、俄等国正在发展小型和微型核武器，这类武器可对特定目标进行摧毁性打击而不产生附带效应。生物、化学武器本身就是一个广泛的范畴。在长期的化学军控与裁军谈判中，究竟哪些武器算化学武器而应被禁止发展和使用，一直是有争议的。像控爆剂、植物杀伤剂等有毒化学品由于毒性较小，不是公约禁止的重点，使用时的政治风险较小，未来作战中可能得到广泛应用。

2. 局部战争为使用核生化武器提供了舞台

在20世纪90年代的局部战争和武装冲突中，指控使用化学武器的事件频繁发生。最为集中的是1992—1995年的波黑内战，波黑的塞尔维亚族、穆斯林、克罗地亚族三方相互指责对方使用了化学武器。1993年，在美军与索马里武装派别的直接冲突中，美军使用了辣椒油树脂，为在武装冲突中使用低毒性毒剂开了一个不光彩的先例。1994年爆发的俄罗斯车臣战争中，已经证明车臣分裂武装多次使用了化学、放射性武器。

3. 军事政策和打击手段的调整将使使用核生化武器的方式多样化

一是出台有限使用核武器政策。2002年1月美国国防部提交的《核态势审议报告》，指出了美国可能实施核打击的7个国家，即中国、俄罗斯、朝鲜、伊朗、伊拉克、利比亚、叙利亚。而实施核打击的理由，第一，摧毁非核武器难以奏效的目标；第二，对核武器和生物、化学武器进攻的报复等，这种情况说明美国的冷战思维根深蒂固。

二是广泛使用刺激性毒剂及非致命性武器。刺激性毒剂在和平时期平定暴乱时称为控爆剂。国际公约明文规定：不得使用控爆剂作为一种作战方法。但美国对此作了保留。在21世纪的局部战争和武装冲突中，刺激剂一类的化学武器可能被广泛应用。另外，美国等西方国家正致力于发展新概念和非致命性武器，这类武器也可能被广泛应用。

三是打击核化设施，引发核化危害。在最近的几场战争中，利用常规武器打击核化设施，引发核化危害，已成为美军等惯用的作战手段。

三、新概念武器

新概念武器是指在工作原理和杀伤机理上有别于传统武器、能大幅度提高作战效能的一类新型武器。这种新型武器在设计思想、系统结构、总体优化、材料应用、工艺制造、部署方式、作战样式、毁伤效果等方面都不同于传统武器。新概念武器的研究和应用，将为未来高科技战争带来革命性的影响和变化。

（一）定向能武器

定向能武器又称为束能武器，是利用沿一定方向发射与传播的高能射束来攻击目标的一种新式武器。该武器的能量是沿一定方向传播，在一定距离内，该武器有杀伤破坏作用，而其他方向则没有杀伤破坏能力。目前，定向能武器主要包括激光武器、微波武器、粒子束武器、声波武器等。

1. 激光武器

激光武器是一种利用定向发射的激光束毁伤目标或使之失效的定向能武器。它具有快速、灵活、精确、不受电磁干扰、效费比高等特点，是目前最有前途的定向能武器。根据激光功率的大小和用途，激光武器可分为战略激光武器和战术激光武器。

战略激光武器主要包括反卫星激光武器和反战略导弹激光武器。反卫星激光武器指的是用来摧毁敌方各种卫星或使其失效的激光武器。它的作用机理主要是干扰或破坏卫星的光电系统。反战略导弹激光武器主要用于拦截敌方处于助推段飞行的战略导弹。目前，美国、俄罗斯、中国等国家都已经成功测试了战略激光武器，并将其作为太空战和战略导弹防御系统的重要组成部分。

战术激光武器既可致盲人眼，也可致盲光电系统，主要用于对付地面装甲目标、低空飞行的飞机或战术导弹等。目前，美军已经在"庞塞"号两栖船坞运输舰上安装了激光武器系统（LAWS），并成功进行了多次测试，可以击毁无人机和快艇等小型目标。这种武器系统不需要推进剂和炸药，只要能源充足，就可以连续射击，而且其发射一次的成本极低，可能只需要1美元，这与发射一枚导弹的成本高达数十万美元相比，形成了鲜明对比。

2. 微波武器

微波武器又称为射频武器或电磁脉冲武器，是一种利用高能量的电磁波辐射去攻击和毁伤目标的定向能武器。它属于"软杀伤"武器，既可从远距离把电子器件"烧"坏，使整个武器失效，也能使人精神错乱、行为失常、眼睛失明、心肺功能衰竭甚至死亡。

微波武器与激光武器、粒子束武器等其他定向能武器相比，其波束宽得多，作用距离更远，受气候影响更小，而且只需大致指明目标，便于火力控制。

当前，世界主要国家都很重视发展微波武器。其中，美、俄、中三国暂时处于领先地位,已经研制出多种类型的微波武器,并逐步迈入了实用化阶段。尤其是美国,曾多次将研制的微波武器部署在阿富汗、伊拉克等战场,初步显露了巨大威力。

3. 粒子束武器

粒子束武器是指利用加速器将中子、电子和质子等微观粒子加速到接近光速,并通过电极或磁集束形成非常细的粒子束流发射出去,从而毁伤目标。粒子束发射命中后可直接熔化或破坏目标,而且还会产生二次磁场作用,对目标再次进行破坏。粒子束武器的优点在于其速度接近光速,能够灵活射击多个目标,并且不受天气因素的限制,可全天候作战。

按粒子是否带电,粒子束武器可分为带电粒子束武器和中性粒子束武器。带电粒子束武器通常在大气层内使用,部署在地面或军舰上,主要用于拦截进入大气层内的弹道导弹和反舰导弹等目标;中性粒子束武器通常在大气层外使用,主要部署在空间飞行器上,用于拦截助推段和中段飞行的弹道导弹以及其他空间飞行器。

粒子束武器被视为真正的新概念武器,备受各军事强国重视,自20世纪70年代就开始了相关研究,但目前离真正实用化还有一段距离。

4. 声波武器

声波武器是指利用声波发生器产生超声波或次声波,向目标定向发射,刺激人体的大脑神经器官,使之产生强烈的不适感而丧失作战能力。人们日常可以听到的声音是20~20000赫兹频率范围内的声波,频率低于20赫兹的声波就是次声波,频率高于20000赫兹的声波就是超声波。因此,声波武器可以分为次声波武器和超声波武器。

次声波武器是一种能发射频率低于20赫兹的次声波,使其与人体发生共振,致使人体器官或部位发生位移、变形甚至破裂,从而造成损伤以至死亡的高技术武器。它具有隐蔽性强、传播速度快、传播距离远、穿透力强、不污染环境、不破坏设施等特点。美国在2000年10月"科尔"号军舰遭到小船自杀式攻击后,研发了一种远距离定向声波设备(LRAD),最远传播距离超过9千米,现已广泛应用在多国的军用和警用领域。

超声波武器是利用高能超声波发生器产生高频声波,造成强大的空气压力,使人产生视觉模糊、恶心等生理反应,从而使对方战斗力减弱或完全丧失。大功率的超声波的作用效果与次声波差不多,但传递方向性比次声波好,几乎沿直线传播,容易控制,直线穿透能力强,但杀伤范围小。2000年,美国发明了一种可以发射"超声波子弹"的手枪,并迅速得到陆军的订购。它能发出一种狭窄而强烈的超声波,是人类承受极限的50倍,可以轻而易举地让攻击者丧失行动能力。

(二)动能武器

动能武器是指能发射出超高速运动的弹头(丸),利用弹头的巨大动能,通过直接碰撞方式摧毁目标的武器。按照推进方式的不同,动能武器当前主要包括动能拦截弹和电炮两种。

1. 动能拦截弹

动能拦截弹是一种用化学火箭发动机推进动能弹头高速飞行、制导精度极高的导弹，由助推火箭和作为弹头的动能杀伤飞行器（KKV）组成。KKV 是动能拦截弹的主要组成部分，是一种高精度、高机动能力、光电信息高度密集的信息化弹药。作为一种飞行器，动能拦截弹采用自动寻的制导，通过高精度探测以及精确制导与控制，利用弹头超高速运动所产生的巨大动能与目标直接碰撞来杀伤目标。动能拦截技术主要用于反弹道导弹和反卫星。

目前美国、俄罗斯、中国等国都在竞相研发动能拦截弹，很多已经进入实战部署。美国为弹道导弹防御研制了多种动能拦截弹，主要有陆基中段防御系统的地基拦截弹（GBI）、末段高空区域防御系统（THAAD）拦截弹、"爱国者-3"（PAC-3）拦截弹、海基"宙斯盾"导弹防御系统的"标准-3"（SM-3）拦截弹、空基 NCADE 拦截弹和天基 NFIRE 拦截器等。俄罗斯最新研发的 S-500 反导系统中 77N6N1 导弹可以选择动能碰撞杀伤拦截器，也可以选择战术核战斗部。中国于 2007 年 1 月 11 日成功进行了第一次反卫星试验，用一枚"动能-1"反卫星武器击落了大气层外的"风云一号 C"气象卫星，目前已经发展到"动能-2""动能-3"等。

2. 电炮

电炮，又称电（磁）发射器，是指全部或部分利用电能为弹射提供动力，使弹丸等有效载荷达到的速度大大超过传统发射方式的一种新型动能武器。与普通火炮相比，电炮具有射速快、动能大、射击精度高、射程远等优点。当前发展的电炮总体上可以分为电磁炮和电热炮两种类型。

电磁炮是利用运动电荷或载流导体在磁场中切割磁力线产生的电磁力（洛伦兹力）来加速弹丸，是完全依赖电能和电磁力加速弹丸的一种高速发射装置。电磁炮主要分为电磁轨道炮和电磁线圈炮两类，目前世界上发展的主要是电磁轨道炮。当前，美国和中国在电磁炮领域处于世界领先地位。

电热炮一般是用高电压、大电流的短脉冲电流产生高温等离子体，使高能、轻质的非爆炸物质燃烧产生高压电离气体，把弹丸推出炮膛，因此又称"增燃等离子炮"。根据气体动力学原理估算，电热炮发射的弹丸初速最高可达 3～4 千米/秒。按照等离子体形成方法的差异，电热炮又分为纯电热炮和电热化学炮，其中后者发展最快。美国早在 2005 年就将 120 毫米口径的电热化学炮安装在装甲车上进行了射击试验，目前此类技术已经接近成熟。

（三）高超声速武器

高超声速武器是利用高超声速技术，飞行速度超过 5 马赫，通常在临近空间飞行的新型武器。作为世界各国争先研发的"新宠"，它具有飞行速度快、打击距离远、突防能力强、毁伤效果好、威慑作用大等特点，使对方的导弹防御系统很难拦截，具有无可比拟的优势。广义上的高超声速武器既包括导弹等杀伤性武器，又包括空天飞机等作战平台。以下主要介绍前者，它从技术角度分为高超声速巡航导弹和助推滑翔飞行器两种。

1. 高超声速巡航导弹

高超声速巡航导弹是指通常以超燃冲压发动机及其组合发动机为动力，可在大气层内实现高超声速远程飞行的导弹，能够快速远程打击敌纵深战略目标和航空母舰、弹道导弹发射装置等目标。

俄罗斯是目前世界上第一个列装高超声速巡航导弹的国家，已经列装了2种高超声速巡航导弹：第一种是海基型"锆石"高超声速反舰巡航导弹，其巡航速度为5~6马赫，末段冲刺速度高达8马赫，主要搭载在重型巡洋舰和核潜艇上；第二种是空射型"匕首"高超声速巡航导弹，飞行速度高达10马赫，最大射程2000千米，主要搭载在米格-31等战机上。俄罗斯在俄乌冲突中多次使用"匕首"高超声速巡航导弹，使其成为了人类历史上首次实战中使用的高超声速武器。

美国于20世纪90年代提出"全球快速打击计划"，目的是让美军能在1小时内用常规武器打击地球上的任何目标，其中最具代表性的就是X-51A"乘波者"。X-51A的前3次试验虽因技术原因失败，但在第4次试验中，超燃冲压发动机工作210秒，飞行距离426千米，最大速度5.1马赫，创造了高超声速飞行时间的世界纪录，试验获得成功。

2. 助推滑翔飞行器

助推滑翔飞行器通常由火箭发射到大气层并在低空滑行到目标。这种飞行器把火箭助推与高超声速滑翔技术相结合，其弹道与传统洲际导弹完全不同，具有极高的突防能力，可用于全球快速打击。

这种武器的典型代表是美国的"FALCON"计划和"常规打击导弹"计划。HTV-2是"FALCON"计划的子计划，为无动力滑翔高超声速飞行器，由火箭发动机作为助推器，可携带5吨重的物资，以超过声速20倍的速度在1小时内抵达全球的任何地点。HTV-2先后在2010年和2012年进行两次试飞虽都失败，但采集到了超过9分钟的试验数据。

与美国连受挫折不同，俄罗斯近年来成功测试了"先锋"高超声速洲际导弹。该导弹以大型火箭助推器为载体，到达100千米的太空和地球大气层边缘后，导弹冲出大气层并作自由段飞行；飞行器开始在临近空间和大气层之间以"打水漂"的方式滑翔；等行至目标上空约30千米时，导引头开机进行末制导，飞行器俯冲向目标，完成攻击。"先锋"高超声速洲际导弹，既可搭载常规弹头，又可搭载核弹头，据说可以穿透美国目前已知的所有反导体系，是俄罗斯的一款战略"杀手锏"武器。

中国近年来在高超声速武器领域也取得了巨大的成就。2019年10月1日，中国在国庆70周年大阅兵上首次公开展示了已经批量列装的东风-17高超声速弹道导弹（图4-1）。作为世界上第一种正式服役的滑翔类高超声速导弹，它具备全天候、无

图4-1 东风-17高超声速导弹

依托、强突防的特点，可对中近程目标实施精确打击。此外，中国还在测试星空-2等其他高超声速飞行器。

（四）环境武器

环境武器，也称地球物理武器，是指通过利用或改变自然环境状态所产生的巨大能量，以达到战胜或危害敌人作战行动的武器。这类武器往往以自然灾难的外貌出现，具有很大的隐蔽性，比如暴雨、山洪、雪崩、地震、海啸等。目前，环境武器主要分为气象武器、地震武器和生态武器等。

1. 气象武器

气象武器是指运用现代科技手段，人为制造暴雨、山洪、雪崩、高温、气雾等自然气象灾害，改造战场环境，以实现军事目的的一系列武器的总称。目前，气象武器的类型主要有温压炸弹、制寒武器、高温武器等。

早在第二次世界大战中，气象武器已经开始使用。1943年，美军为了掩护军队过河，就曾在意大利的一条河边制造了一条浓雾带。在越战期间，美军出动飞机约26000架次，在越南作战区域上空施放降雨催化弹474万多枚，其制造的大量暴雨和洪水使越军补给线"胡志明小道"变得泥泞不堪，严重影响了越军的作战行动。

2. 地震武器

地震武器是指采取某种手段，人为地在一定区域引发地震或海啸，从而达到军事目的的一种作战手段。人造地震或海啸多半选在地壳脆弱部位，在那里有巨大断层、龟裂地带、火山地带。在这些地区爆炸核武器后，就能人为地制造地震或海啸，从而对敌方环境造成破坏。目前，真正意义上的地震核武器并没有问世，但众多国家对其兴趣甚浓，有的国家正在秘密研制。尽管成功的难度很大，但是，地震武器不能不引起人类的警惕。

3. 生态武器

生态武器是指利用一定的物理、化学方法，人为改变生态系统的平衡，从而对敌人造成破坏的环境武器。当前，美国在阿拉斯加州建立了一个专门的生态武器研究基地，即高频主动极光研究项目（HAARP）。HAARP拥有目前世界上功率最强大的、既非商业也非民用的短波无线电发射器，称为电离层加热器。HAARP对于地球物理场的改变，会影响到大气层（包括对流层、平流层、电离层）的密度、结构和对流，在非常时期就会作为战争的武器。

（五）非致命武器

非致命武器是一种利用声、光、电、磁和化学等技术手段，使敌方人员和装备暂时失去作战能力的一种新型武器。按作用对象，非致命武器可以分为反装备非致命武器和反人员非致命武器两大类。

1. 反装备非致命武器

目前，国外发展的反装备非致命武器主要有超级润滑剂、材料脆化剂、超级腐蚀剂、超级黏胶及动力系统熄火弹等。其中，超级润滑剂是采用含油聚合物微球、表面改性技术、无机润滑剂等做原料复合而成的摩擦系数极小的化学物质，主要用于攻击机场跑道、航母甲板、铁轨、高速公路、桥梁等目标，可有效地阻止飞机起降和列车、军车行进。

2. 反人员非致命武器

反人员非致命武器可使敌方战斗减员，给敌方造成沉重的伤员负担。目前国外正在研究的反人员非致命武器主要有化学失能剂、刺激剂、黏性泡沫等，常见的具体武器有催泪弹、闪光弹、烟幕弹等。催泪弹（又称催泪瓦斯）就是一种典型的反人员非致命武器，它是以催泪性毒剂为有效载荷的弹药，施放后可快速大范围扩散，可以对人的眼睛、面部皮肤、呼吸道造成强烈的火烧般的刺激，目前广泛用作在暴乱场合以驱散示威者。

（六）基因武器

基因武器又称遗传工程武器，是指按照人的设想，通过基因重组，在一些致病的细菌或病菌中接入能对抗普通疫苗或药物的基因，或者在一些本来不致病的微生物体内"插入"致病基因而制造出来的武器。基因武器是一种具有极大杀伤威力的灭绝种族的新一代生物武器，一旦投入战场使用，将会对未来战争产生深刻的影响。

【思考题】

1. 什么是军事高技术？它对现代战争有什么影响？
2. 侦察监视技术的特点有哪些？
3. 什么是核生化武器？21世纪它的威胁形式与走向如何？
4. 你认为新概念武器在现代战争中会广泛应用吗？

第五章　信息化智能化战争

【学习目标】

1. 了解信息化智能化战争的概念、形成及其构成。
2. 了解信息化智能化战争的基本特征、作战原则、作战样式及发展趋势。
3. 掌握信息化智能化战争对国防建设的要求。

第一节　信息化智能化战争概述

一、信息化智能化战争的概念

信息化智能化战争是一种全新的战争形态，对此目前尚无准确的定义和规范的解释。军事科学院作战条令部编著的《信息化作战理论学习指南》一书对"信息化战争"的解释是：信息化战争是人类社会进入信息化时代后，交战双方依托信息化战场，以信息化军队为主要作战力量，以信息化武器装备为主要作战手段而进行的战争行为，是由信息时代战争形势、军事力量状态和主导兵器的技术形态等决定的战争动因、性质、规模等整体的表现形态。目前军事学术界一般认为，信息化智能化战争是指发生在信息时代，以信息为基础并以信息化武器装备为主要战争工具和作战手段，以系统集成和信息控制为主导，在全维空间内通过精确打击、实时控制、信息攻防等方式进行的瘫痪和震慑作战。简要地说，广泛使用信息技术及其物化的武器装备，通过夺取信息优势和制信息权取得胜利而进行的战争，就可称为信息化智能化战争。

二、信息化智能化战争的形成

信息化智能化战争是人类社会政治、经济、科学技术和战争实践发展到一定阶段的必然产物。

（一）信息化智能化战争是人类社会发展的必然结果

恩格斯曾明确指出："武器的生产是以整个生产为基础，因而是以'经济力量'，以'经济情况'，以暴力所拥有的物质资料为基础的。"美国的未来学家托夫勒也曾说："人们发动战争的方式，正反映了他们的生产方式"。也就是说，战争形态的演变是与人类社会的发展紧密相连的。

冶炼技术的产生使人类社会生产力水平大幅度提高，推动人类社会进入农业社会的同时，也使人们从事战争的工具产生了质的飞跃，开启了冷兵器战争时代；蒸汽机的发明使社会生产呈现出大规模化、机器化的特点，在引领人类社会进入工业社会的同时，也迎来了机械化战争的诞生。以信息技术为核心的高技术群的发展，使人类社会生产呈现出技术密集型、知识密集型和智能化的特点，从而推动人类社会进入了信息时代。与此同时，人类从事战争的工具也开始向信息化、智能化方向发展，军队建设也开始由数量规模型向技术密集型发展。因此，随着信息化社会的到来，战争形态也必然向信息化方向发展。

（二）科学技术的发展为战争形态的演变奠定了基础

科学技术是第一生产力，也是提高军队战斗力的第一推动力。早在19世纪中叶，马克思和恩格斯就把科学技术看成是历史发展的有力杠杆，看成是最高意义上的革命力量。科学技术的发展是武器装备的基础，武器装备的发展是战争形态演变的动力。科学技术的发展，极大地提高了武器装备的作战能力。信息技术在军事领域广泛运用，推动了武器装备技术性能的新发展。这些变化主要表现在以下几个方面：

（1）武器装备的毁伤效能剧增；
（2）生存能力和突防能力增强；
（3）侦察监视能力增强；
（4）武器装备智能化程度提高；
（5）武器装备的机动能力提高；
（6）军队具有全天时作战的能力；
（7）信息收集、处理、控制能力和传输速度提高。

总之，在现代条件下，高技术正以空前的深度和广度，推动着武器装备更新换代，强有力地改变着战争的面貌。随着武器装备信息化程度的提高，作战行动对战场信息依赖性的增强，在未来战争中，谁拥有技术优势，谁拥有信息优势，谁就能掌握战争的主动权。

（三）近年来局部战争实践是信息化智能化战争产生的基础

1991年爆发的海湾战争，是人类由机械化战争向信息化智能化战争过渡或者转折的战争，在信息化智能化战争发展进程中具有里程碑式的意义。科索沃战争、阿富汗战争和伊拉克战争，是人类战争史上最具有划时代意义、起承前启后作用的战争。它们既是典型的工业时代机械化战争，又明显地表现出高技术条件下的信息化智能化战争的主要特征，几场战争几乎都使用了全新的武器和全新的战法。人们越来越强烈地感悟到，战争形态正在发生深刻的变化，机械化战争形态正向信息化智能化战争形态转变。信息攻击、远程精确打击、陆海空天电一体化作战成为主要作战形态。

现代几场局部战争的实践，使人们已经深刻感悟到新的战争形态所具有的深刻内涵，战争实践成为推动信息化智能化战争形成和发展的催化剂。它促使人们更加自觉地接受、适应信息化智能化战争，更重要的是主动地去选择和设计信息化智能化战争。

2022年10月26日，中国共产党第二十次全国代表大会召开。二十大报告中强调"坚持机械化信息化智能化融合发展"，把机械化信息化智能化融合发展要求提升到新的战略高度，是中国把握战争形态发展趋势极具前瞻性的"谋势"和施策。

三、信息化智能化战争的构成

（一）信息化武器装备

信息化武器装备是信息化智能化战争的物质基础，它的发展对作战的影响是广泛和持久的，目前仅仅是初露端倪，只能看到一个大致的发展方向和总的发展趋势。从现代几场局部战争的实践来看，信息化武器装备对作战的影响主要表现在联合、控制、精确和快速四个方面。

1. 联合

电子信息技术出现之后，为信息化武器装备提供了一些特殊的功能。例如，军队指挥自动化系统可以作为"黏合剂"，把不同类型、不同军种、不同地域的武器装备和作战系统连接为一体，把原本分散配置的兵力兵器融合在一起。这样就可以使指挥员随时随地握紧拳头，形成力量，从而达成现代的联合概念。这种现代联合概念与原来联合概念的一个本质性区别在于，过去主要是通过指挥员和参谋人员的命令、指示与作战计划等人力协同，变为依靠军队指挥自动化系统的自动化指挥控制后，从发现目标到打击目标实现了一体化，软硬武器融合在一起，所有作战力量及民用资源融合在一起，这在以前是不可想象的。

2. 控制

随着武器装备复杂程度的提高，军队编制体制越来越复杂，作战地域和作战空间越来越广泛，从过去的单维空间发展到多维空间，作战地域也更加广泛。在这种情况下，指挥员要对多维空间和广阔地域部署的兵力兵器进行控制，难度可想而知。因此，如何对部队进行控制自始至终都是指挥员最为关切的一件事情。

信息化武器装备出现之后，在军队指挥自动化系统中采用了计算机系统，计算机有两个最突出的功能就是海量存储和快速信息处理。无论是文字、图片、图像还是语音，都能存储到计算机中去。存储之后的这些信息，可以分门别类地归入不同的数据库，这些数据库可以通过有线或者无线通信系统在不同武器装备、不同作战部门、不同作战地域之间进行实时保密传递，无论距离多远，传递过程中基本不会出现失真，所有信息最终都能还原和保真。

计算机的这些功能把参谋人员和指挥人员从繁重的收集情报、计算数据、抄写和转发电报、手工标图等日常战勤事务中解脱出来，使其集中精力于谋略的运筹、战法的创新和敌情的分析判断。信息化武器装备实现互联、互通、互操作之后，数量很少但素质更高的指挥员和参谋人员便可控制大量分散部署的兵力与兵器，大大提高了作战效能和指挥决策的速度。

3. 精确

精确是相对的不是绝对的。所谓"三非作战"，是指非线式、非接触、非对称作战。这三种作战样式都不是信息化武器装备时代的首创，在以往的战争中都可以找到这些作战样式的影子。

冷兵器时代的武器装备几乎都是接触式作战，但自从出现抛掷式武器以后，非接触就成为可能。火枪、火炮的出现无疑把作战距离拉到了几十米、几百米甚至上千米。

到了机械化战争时代，作战距离不断扩大，美国和日本在中途岛海战中，首次实现了非接触式作战，两国的航空母舰战斗群在相互不见面的距离上使用远程火炮和舰载机展开了一场史无前例的大海战。

信息化武器装备出现之后，非接触的距离增大了，这种增大不是无限增大，也不是非接触的距离越大越好，它是根据作战对武器装备的作战距离和防御范围来确定的。例如，对方对飞机和导弹的防空探测与拦截范围如果是 100 千米，那么这种非接触作战的距离就应该界定在 120 千米以上，如果对方的防空范围只有 5 千米，那么非接触作战的距离就应该下拉到 6 千米左右。非接触作战的范围是在保证己方兵力安全和确保能够准确打击敌人的前提下界定的，在伊拉克战争中，地面作战非接触距离在很多情况下只有几百米和上千米。因此，作战要强调有效性，而不能限于理论和公式的推导。

4. 快速

信息化武器装备的快速主要得益于以下三个技术基础。

（1）机器制造技术的高度精密化。机器制造技术在使用了数控机床等智能化加工控制技术之后，精密度提高，能耗降低，效率增大，动力性能良好。该技术运用到新型作战平台之后，就会在行驶速度、机动性能、推力等方面有明显的改进。

（2）作战平台的高技术化。坦克、飞机、舰艇等传统作战平台采用新材料、新能源和新技术之后，使外形特征优化、空气动力外形更加科学、能耗降低、速度提高。另外，高技术作战平台实现了信息技术与机械化技术的融合，能够运用信息技术对机械装置进行自动控制，实现作战平台自身的系统集成。在此基础上，再对外围设备、外部接口系统和外围体系加以融合，从而使作战平台能够方位更精、速度更快。

（3）军队指挥自动化系统的一体化。军队指挥自动化系统使信息化武器装备实现了互联、互通、互操作，从传感器发现目标，到信息传递和处理，到指示武器对目标实时打击和效能评估，全部实现了网络化、信息化和一体化，因而在速度上实现了实时和近实时。速度提高之后，突破了传统的时空概念，使全球战争直播成为可能，使远程异地召开电视电话会议成为可能，也使远距离遥控战争成为可能。

信息化武器装备与常规武器装备是不能等量齐观的。一架常规的飞机，如果安装信息技术的翅膀，就能增加机载雷达探测距离，加大远战和精确制导能力。如果再敷上隐形涂料，具备夜视功能，则这架飞机的战斗能量就会几何级地提高。信息与能量相结合，不但能使作战平台及时获得信息，发挥效能，赋予弹体正确的方向，而且还可以使弹体自动吸取信息，命中目标。这就超越了弹体本身的功能和增强了武器原有的功能，形成了新的战斗力。因此，使用信息化武器系统是信息化战争的重要特征。从某种意义上说，只有在战争中大量使用信息武器，并使信息化武器成为影响战争胜负的主导武器，才能最有力地证明信息化智能化战争的到来。在战争中使用武器装备的形式和状态，决定了战争的形式和状态。只有在战争中大量使用了高机动性能的机械化武器装备，才能称得上是机械化战争。同样，只有在战争中使用信息化的武器装备并主导战争的进程，才能称之为信息化智能化战争。

（二）信息化智能化战争作战力量

信息化智能化战争作战力量是取得信息化战争胜利的重要保证。它是一个动态发展的概念，涉及范围广、内容多，可以从不同角度加以界定，如将其划分为物质力量与精神力量，正规力量与非正规力量，结构力量与行为力量等。从直接用于作战的能力而言，构成信息化战争作战力量的基本要素主要包括三个方面：一是物质力量，指参加信息化战争的人员、武器、装备、技术、物资等；二是结构力量，指构成信息化战争作战力量的体制、机构、作战编成等；三是行为力量，指直接用于信息化战争作战行动的侦察力、摧毁力、突击力、机动力、干扰力、控制力、防护力、保障力等。

第二节 信息化智能化战争的基本特征

一、作战空间多维化

随着科学技术和武器装备的发展，作战空间逐渐呈现出日益拓展的趋向。由于飞机的问世和航空技术的发展，作战空间发生了第一次革命性变化，战场物理作战空间由陆、海平面战场发展为陆、海、空三维一体的立体战场；航天技术的发展，使作战空间发生了又一次革命性变化，由陆、海、空三维空间扩展到太空，形成了陆、海、空、天四维物理战场空间。以电子技术和计算机技术为核心的信息技术的发展与应用，使作战空间发生了更为深刻的革命性变化，出现了充斥于陆、海、雪、天、物理空间的信息空间。信息空间包括电磁空间、网络空间和心理空间。物理作战空间由陆海空向太空的无限扩展，信息空间的"无疆无界"，呈现出信息化智能化战争的作战空间的超大多维、领域无限广阔的特征。

20世纪之前的战争基本上是在陆地和海洋中进行，战场是平面的、一维的。第一次世界大战后期，当时的机械化战争新秀——飞机，首次运用于战场，虽然主要用于执行战场侦察任务，但是开辟了陆地和海洋之外的战场新空间——天空。第二次世界大战时期，大规模的空战和飞机轰炸将空间争夺几乎发展到了极致。第二次世界大战时期和第二次世界大战后的主导战争形态——机械化战争，是以陆、海、空为基本领域的三维对抗。战场空间由陆、海、空三维组成。

19世纪末，无线电远距离通信技术被引入军队通信，解决了当时棘手的海上远距离通信的难题。1904年2月，日俄战争爆发，交战双方首次在战场上使用了无线电通信联络，并出现了侦听无线电信号、干扰敌方电磁通信等活动，标志着以电子干扰影响和阻断敌方信息联系的通信电子战开始萌芽，人们意识到新的战争空间——无形的电磁空间正在向战争招手。经过第一次世界大战、第二次世界大战和第二次世界大战后几场局部战争的发展，以电磁通信为核心的电子战发展为多种样式，如电子侦察、电子干扰、无线电欺骗、模拟佯攻等。电子战成为现代战场作战的重要组成部分，电磁空间已经成为独立的战场争夺空间。

第二次世界大战后，高空物理、天体物理和航天技术的发展，促使人们将探索的目光投向从未涉足过的太空。人造卫星、航天飞机相继上天，标志着人类的活动领域已经扩展到太空。许多国家已经着手组建航天部队，并提出了高边疆战略和"制天权"学说，将战争的空间扩展到太空。我们熟悉的计算机网络技术首先用于军事通信领域，并成为当前军队日常管理和作战指挥中必不可少的一部分。对网络的破坏、干扰和防护已经成为军队作战的重要组成部分，围绕计算机网络空间的攻防斗争已经成为现代战场作战的重要内容，计算机网络也已经成为现代战场的一个组成部分。

至此，六维战场空间形成了，而且信息化智能化战争的战场空间形态从以陆、海、空、天、电磁等为主体的实体空间，向以网络、人的认知领域等为主体的虚拟空间扩展，实体空间与虚拟空间相结合成为信息化智能化战争战场空间形态的基本特点。信息化智能化战争的作战行动不但在传统的陆、海、空、天、电磁等领域展开，而且还将在网络、人的认知领域等虚拟空间进行激烈的争夺。

二、作战节奏快速化

时间是战争的基本要素。随着技术的发展，战争形态的演变，战争持续的时间呈现出逐渐缩短的趋势，这似乎成为战争发展的一个规律。据史料记载，超过5年以上的战争，17世纪约占40%，18世纪约占34%，19世纪约占25%，20世纪约占15%。而近几场局部战争的持续时间急剧缩短。海湾战争为42天，科索沃战争为78天，阿富汗战争为两个月，伊拉克战争为4周。

促使战争时间迅疾短促的主要因素有以下四个：

（1）信息化武器系统的快速作战能力，使战争时效性明显增强。作战平台的战场移动速度快，信息化武器作战距离远，能迅速实施远距离兵力快速投送和作战效能的聚焦，使作战的时效大大提高。

（2）信息化武器的精确作战能力，大大提高了毁伤效能。精确作战武器打击的准确性本身就提高了作战效能，精确打击直指敌人的战争重心，在短时间内给敌人以准确而致命的打击，必然使得作战时间大大缩短。

（3）战场信息流动速度的加快，大大缩短了作战周期。武器的信息化和指挥系统的一体化，使战场信息的获取、传输、处理实时化，在网络化战场上，尽管作战的程序和信息流程没有发生根本性变化，但信息流动速度的加快，使得作战进程由发现目标、进行决策、下达指令，到部队行动，几乎实时同步进行。

（4）信息化战争的高消耗性客观上要求作战速战速决。信息化武器的高造价和高维护费，使得即使像美国那样的发达国家也难以维持长时间的信息化智能化战争的消耗。海湾战争中，美军平均每天消耗11.6亿美元，战争长时间拖延，国家经济将难以承受，这就在客观上要求速战速决，尽量缩短战争持续的时间。

三、信息资源主导化

信息对战争影响的关键是要准确获得战场信息并把信息及时用于决策和控制。机械化战争，起主导作用的是物质和能量，打的主要是"钢铁仗"和"火力仗"。在信息化智能化战争中，信息是核心资源，是决定战争胜负的关键因素。信息化智能化战争是以争夺战场"制信息权"为主要行动的战争。信息成为部队战斗力的核心要素。

在未来战争中，对信息的争夺将发挥核心作用，可能会取代以往冲突中对地理位置的争夺。攻城略地已经成为机械化战争的历史，在信息化智能化战争中，地理目标将日趋贬值，信息资源将急剧升值。制信息权必然成为凌驾制空权、制海权和制陆权之上的战场对抗的制高点。拥有信息资源，握有信息优势，是取得战争胜利的先决条件。

急剧升值的信息资源，决定了争夺制信息权的斗争将在全时空进行，决定了战争中交战双方将倾全力去争夺"信息优势"。战争的实践，不仅使人们越来越充分地认识到物质、能量和信息在战争中的作用将发生革命性变化，而且使人们清晰地看到信息、信息系统和信息化武器装备的巨大作用，感受到未来信息化智能化战争的无限前景。传统的火力、防护力和机动力仍是战斗力的重要组成部分，但已经不处在核心位置，取而代之的是信息系统和信息化武器装备系统。

四、作战行动精确化

信息化智能化战争中，在多层次、全方位、全时空的情报、侦察和监视网络的支持下，使用大量的精确制导武器，使各种作战行动的精确化程度越来越高。

（1）精确侦察、定位控制。精确侦察、定位控制是实现精确打击的前提和基础。

（2）精确打击。精确打击是信息化战争精确化的核心内容，是靠提高命中精度保证作战效果，而不是通过增加弹药投射的数量增强作战效果。

（3）精确保障，就是充分运用以信息技术为核心的高技术手段，精细而准确地筹划、实施保障，高效运用保障力量，使保障的时间、空间、数量和质量要求尽可能达到精确的程度，最大限度地节约保障资源。

五、武器装备信息化

武器装备是进行战争的武器系统，也是不同战争形态的首要标志。工业时代的机械化战争是以机械化武器装备为物质基础的战争，主要使用坦克、飞机、枪炮等机械化兵器。信息化智能化战争作为一种新型的战争形态，是运用以计算机技术为核心、以信息技术为基础的一体化武器装备系统的战争。其武器装备系统的显著特征是高度的信息化，其构成主要包括信息攻防武器系统、单兵数字化装备和军队指挥自动化系统。

信息攻防武器系统包括软杀伤型信息武器和硬杀伤型信信息武器。软杀伤型信息武器主要是指对敌方目标本身不具有直接杀伤、摧毁和破坏作用，但可支援、保障己方作战力量和作战武器系统对敌实施作战行动的信息武器装备，如雷达、电磁测向机、电子干扰机、激光干扰机及专用的侦察、探测设备等。硬杀伤型信息武器主要是指精确制导武器和各种信息化作战平台。信息化作战平台装有大量的电子信息传感设备，并与军队指挥自动化系统联网。它们集侦察、干扰、欺骗和打击能力于一体，既可实施战场探测，为精确打击和各种战场打动提供目标信息，还可实施信息攻防作战。在伊拉克战争中，美军集中使用了大量的信息化武器装备，其陆军武器装备的信息化程度已经达到50％以上，海军已达60％以上，空军已超过75％。

单兵数字化装备是指士兵在数字化战场上使用的单个士兵装备，也称信息士兵系统。信息化的士兵装备从攻击、防护到观察、通信、定位，能够实时侦察和传递信息，既是战场网络系统的一个终端，也是基本的作战单元，具有人机一体化的远程传感能力和较强的生存能力，能够实时为各种作战平台和单兵提供数字化的目标信息。单兵数字化装备的出现和运用，标志着信息化军队的作战能力出现了革命性变化。

军队指挥自动化系统是集指挥、控制、通信、侦察、监视等于一体的综合性军事信息系统。其核心作用是通过该系统对军事信息资源进行集成、分析和控制，达到协调、控制参战部队和武器装备，并尽可能地实现指挥、作战和武器的最优化组合及作战资源的最佳配置的目的。该系统能够为最高决策者和指挥层及单兵等各级作战人员提供决策与作战所需要的各种信息，是军队发挥整体威力和效能的"大脑"与"神经"。

信息攻防武器系统、单兵数字化装备和军队指挥自动化系统将战场有机地联结为一个数字化系统，实现了战场情报、通信、指挥、控制、战斗勤务支援、软杀伤和硬杀伤等功能的一体化，从而使信息化智能化战争出现了完全不同于机械化战争的崭新面貌。

六、作战要素一体化

一是作战力量一体化。通过信息网络和信息技术，可以将处于不同空间位置的各种作战能力联结成一个有机整体，形成一体化作战力量。

二是作战行动一体化。信息化智能化战争中的主要作战样式，是两个以上的军种按照总的意图和统一计划，在联合指挥机构的统一指挥下共同进行的联合作战，其作战行动具有一体化的特征。

三是作战指挥一体化。信息化智能化战争中，集指挥、控制、通信、计算机、火力、情报、侦察和监视于一体的军队指挥自动化系统，为作战指挥提供了准确的战场情报、快速的通信联络、科学的辅助决策、实时的反馈监控，从而使树状的指挥体制逐渐被扁平的网络化指挥体制代替，使作战指挥实现了一体化。

四是综合保障一体化。保障军队为遂行作战任务而采取的作战保障、后勤保障、装备保障、政治工作保障等各项保障措施实现一体化。

七、作战指挥扁平化

扁平化指挥体系最早来源于美国军队，减少中间环节，指挥幅度更宽、权力更加集中、调动范围更广已是信息化系统下指挥军队的必然要求,因此美军提出了扁平化指挥体系的理论并付诸实战。事实证明,这种指挥体系不但符合现代系统下的作战需要,而且行之有效。

扁平化指挥体系主要具有以下特点:一是以情报信息为主导。情报信息贯穿于指挥体系的各层级,是指挥与实战紧密结合的纽带。二是以减少层级为关键。自指挥中心直接指挥实战岗位,既可以减少中间环节,又可以避免多头指挥。三是以权责明晰为要件。扁平化指挥体系不仅使指挥中心的综合指挥调度功能得到强化,而且进一步明确了各作战单位的职责权限。四是以快速反应为目标。快速反应能力的高低,直接反映出作战指挥效能的高低,快速反应是构建扁平化指挥体系的直接目的。五是以现代科技为支撑。扁平化指挥体系离不开以信息技术为核心的现代科技手段的支撑,只有灵活应用各种信息化手段,才能实现指挥调度的灵敏高效。

第三节 信息化智能化战争的作战原则

信息化智能化战争的作战原则是制定信息化智能化战争的作战行动计划、策略方针、措施方法、活动方式和程序规定的指导思想与主要依据。信息化智能化战争作为一种新型的战争形态,其作战原则与传统战争的作战原则相联系,又具有其自身的特性。

一、信息优势原则

在信息化智能化战争中,由于信息获取、处理和通信网络已成为军事活动的核心,成为实施正确并有效指挥的重要依据,成为夺取作战胜利的重要条件,谁能先于对手获取相对安全、有效的信息,取得信息优势,谁就掌握了主动权,掌握了先机之利,就会为制定正确的决策和取得战争的胜利奠定基础。因此,取得和保持信息优势就成为信息化智能化战争的首要原则。

二、一体对抗原则

信息化智能化战争是系统对系统、体系对体系、整体对整体的一体化对抗。信息化智能化战争的作战具有参战力量多元、战场空间广阔、作战领域多维、攻防交织一体、作战样式和作战手段多样、指挥对象众多、协同关系复杂等特点,唯有坚持一体化对抗原则,才能以整体的合力制胜敌人。

三、实时行动原则

实时行动是指部队在战场上反应敏捷、行动迅速,能根据战场态度的最新变化,在极短的时间内作出决策、制定计划,以最快的速度采取行动。在信息化智能化战争中,必须坚持实时行动的原则。这是因为:信息化智能化战争往往是目的有限、时间短促的战争,必须实时行动才能速战速决;信息化智能化战争战场情况变化急剧,必须实时行动才能抓住稍纵即逝的战机；信息化智能化战争战场空间广阔，必须实时行动才能保证行动的协调。

四、积极进攻原则

在战役战术上，更强调积极进攻，即使是进行防御作战，也要贯彻积极进攻的思想，以积极的攻势行动争得主动地位，进而夺取作战的胜利。

五、精确作战原则

精确作战就是在有效的信息和精确的后方保障条件下，通过精确的指挥与控制，在对敌目标实施精确的探测与定位后，运用精确制导武器和装备，对敌实施"精确化"的攻击，并通过精确的打击与评估手段，对后续目标实施新的精确攻击。信息化智能化战争更应强调精确作战，并作为一项原则坚持下去。

六、威慑制胜原则

威慑制胜原则即使用可以对敌产生强烈震撼作用的力量、手段和方式，给敌以心理和意志的威慑，使其感受到实实在在不可估量的报复而放弃敌对行为，从而达到不战而胜或小战而大胜的目的。威慑制胜历来为兵家所推崇，也是各国军事战略的重要内容。但在信息化智能化战争条件下，由于威慑的手段更加多样化和便捷化，威慑的效力也更加强大，因此，综合运用"软""硬"杀伤能力，注重威慑制胜原则，才能更有效地实现战争目的。

第四节　信息化智能化战争的作战样式

作战样式是战争形态的具体表现，有什么样的战争形态就必然会出现与之相适应的作战样式。最能体现信息化智能化战争特征的作战样式主要包括信息战、精确战、网络战、电子战、情报战、心理战、舆论战、特种战、太空战、智能战等。

一、信息战

信息战是人类文明由工业时代向信息时代的转型期，随着社会信息化和军事信息化而出现的一种崭新的作战样式。信息战包括信息进攻和信息防御。

信息进攻就是充分利用各种信息技术手段通过信息封锁、信息欺骗、信息干扰、信息污染、信息摧毁等方式，影响和削弱对方的信息作战能力。

信息防御是采用信息保密、信息防护等方法，保护己方的信息、信息系统、信息作战能力不受对方信息进攻的影响。

军事发达国家正在大力发展信息战进攻与防御装备和手段，主要有：计算机病毒武器、高能电磁脉冲武器、微米（纳米）机器人网络嗅探和信息攻击技术及信息战黑客组织等。

二、精确战

信息化智能化战争的目标毁伤机制可归纳为两大类型：一是有形的物理毁伤或硬杀伤；二是无形的非物理毁伤或软杀伤。精确战则是以有形的物理毁伤或硬杀伤手段实施的作战样式。精确战是在信息的支持下，运用精确制导武器对敌人实施精确打击的一种作战。如伊拉克战争开始的斩首行动等。

三、网络战

网络战的出现是信息化智能化战争的一个根本性标志，网络战在信息化智能化战争中处于特殊的地位，发挥着特殊的作用。网络战是以计算机和计算机网络为主要目标，以先进信息技术为基本手段，在整个计算机网络空间上各类信息攻防作战的总称。成功地实施网络战，可以使军队的作战能力倍增。

同时，网络战还是国家及社会集团间信息冲突的主要内容，涉及政治、经济、文化、外交等领域。它是一种和信息系统紧密关联的斗争，包括保持己方信息及信息系统安全，并寻求否定对方信息，瓦解、破坏、欺骗对方信息系统安全的对策，涉及舆论、宣传、文化颠覆，涉及经济制裁、外交斗争等多种行动。

四、电子战

电子战是指利用电磁能和定向能以控制电磁频谱，削弱和破坏敌方电子设备的使用效能，同时保护己方电子设备正常发挥效能而采取的措施和行动。电子战主要包括电子侦察、电子进攻和电子防御三个部分。电子战不仅是信息化智能化战争的一种基本作战样式，而且在信息化智能化战争中具有特别突出的作用，是实现信息化智能化战争战略目标最有力的保证之一。

五、情报战

情报战是指一个国家或集团为满足战争需要，采取各种手段，有意识、有目的、有组织地搜集和窃取敌人情报，为其制定战争政策、方略、计划和行动方案提供依据而展开的活动。

情报战之所以能飞速发展，成为信息化智能化战争中种独立作战样式，并进而成为一个不可缺少的组成部分，关键就在于现代科学技术特别是信息技术的飞速发展和广泛应用，为情报作战创造了条件，提供了手段。如雷达、光学探测装置（可见光遥感装置、红外遥感装置、多光谱遥感装置、微光夜视器材、激光探测装置）、电子侦察设备、声学探测设备、地面传感器等。

六、心理战

心理战是研究如何利用人的心理规律，按照己方的目的，通过有效的信息去影响和改变对方心理的行动。心理战不仅包括对敌人实施心理打击动摇和瓦解敌方的民心士气，还包括巩固已方的心理防线，激励本国军民的士气，使其始终保持旺盛的斗志和敢打必胜的信心。

心理战最基本的手段主要有心理宣传、心理欺诈和心理威慑。

七、舆论战

舆论战有广义与狭义之分。

广义的舆论战，是指围绕国家发展战略、安全战略，以综合国力为基础，通过系统运用传播学、舆论学、心理学等学科原理，利用各种传媒，进行有针对性的信息渗透，从而影响公众信念、意见、情绪和态度，有效控制舆论态势，争取舆论强势的政治战样式。

狭义的舆论战，一般是指战时新闻舆论战，即交战各方综合运用报纸、广播、电视、网络等新闻传媒，有计划、有针对性地向受众传输有利于己方作战的信息，达到鼓舞己方军民的战斗热情、瓦解敌方的战斗意志、引导国际舆论、争取广泛支持等目的。

八、特种战

特种战是相对常规作战而言的，是由特种部队或被临时赋予任务的部队担负，为达成特定目标的作战。特种战在机械化战争中就已出现，但其往往独立进行，对主要作战行动的配合作用有限。

随着信息技术的发展，特色式军队指挥自动化系统及战场信息网络的建立，主要在敌方纵深进行的特种作战越来越成为整体作战行动的有机组成部分，并发挥这越来越重要的作用，这一点在现代几场局部战争中体现得非常明显。

九、太空战

太空战是以火力硬摧毁和电磁干扰压制为主要手段，以敌方太空武器装备为主要攻击目标，主要再外层空间进行的作战行动，目的是争夺太空权。

根据所使用的武器及作战行动的特征，预计未来太空战的样式大致有以下几种：(1) 卫星攻防战，如用空间雷设伏，用天基平台、空基平台、地基平台发射激光或动能武器，用航天飞机或空间站的机械臂摘星等；(2) 空间反导战，如用天基激光或动能武器摧毁敌方导弹或导弹系统；(3) 空间作战平台攻防战，如在航天飞机上配备武器进行交战等；(4) 天基对地攻击战，如向地面发射激光、粒子束、动能武器等。

十、智能战

一方面，要充分认知和掌握人工智能武器，其控制系统具有自主敌我识别、自主分析判断和决策能力，如"发射后不管"的全自动制导的智能导弹、智能地雷、智能鱼雷和水雷、水下军用作业系统等。另一方面，要着眼未来战场，在人仍是最终决策者的前提下，充分用好人工智能武器，准确掌控瞬息万变的战场态势，减少人员伤亡和降低政治风险，用智能机器替代人类战士在战场上厮杀，并努力做到自由进出智能作战链。

第五节　信息化智能化战争的发展趋势

作为一种崭新的战争形态，信息化智能化战争尚在发展之中，但传统的战争格局已经被打破，并呈现出扩大化的趋势，即信息化智能化战争的战争目的、战争行动、战争层次、战争主体都发生了变化。从战争形态自身发展的规律和信息化军事变革发展的趋势来看，未来信息化智能化战争的发展趋势主要体现在以下几个方面。

一、战争空间透明化

"战争迷雾"一直是困扰战争指挥官的一大难题，但对实施信息战的数字化部队来说，战争却是透明的。在未来的信息化智能化战争中，战争侦查手段将囊括空间感知技术、空中感知技术、地（海）面感知技术等各个领域。前线的传感器、太空的卫星将不停地把各种情报传输给计算机，并把这些情报的图像画面实时地显示在指挥所的显示屏上。所有己方战斗人员均可同时获得这些图像，从而对敌我双方的位置、态度，以及集结、运动的情况都看得一清二楚。

目前，美军等发达国家的军队正在大力建设数字化战场，目的就是使战场透明化。实现战争数字化后，可把情报从战区、军、师司令部等单位以数字形式传输给旅、营、连乃至单个战斗车辆或单兵，使各级指挥官和战斗人员实现信息共享。当然，战场透明是相对的，只要是战争就不可能绝对透明。但是，由于侦察技术的发展和识别战场虚伪能力的提高，战场透明的天平总体上是倒向信息技术优势一方的。

二、作战行动实时化

信息化智能化战争作战行动的实时化是指部队能够实时获得战场信息，实时做出决策，实时采取行动，实时完成打击。

在传统战争中，作战的时效性并不突出，信息的"生命周期"相对比较长。例如，农业时代的战争，前方的信息几天后才能传给后方，但仍然具有重要价值，将帅据此仍然可以做出有效的作战决策；在机械化战争中，信息的时效性大大缩短，几小时或者几分钟后，原来的信息就可能失效；在信息化智能化战争中，几分钟前有效的信息，转眼间就可能变成零价值的东西。因此，运用先进的信息技术，大大缩短了从搜索、跟踪到识别、分发、攻击这一"杀伤链"的周期。

美军从发现目标到实施打击的整个周期，从海湾战争时的 24 小时，科索沃战争的 2 小时，缩短到伊拉克战争时的 10 分钟以内。在海湾战争中，美军把空中任务指令传给有关作战部队需要十几分钟，甚至几十分钟，现在仅需要 5 秒。在阿富汗战争中，"实时召唤、立体打击"成为美军对基地组织的主要作战方式之一。

可以预见，在未来的信息化智能化战争中，随着战场感知能力的提高，发现目标随即意味着目标将被消灭就要成为现实，信息化作战行动的实时化将更加突出。

三、打击目标精确化

从某种程度上，未来信息化智能化战争的实质就是精确化战争。其主要特点就是精确化的目标控制、精确化的火力控制、精确化的打击强度控制。

精确化的目标控制是指精选敌人的重心和要害作为打击目标，把附带损伤控制在最低程度。精确化的火力控制是指根据不同的目标性质，以及目标周围的军事与非军事目标的情况，确定各种精确打击火力的运用问题，实现巡航导弹、空地导弹、地地导弹、联合直接攻击弹药、防区外打击武器的最佳搭配，获得最理想的打击效果。精确化的打击强度控制是根据作战需要控制精确打击的规模和程度，避免打击力度的不足或打击规模失控。

现代几场局部战争中，精确化打击不仅降低了战争风险，而且减少了战争消耗，大大提高了作战效费比。随着军队指挥自动化系统和战争信息化体系的日趋完善，军队的侦察预警精确、机动定位精确、智慧协调精确、信息传递精确、毁伤评估精确等方面的能力将得到极大提高，将导致精确作战成为未来信息化智能化战争的基本理念。

四、力量运用高效化

传统的武器系统有一个共同特点，就是他们的杀伤力来自有形的、物理的、化学的、机械的能量。而信息化武器系统则完全不同，它不仅是物质和能量的结合体，而且是以信息为武器的三大基本要素之一。这种构成要素的变化决定了信息化武器杀伤机理的变化。

信息化武器除了具有传统的、有形的、物理的、化学的、机械的杀伤力以外，还具有独特的信息力。信息力的功能主要是杀伤力、整合力、信息打击力。它不仅追求武器打击能量的增加，而且还追求打击精确、打击效能的提高。信息化武器实现了由粗放式能量释放向聚能式能量释放的转变，极大地提高了武器的效能，使作战力量的运用能够实现高效化。在未来的信息化智能化战争中，大量信息化武器和新概念武器的运用，将使战争具有不亚于核战争的威力。

五、作战手段智能化

未来的信息化智能化战争作战手段智能化主要体现在以下两个方面。

一是指挥控制手段的高度自动化和智能化。未来的军队指挥自动化系统将真正实现侦察监视、情报搜集、通信联络、指挥控制和打击杀伤的无缝连接，成为指挥与控制作战信息的"高速公路"，可以高度自动化地确保指挥官近实时地感知战场，定下决心，协调和控制部队及武器平台的作战与打击行动，使作战行动实现高度的自动化和智能化。

二是大量智能化武器系统和作战及保障平台将装备部队并投入作战，使整个作战过程从侦察监视、感知战场态势、获取情报并处理和传输、定下决心、发出指令、实施打击、毁伤评估等环节，都能够实现高度的自动化和智能化。

另外，未来的信息化智能化战争既存在传统对抗领域里的激烈对抗，也存在智能化领域里的激烈对抗，甚至是以智能化领域里的对抗为主。例如，知识、信息和思维这些智能化的范畴，既可能是作战所使用的手段，也可能是作战中要打击的目标。因此，在智能化领域中将会发生大量直接对抗的作战行动，如直接打击对方的军队指挥自动化系统、破坏对方的决策程序等。

六、制胜机制发生变革

信息技术革命导致的信息化军事变革，不但改变了战争形态、战场形态、军队结构和作战方式，而且也必将改变战争的制胜机理。如果撇开政治因素，以往的战争制胜机理大致有两大规律：一是强胜弱败，二是火力和机动力制胜。而信息化智能化战争的制胜规律，除了这两条外，还有以下一些新的制胜规律。

一是信息制胜规律。在信息化智能化战争中，信息优势取代火力、机动力成为衡量双方力量优劣的首要标志，成为整体作战和高效作战的前提和制胜基础，从信息优势中谋求整体对抗优势，成为信息化智能化战争制胜的根本途径。信息优势对作战过程和结局最根本的影响在于强化整体作战能力，即通过形成信息优势、决策优势、竞争优势和全谱优势，使拥有信息优势的一方最终赢得战争胜利。

二是整体制胜规律。从现代几场局部战争来看，无论战争规模大小，国家战略力量都是能否赢得信息化智能化战争胜利的基础。只有把国家的战略能力与军事打击能力相结合，把政治、经济、外交、科技、文化领域的斗争与战场作战相结合，才能赢得未来信息化智能化战争的胜利。

三是虚拟主导现实规律。20世纪下半叶以来，人类军事活动领域开始从陆、海、空"老三维"进入宇宙空间、信息空间和心理空间（美军认为是认知空间）"新三维"。这就打破了传统实体战争空间的约束，使人类的作战方式和战争形态发生了巨大变化。由宇宙空间、信息空间和心理空间构成的没有国界的无限、无影、无形空间，被称之为虚拟空间或虚拟领土。在信息时代，一个国家政治、经济、科技、文化、军事的安全，不再仅仅局限于陆、海、空这些现实领土上，而在很大程度上取决于是否有能力夺取和管理好"虚拟领土"。如果一个国家不能拥有"制虚拟领土权"，那么其保护传统领土的能力就值得怀疑。因此，"制虚拟领土权"是新的军事制高点，未来谁控制了更多的"虚拟领土"，谁就拥有更多的主动权。

四是人机融合规律。信息化智能化战争是人机一体的战争，人的智能与武器的性能融为一体，赋予武器以智慧和灵性。在信息化智能化战争中，指挥艺术和军事谋略主要实现在战前的作战运筹和作战的战略性交战中，甚至被融入人机交互系统、专家知识库系统和武器智能制导系统中。也就是说，人的智能既向战争过程中延伸了，也向战争之前位移了。在信息化智能化战争中，如果人的"头脑"和"电脑"不能有效连接和沟通，不能实现有效的人机融合，那么人就没有办法进行战争思维，更没有办法实施指挥控制。因此，未来的信息化智能化战争将是人机融合共同制胜，谁违背了这一规律，谁就会失败。

五是体系对抗规律。信息化智能化战争的基本特点是信息主导和体系对抗。因此，着眼于夺取以制信息权为主的综合制权,实施高度自主灵活的体系破击,是信息化智能化战争制胜的基本机理,也是打赢信息化智能化战争的基本途径。

七、网络战将成为战略级战争样式

1997年,美国海军提出了网络中心战概念,后被美军国防部接受。2002年8月,美国前国防部长拉姆斯菲尔德向美国国会提交了《网络中心战》报告,全面详细地阐述了网络中心战的定义、实质、应用前景、现状及发展规划。从此,美军已经把发展网络中心战的能力作为《2020联合构想》提出的夺取信息优势和决策优势、实现军队转型、提高联合作战能力的主要手段之一。

2010年5月17日,美军公布了《网络空间国际战略报告》,首次清晰地制定了美国针对网络安全的全盘国际政策,将网络安全提升到与经济安全和军事安全同等重要的位置,并扬言不惜用武力护网,非同寻常地表达了美国对网络空间斗争的高度重视。美国甚至还将最高等级的网络入侵视作"战争行为"。美国国防部于2010年5月21日还宣布,为了打击敌对国家和黑客的网络攻击,筹备近一年的"网络司令部"正式启动,该司令部位于马里兰州的米德基地,以网络防御作战为主要任务,由大约1000人组成。网络司令部隶属美国战略司令部。

2011年2月8日美国军方发表了《国家军事战略》,"网络战"和亚太地区成为美军关注的新战略重点。英国政府也将国家的网络政策从"防御性"转为"攻击性"。

日本防卫省决定,要建立一支初期人数约60人的专门的"网络安全防卫队",以防备黑客攻击,加强保护机密信息的能力。

中国国防部于2011年5月宣布,中国已经建立了一支"网络蓝军",由部队已有人员构成,网络战是常规部队的训练科目之一,目的是提高部队的网络安全防护水平。

从美国等国家的网络实践来看,网络战大致可以归结为网络情报、网络阻瘫、网络防御、网络心理、网电一体等五种作战样式。以往各国主要是将网络战作为信息化战争的重要作战方式,而未来,网络战将上升为一种战略级的作战样式甚至是战争样式,对于维护国家网络安全甚至是整个国家的安全和发展都具有重大的战略意义。尽管从全球范围来看,当前只有少数发达国家的军队有打击网络中心战的能力,但是网络站作为未来信息化战争的一种战略级作战样式,无疑具有巨大的作战潜能和战略价值。而且美国等国家将"网络战"视为战争行为,强调要用导弹等战争方式来打赢"网络战",无疑给世界的和平与安全带来了巨大的威胁。

第六节　信息化智能化战争对国防建设的要求

新的制胜因素的出现,必然给国防建设提出一系列的挑战。这种挑战表现为制信息权成为超越制空权、制海权的新的制高点;信息技术优势导致战场全维领域的透明,夜战、电子战、侦察与反侦察成为贯穿战争始终的要领;信息化推动军事组织结构不断创新，指挥机构趋向简捷，陆、海、空三军的区分趋向模糊。无论是机械制胜还是信息制胜，说到底都是物化了的人的综合素质的较量。没有高素质的军人，既打不赢机械化战争，更打不赢信息化智能化战争。

信息化智能化战争登上人类战争的历史舞台，不但改变了人类进行战争的方式与理念，也必然要求世界各国将自身的国防建设推向新境界。只有正确认识信息化战争对国防建设提出的新要求，研究掌握信息化智能化战争特点规律，创新军事战略指导，发展人民战争战略战术，才能推进中国特色的国防建设又好又快地发展，使我们增强打赢信息化智能化战争的能力，树立打赢信息化智能化战争的信心。

一、积极转变观念，牢固树立信息主导的思想和意识

（一）树立大战略、大国防、大安全观念，确定信息化国防建设目标

信息时代，处于国家安全最高层的应该是信息安全、经济安全、军事安全、科技安全和文化安全。信息安全是国家总体安全的基石，它关系到政府的稳定、命运和前途；经济安全关系到国家经济的正常运转；军事安全关系到国家军事力量的可靠程度；科技安全关系到国家的发展潜力；文化安全关系到国家文化艺术发展和民族价值观的继承。因此，必须把信息安全提高到国家安全的最顶层。并且，信息使国家的政治、经济、军事、科技、外交正以前所未有的精合度联系在一起。军事战略筹划、保卫国防、维护安全已不仅仅是军队的职能，而且也成为全体国民的共同责任。因此，我们必须牢固树立信息化国防的观念，利用好21世纪这个重大战略机遇期，加快国防信息化智能化建设，为打赢未来信息化智能化战争做好准备。

（二）要牢固树立信息化智能化人民战争观念

在信息化智能化战争时代，人民战争依然是我们的根本优势，我们必须牢固树立信息化人民战争观念，坚持以人民战争思想为主导，探索信息化智能化战争的制胜之道，坚持以信息化智能化战争的特点和规律为依据，发展和创新人民战争的战略战术，即做到人民战争理论与信息化战争理论的高度统一，确立以人民战争理论为指导打信息化智能化战争和利用信息化智能化战争手段打人民战争的理念，就会有打赢信息化智能化战争的信心和优势。

二、创新军事理论

以海湾战争为开端，未来高技术战争对军队信息化的强大牵引作用正日益展现其轮廓。战略、战役、战术界限模糊，以纵深精确打击为核心的非线式作战将成为基本的作战模式，高技术武器装备的大量使用，战场的高度透明，军事打击形式的多元化，纵深精确打击的一步到位，使战争进程呈现非线式即非程序化作战的特点，战争行动在达成战术目的的同时，往往也达成了战役甚至战略目的。只有提高军队的信息化智能化水平，才能适应新的作战模式的要求。

知识军事时代的到来，必然引发军事领域里的深刻变革。未来战争胜负的天平将不

容置疑地偏向那些勇于创新和不断进取的军队。而军事领域的创新与发展，首先取决于能否在理论上有所突破。因而，准确把握军事理论创新的发展趋向和规律，对取得未来军事发展的战略主动权具有重要意义。

（一）必须具有前瞻性与系统性

新世纪，军事技术的高速发展，对军事理论的前瞻性提出更高的要求。这就如同行车时，速度越快越要向前看一样，没有一定的前瞻眼光，创新就会成为一句空话。

当然，理论创新要求前瞻，也必须虑及系统。由于新军事技术发展日益强调系统全面，战略、战役、战术等军事实践层次日益模糊融合，军事理论创新只有综合配套，强调系统性，整体性，才能合上军事技术或军事实践发展的节拍，才能对来自各方面的挑战做出有力反应，才不至于使创新单单流于形式或说教。

如今，美、俄等军事强国对2050年的军事斗争准备提出具体目标与要求，甚至对2050年的单兵装备，以及战役战术动作、作战原则等都进行了大胆预测。其理论创新的前瞻度与系统性，值得我们学习借鉴。

（二）要正确对待历史与未来

毫无疑问，未来战争是过去及现在战争的延续与发展。军事理论创新，必须建立在历史和现实积淀的基础上。只有善于继承人类历史上优秀的军事理论遗产，善于依据现实军事实践与理论的发展成果，才能站得更高、望得更远、想得更深。

正如克劳塞维茨所言："战例是人类战争史上极其辉煌与悲壮的记载，但是对于未来战争的指挥艺术而言，像是一幅日渐褪色的油画。"也就是说，如果故步自封、自我陶醉，上一场战争成功的经验，很可能就是下一场战争失败的教训。因此，如果仅用过去（现在）的战争经验来指导未来，那就是欺骗未来，欺骗自己。尤其是在军事科学技术飞速发展的今天，军事理论创新成果的步伐大大加快，同时生命期也在大大缩短，今天的真理明天就可能成为谬误。在这种情况下，要创新军事理论，就不能故步自封、因循守旧，而要以新的观念、新的视角，从时代的前沿和制高点来审视历史、现实和未来的军事实践与理论，从而把握军事理论创新的基本规律，找到军事理论创新的正确途径。

军事理论创新的关键在于提供思路并应用于实践。列宁说："能发现问题是最大的发现。"不可否认，在这个军事理论激荡变革的年代，能提出和发现问题本身，就是一种开创。但要强调的是，军事理论创新的真实含义，并非指随意提出一些新概念、新名词、新问题，关键是看其能否给出解决问题的思路与途径、方法与手段，看能否在未来军事实践中得到应用。创新不能停留在口头和书面上，重要的是思路上的构建和行动上的体现。不能提供具体思路，无法应用于实践的新理论、新思想、新观念，不仅无益于军事理论的创新，还会搅乱军事理论发展的正常步伐。

三、加大国防研发力度

现代化国防的关键在于军队的现代化，而军队的现代化在当今世界越来越倾向于信息化。以信息技术为核心的新军事革命正在引起军事领域的深刻变革，这场变革的实质是工业社会的机械化军事形态向信息社会的信息化军事形态转变。伴随这一历史性转变，军队信息化智能化成为加速实现军队现代化的重要手段，同时也成为军队现代化建设的重要内容。

（一）大力发展空间系统和空天力量

纵观十几年来的高技术局部战争，不难看出，利用空天力量结合乃至一体化所带来的非对称军事优势，实施空天一体战，已成为超级大国行使霸权的重要手段。

我军面临的空天军事斗争形势日益严峻。我们要有效地履行历史使命，就必须具备一定的空天一体作战能力。我们应以面临的军事斗争准备为牵引，抓住信息技术快速发展的历史机遇。一方面要科学谋划我国空天发展战略，同时组建空天一体的航空航天部队；另一方面还需在天空武器装备上重点发展反卫星和反导武器，尽快形成所需的空天一体作战能力。

（二）全面提升我军武器装备信息化水平

信息化智能化战争的飞速发展，要求我军乘国家信息化智能化发展之势，加速发展信息化智能化武器装备，以适应未来信息化战争的需要。如果按部就班地先完成机械化，再发展信息化智能化，我军将无法赶上发达国家军队建设的步伐。

首先，要努力实现我军武器装备建设的跨越式发展。目前，西方发达国家的军队，在机械化和信息化智能化武器装备发展上大致出现三个趋势：2010 年之前，基本实现机械化，具有一定的信息作战能力；2010—2020 年，全面实现机械化，信息化能力有较大提升；2020—2050 年，武器装备从信息化初期向中期发展，传统的机械化装备概念将不复存在，将以信息化智能化和新概念武器为主。而我军仍然处于机械化尚未完成、信息化智能化挑战又非常严峻的"双重历史任务"时期，即我军在未来数十年中，既要努力实现武器装备的机械化，又要实现武器装备的信息化智能化，要两步并作一步走。因此，我军要贯彻跨越式发展战略，在大力加强武器装备机械化建设的同时，要以信息化智能化带动机械化发展，努力提升武器装备的信息化智能化水平，为打赢未来信息化战争铸造"撒手锏"。

其次，要全力打造高水平的信息化智能化武器装备系统。未来信息化智能化战争中，信息化智能化武器装备是重要的制胜因素，因此，我军必须打造高水平的信息化智能化武器装备系统。一是要树立信息主导和"系统集成"的观念，在武器装备发展上，要大力发展信息化智能化的远程精确作战武器系统，集作战、侦察、预警、指挥与控制于一体的系统；在战场建设上要建立数字化、网络化战场。二是要树立"虚拟实践"观，要充分利用"虚拟现实"技术，创造"人工合成环境"和"战斗实验室"，增强我军武器装备发展的预研能力和预检能力，提高信息化武器装备发展的效益。三是要树立"信息嵌入"观，跟踪世界军事技术的发展趋势，增强利用计算机、移动通信、生物、纳米材料等先进技术对现有的武器和弹药系统进行信息化改造的能力，进一步提高我军现有主战平台的集成化、精确化、智能化、隐身化和体系化。

四、优化编制体制

在高技术条件下，军队作为执行政治任务的武装集团的根本职能并没有改变，通过信息化加速提升现代作战能力成为军队建设的必然要求，也是国防建设的重中之重。坚持精兵、合成、提高效能、平战结合的原则，优化军队的编制体制。军队的编制体制是联结人与武器的纽带。编制体制科学合理，才能最大限度地发挥人和武器的作用，提高整体作战效能。我们的方针是，建设好一支精干的常备军，同时大力加强后备力量建设。常备军按照精兵、合成、提高效能、平战结合的原则进行编组。

（一）保持适度的军队规模

从国际战略形势和我国周边环境看，在当前和今后一个时期发生举国迎敌的全面战争不大可能，我国安全面临的主要威胁是局部战争。但我国幅员广大，地形复杂，陆海疆界长，交通不发达，军队现代化水平还不高，现在保持200多万军队是必要的、适宜的。

（二）优先发展海军、空军，加强技术兵种的建设

我国是一个濒海大国，有数百万平方千米领海、内水、大陆架和专属经济区等应归我国管辖，有长达1.8万千米的海岸线，有6500多个大小岛屿。海洋与中华民族的生存与发展息息相关。为了保卫我国的海洋权益，应当建设一支强大的海军。另外在现代条件下，无论海上还是陆上作战，都离不开空军的支援。因此，我们要把海、空军现代化建设摆到优先的地位。陆军要重视加强炮兵、装甲兵、陆航兵、工程兵、防化兵等兵种部队的建设，适当调整陆军各兵种部队的结构比例。战略导弹部队要精干、高效。

（三）搞好各军兵种部队的科学编组

作战部队的编组应高度合成，突击与掩护、支援兵力、战斗保障、勤务保障、技术保障与后勤保障兵力，都要齐全配套，使其具有较强的独立作战能力。平时编在一起训练，战时才能协调一致地完成任务。当然，各级部队的作战功能不同，其合成程度应有所区别。各个方向的军事地理环境和作战任务不同，编制也应具有多样性。

（四）精简机关，充实部队

机构重叠，机关臃肿，人浮于事，不仅会导致指挥不灵，效率不高，还会产生"文山会海"等官僚主义和形式主义的东西，导致部队工作的忙乱。经过多次精简整编，高级机关臃肿的状况有很大改变，但仍要防止机构再次膨胀。部队一定要充实，齐装满员。

五、加紧信息化人才的培养和储备

（一）重点抓人才培养

培养能够适应信息作战要求和从事信息作战的人才，是信息化军队建设的重要内

容。从某种意义上说，信息作战是具有高科技知识信息化战争对国防建设的要求知识的人才较量，我军必须把培养人才作为作战准备的基础工程，作为刻不容缓的战略性任务。

在信息作战中，信息的获取、传递、处理、控制和利用，都要通过人去做，计算机也要人去操作和控制。毛泽东说："武器是战争的重要因素，但不是决定的因素，决定的因素是人不是物。"无论信息化武器如何发展，其威力如何巨大，人是战争的决定因素这一真理是不会改变的。因为在人与武器相结合的统一体中，人始终处于主导地位，武器则处于从属地位。信息化武器的发展，只不过是人的能力的延伸，丝毫也没有降低人的因素的作用。相反，武器装备越是信息化，对人的素质要求也越高，人的因素就越重要。美国国防部关于海湾战争致国会的最后报告中指出："高质量的人才是美军第一需要。没有能干的、富有主动精神的青年男女，单靠技术本身是起不到决定性作用的，优秀的领导和高质量的训练是战备的基本素质。只有训练有素，部队才能对自己、领导人和武器装备充满信心。"

在信息作战中，对人才素质提出了新要求，并不是什么人都可以成为夺取信息作战胜利的决定因素。对信息作战理论和信息技术知之甚少的人，是无法取得信息作战胜利的。

适应信息作战需要，不仅要普遍提高全体军人的素质，而且要下大力培养关键人才。信息作战需要的关键人才，主要包括中、高级指挥人才，以及信息网络管理人才和高层次信息科技人才。中、高级指挥人才尤其是高级指挥人才，必须是具备扎实信息知识和驾驭信息作战能力、具有高技术谋略意识、善于利用信息技术组织指挥作战的复合型人才；信息网络管理人才，是信息网络系统的具体组织者、指挥者，他们应当是既通晓信息技术、熟悉信息技术装备和信息网络，又精通信息作战特点和战法，并有较强组织指挥能力的指技合一型人才；高层次信息科技人才，是信息作战各类信息技术手段的设计者、管理者，他们必须通晓信息作战特点、战法与技术保障的要求，善于利用信息技术手段支撑信息侦察、信息进攻和信息防御作战，能使己方信息技术手段效能得到最大限度的发挥。

信息作战及数字化部队建设需要的人才，既包括一般军事人才的共性要求，也包括体现与信息作战相适应的特殊要求。这些特殊要求主要包括：在人才类型结构上，应着力建设好指挥控制、信息系统管理、信息技术运用、信息装备维护保障等各类人才队伍；在人才培养格式上，应注重人才的科技性、通用性、综合性、超前性特征；在人才素质要求上，应熟悉信息作战理论，掌握高科技知识，熟练运用信息网络系统和信息化武器系统；在人才文化层次上，应注重高学历复合型人才培养。这些要求具体体现在政治思想素质、科学文化素质、军事专业素质、开拓创新素质、身体心理素质等方面。

（二）探索完善信息化军事人才培养机制

军事人才的选拔、培养和成长是一个长期的过程。做好长期性工作的根本出路就在于建立必要的规章制度。因为制度具有根本性、长期性和稳定性的特点，有了完善的军事人才培养制度，既可保障军事人才培养工作有法可依、有章可循地稳步进行，又可减少和防止军事人才选拔与培养工作中的某些人为因素的干扰。

第一，要革新军事人才培养思路，重视超前培养复合型指挥人才、智能型参谋人才和专家型科技人才。

第二，要建立良好的继续教育机制，加大对人才轮训的力度，使其持续不断地掌握新知识、新理论、新技能，保证各类军事人才的知识始终紧跟部队武器装备发展水平，不断更新，确保信息化军事人才队伍建设更好地适应信息化战争的需要。

第三，要大力改进院校教育模式，深化军队院校改革，建强新型军事人才培养体系，创新军事人力资源管理。信息化军事人才培养，既要依靠军队院校培养教育，也要依托国民教育体系。新型信息化军事人才培养，要以国民教育为主，解决学历教育、知识教育等基础性的问题，提高官兵的知识水平和技术素养，依靠军队院校的任职教育，解决军官和士官的军事技术、谋略水平和专业能力。

第四，要大力拓宽军事人才培养的渠道。要加强指挥与技术专业军官间的岗位轮换，进一步扩大部队与院校间、军兵种间、机关与部队间交叉任职、换岗锻炼的规模，加快培养复合型军事人才的步伐。要加大国际间军事交流的力度，开阔军官的战略视野，更新其观念，丰富其知识。

第五，要拓宽引进地方人才进入军队的渠道。要根据军队信息化建设和未来战争的需要，吸收地方科技素质高的人才入伍，改善现有官兵知识结构，扩展战斗力增长点。

【思考题】

1. 怎样理解信息化智能化战争的概念？
2. 信息化智能化战争的基本特征有哪些？
3. 信息化智能化战争的发展趋势是怎样的？
4. 阐述信息化智能化战争对国防建设的要求。

第六章 信息化装备

【学习目标】

1. 了解信息化装备的内涵、发展方式及其对现代作战的影响。
2. 掌握综合电子信息系统的构成。
3. 掌握信息化作战平台的分类。

打赢信息化战争，必须要建设信息化军队；建设信息化军队，必须要发展信息化装备。党的二十大报告强调："如期实现建军一百年奋斗目标，加快把人民军队建成世界一流军队，是全面建设社会主义现代化国家的战略要求。"实现建军一百年奋斗目标，是国防和军队现代化新"三步走"中十分紧要的一步。其中，发展信息化装备，则是实现这一步的关键路径。

第一节 信息化装备概述

党的二十大报告强调："坚持机械化信息化智能化融合发展，加快军事理论现代化、军队组织形态现代化、军事人员现代化、武器装备现代化"。发展信息化武器装备，既是新军事革命的基本内容，也是实现我军信息化建设目标的关键所在。

一、信息化装备的内涵

信息化装备，是指采用现代信息技术，具有一定的信息获取、传输、处理、利用和对抗能力，并能由此大幅度提高技术战术效能的军事装备，如综合电子信息系统及加装数据链和相关信息系统的飞机、舰船、精确制导武器等。

信息化装备的出现和发展，是信息时代在以信息技术为核心的高技术的推动下，在新的军事需求的牵引下，军事装备发展的一个崭新形态。自从20世纪70年代以来，信息化装备发展经过了几个重要阶段：越南战争后期，以"灵巧炸弹"和第一套指挥自动化系统的出现为标志，是信息化装备的萌芽期；20世纪70年代末开始，美国和苏联等军事强国拥有较多的精确制导武器，并实现了初期指挥自动化，这是信息化装备的发展期；1991年的海湾战争，是机械化装备向信息化装备转化的转折点，展示了现代信息化装备体系的雏形；海湾战争后，经过多年的发展，特别是在科索沃战争、阿富汗战争、伊拉克战争等的推动下，信息化装备发展进入一个新的质变阶段。预计在未来的一段时间，一批新技术，如纳米技术、生物技术、新材料技术、新能源技术、隐身技术、定向能技术、人工智能技术等将会有更大的突破；一批更加高效的新型装备，如电子战和网络战装备、新型信息化作战平台等将陆续装备部队，信息化装备将进入一个新的发展阶段。

二、信息化装备的发展方式

当前，世界各国均把加快信息化装备建设作为推进新军事革命的重要战略举措。在信息化装备的发展方式上，各国通常采用以下三种方法。

（一）"嵌入融合法"提升装备的信息化程度

"嵌入融合法"是指立足现有武器装备结构，通过嵌入、融合信息技术或附加信息装置，来提升武器装备的信息化程度，使其性能得到明显改善，功能有所增强，从而实现作战效能的跃升。例如，美军对陆军装备实施信息化改造后，其M1A1坦克的进攻能力提高了54%，毁伤能力提高了1倍；M2/3步战车能全天候捕捉目标，实时传递情报和提高防护能力；AH-64"阿帕奇"武装直升机的杀伤力提高了4.2倍，抗毁性提高了7.2倍，总体作战能力增长了16倍。

开展技术革新和挖潜，利用"嵌入融合法"对现有单件武器装备的某些部件进行改造或更换，通常可节省1/3~1/2的费用，研制时间可缩短一半以上，具有较高的效费比。如美军的一些制导炸弹就是利用激光制导装置对常规无制导炸弹进行改装的结果，在价格上仅为空地导弹价格的1/5、巡航导弹价格的1/10，但精度却相差无几，命中率高达90%。由于高技术具有高投入的特点和技术不成熟的缺陷，而采用"嵌入融合法"可以降低投资风险和技术风险。据统计，在发达国家军队里，用高技术改装和改进的武器装备，一般占现役武器装备总数的40%~50%。

（二）"系统集成法"提高装备体系的作战能力

"系统集成法"就是利用信息技术和横向一体化技术的系统性，将原本分立的现有武器装备或系统连接成一个新的更高层次的系统，使之产生其各要素或子系统处在分立状态时所不具备的性能，形成远远大于各个要素或子系统功能之和的新的整体功能，从而提高现有武器装备群的信息化能力。"系统集成法"要求改变以前只从纵向上改进或研制一代比一代更先进武器的做法，利用现有的民用和军用技术，用共同的软件、标准和规程，从横向上对现有武器系统进行信息化改造或改进，使其具备通用性和联动性，加速从传感器到射手之间、各武器系统之间、各作战单元之间的信息流动，大幅度地提高武器装备和作战系统的整体效能。

"系统集成法"通常有两种形式：一是通过将普通装备纳入信息化装备的系统效应之中，使其具有高技术作战能力。例如，1996年9月3日，美军4架B-52轰炸机在卫星系统的导航下，用17架先进的加油机进行保障，通过十多次加油，连续飞行34小时，航程21880千米，在距目标800千米的位置，使用先进的巡航导弹攻击了伊拉克禁飞区内的预定目标；B-52轰炸机早在1962年10月就已正式宣布不再生产，其后虽经几次性能改进，在美军现役武器装备中仍属一般技术装备，但在信息化装备整体系统效应的作用下，其作战能力得到了跃升。二是通过使用信息技术，将原本分立的现有武器装备或系统进行综合集成，提高武器装备群的信息化能力。弹炮结合的防空武器系统就是最典型的例子。

（三）"一步到位法"直接研制新型信息化装备

"一步到位法"是指对于新型武器装备的研制，应完全摆脱传统武器装备尤其是机械化武器装备设计思路的束缚，严格按照信息化的标准进行设计、研制和生产，使之跨越机械化阶段而直接实现信息化，如新型军队指挥自动化系统、察打一体无人机、军事智能机器人、计算机网络病毒等。

目前，发达国家已经基本度过了研制机械化武器装备的阶段，研制的新型武器装备大多都具备一定的信息化作战能力。然而，发展中国家如果在研制武器装备过程中再按部就班地先完成机械化，然后再去推行信息化，只会永远处于落后的地步，因此必须瞄准信息化，采取"一步到位法"，实现从半机械化向信息化的直接跨越，只有如此才能尽快缩小与发达国家军队之间的差距。

三、信息化装备对现代作战的影响

信息化装备极大地增强了军队的战争能力，应用于战场必会对现代作战产生重大而深远的影响。

（一）产生了新的作战观念

1. 胜负观

传统的胜负衡量标准是攻城略地多少、人员伤亡多少、掠取物资多少等，而现在的衡量标准则是看是否沉重削弱了对方的军事、经济、政治实力，是否有效地遏制了对方，使对方彻底屈服，以达到"不战而屈人之兵"的目的。

2. 力量观

传统的力量观注重追求数量优势，而信息化条件下的力量观则追求信息优势，重在追求高精度和有效的杀伤破坏能力。在力量构成上，重视各种非致命软杀伤力量的发展；在力量运用上，注重威慑力量与实战力量的有机结合。

3. 时空观

信息技术的发展使现代作战形成了"陆、海、空、天、电、网"等多维战场空间，传统的以空间换时间或以时间换空间的认识被改变，必须综合考察时间和空间，同时把握二者的优势才能取得作战胜利。

4. 信息观

未来作战，信息既是力量倍增器，又是一种重要的杀伤力量，信息能力正在成为军队战斗力的核心构成要素。因而，制信息权已成为未来作战双方争夺的制高点，谁拥有信息优势，谁就能掌握战争的主动权，谁就能赢得战争。

（二）拓展了新的作战领域

信息化装备的广泛应用，使作战空间更加广阔，交战双方从争夺陆、海、空三个传统领域拓展到了太空、电磁、网络等新的领域，出现了太空战、电子战、网络战等。

（三）催生了新的作战方式

信息化装备的广泛应用，改变了战争的面貌，引起了作战方式的变革。以往的对称作战、线式作战和接触作战成为历史，非对称作战、非线式作战和非接触作战的"三非作战"已经成为基本的作战方式。

非对称作战是指利用优势力量或超常规手段，寻找和扩大敌人的弱点，积极创造有利战机，以敌意想不到的作战方式，在敌意想不到的时间和地点，实施机动灵活的作战行动，最终以最小的代价获取最大的战果。其核心理念是扬长避短、趋利避害、避敌锋芒、出奇制胜，实质是高效聚集和释放战斗力。非对称作战并不是强者的专利，它也是弱势一方"以弱胜强"的"捷径"。2500多年前《孙子兵法》提出"无邀正正之旗，无击堂堂之阵""以正合，以奇胜"等观点，就蕴含着丰富的非对称作战思想。

非线式作战是相对线式作战而言的。由于信息化装备的飞速发展，作战双方不必像过去那样采取层层"剥洋葱"的战法，先打前沿，后打纵深，再打后方地域，而可以依靠军用卫星和各种远程侦察监视系统，洞察整个作战空间的敌情，并以各种相应的武器系统同时对敌前沿、纵深和后方实施打击。这种作战没有前方、后方之分，战略、战役、战术之间的界线模糊不清，攻防转换快，作战行动空前激烈。例如，在科索沃战争和阿富汗战争中，作战双方没有形成交战线，所有作战行动基本上都是非线式的；在伊拉克战争中，有局部的线式作战，但大多数作战行动也都是非线式的。

非接触作战是指双方兵力在不直接接触的情况下，依靠信息优势，使用远程精确打击火力，主动灵活攻击敌方的作战。其实质是避免接触对方的作战能力范围，变"双向接触"为"单向接触"，"只许我打得着你，不许你打得着我"，以绝对的军事优势达成作战目的。例如，在科索沃战争中，北约战机依靠绝对空中优势和信息优势，对南斯拉夫联盟进行猛烈空袭，南斯拉夫联盟军队却由于防空武器鞭长莫及，结果让北约部队开创了"零伤亡"战争先例，这就是经典的非接触作战。

（四）更新了新的作战理论

信息化装备的广泛应用，使军事体系的对抗成为主要的作战形式。各军种的武器系统在网络化的基础上逐步走向融合，出现了"一体化作战""联合作战""网络中心战"等新的作战理论。

"一体化作战"——作战诸元融合，强调体系对抗。"一体化"的作战思想始于20世纪80年代初美军提出的"空地一体战"理论，成熟于21世纪初，之后又发展出了"海空一体战""空天一体战""网电一体战""天网一体战"等理论。随着各种武器装备的不断发展，除了在纵向上不断挖掘极致，在横向上也可以进行"系统集成"。在军队指挥自动化系统的调控下，不同武器装备具备了互联、互通、互操作的能力，使不同国家、不同军种的不同武器系统在技术上融为一体，陆、海、空、天、电、网等多维作战空间融为一体，进而使军事体系对抗成为现代作战的对抗主体。"一体化作战"弥补了独立军种和单个武器系统的"短板"，大大提高了综合作战效能。

"联合作战"——打破军种界限，实现真正联合。信息化条件下的联合作战，改变了机械化战争时代自成体系的作战原则和方法，将是高度体系化的组合，作战空间将由传统的三维空间扩展至多维空间，任何作战行动都离不开电磁、网络和太空力量的支援，各军种参战力量都只是联合作战的一部分，任何一个军种或兵种单元都难以单独发挥作用，只有大联合和深度联合才能形成强大而有效的战斗力。军种之间的界限将被打破，传统的陆、海、空作战的概念将被逐渐淡化，战略、战役、战术等作战层次及作战阶段的划分将变得模糊，主攻助攻、作战梯队和前方后方将难以区分。因此要优化联合作战指挥体系，推进侦察预警、联合打击、战场支撑、综合保障体系和能力建设。

"网络中心战"——谋求全谱优势，主导发展方向。"网络中心战"由美国海军在1997年首次提出，2001年美国国防部正式向国会提交《网络中心战》报告，在阿富汗战争和伊拉克战争中进行了初步试验，现在仍在不断地丰富和发展。美军认为，"网络中心战"是通过部队网络化而实现的军事行动，同时发生在"物理域""信息域""认知域"及三者之间，使其高度融合。换言之，"网络中心战"就是把战场作战诸单元网络化，把信息优势转变为作战优势，使部队共同掌握战场态势，协调行动，从而发挥最大作战效能的作战样式。美军认为："战争从以平台为中心转向以网络为中心是一种根本性的转变，它将证明这是二百年来最重大的军事革命。"这是美军为谋求全球和全谱优势，加强其信息化作战能力的又一重大举措。

四、信息化装备的发展趋势

随着以信息技术为核心的军事高技术的不断发展，未来的信息化装备将不断颠覆人们的认知，极大地推动新军事革命的发展，改变未来战争的形态。

（一）向智能化方向发展

随着大数据、云计算、人工智能等颠覆性技术的快速发展，未来的信息化装备将不断地向智能化方向发展，并以遥控式、半自主式、自主式分层次逐步转化为现实战斗力。通过在作战平台上安装计算机芯片和指挥控制系统，这些无人装备不再是一个简单的机器，而是拥有了"大脑"，可以进行一定的"思维能力"，不仅能够被动、机械地执行人的指令，而且能够自主、能动、智能地执行作战任务。例如，美军在阿富汗战争中使用无人机，成功"斩首"当时基地组织的二号人物，随后将"捕食者""全球鹰"

"死神"等无人机,以及"利剑""大狗"等机器人投入战场试验;2015年底俄罗斯在叙利亚反恐作战投入了6台履带式无人战车、4台轮式无人战车和1架无人机,打赢了世界上第一场无人战车为主的攻坚战。

需要强调的是,智能化不等同于"无人化",战场交锋可以无人,但是战争控制必须有人。战场上智能化武器装备的自主作战,并非完全离开了人的操作和控制,其背后仍然是人与人在思维模式、指挥方式、作战方法上的角逐,只是由在前沿直面战场转变为后方实施后台控制,其核心仍是人机融合、共同认知,目的是攻心夺智、毁链瘫体。

(二) 向体系化方向发展

在机械化战争时代,武器装备之间的联系相当有限,武器装备主要依靠自身探测装置获取的信息进行作战,作战平台的性能水平和数量是战争胜负的关键,但信息化战争不再是单一武器装备之间的对决,而是系统与系统之间的对抗。在海湾战争、科索沃战争、阿富汗战争和伊拉克战争等几场高技术局部战争中,以美国为首的多国部队在更大程度上是依靠武器装备的整体作战能力,伊拉克、南斯拉夫联盟、阿富汗由于军事信息系统等被严重摧毁,武器系统之间的有机联系被切断,所拥有的一些较为先进的武器装备基本上没有发挥作用。

因此,评价一支军队作战能力强弱的重要指标是武器装备体系的整体作战效能。其中,综合电子信息系统是武器装备体系的技术和系统基础。这种军事力量之间的体系对抗要求武器装备进一步向体系化方向发展,互为依存、互为补充,形成集侦察监视、指挥控制、精确打击、电子对抗、对空防御、机动作战、野战生存等于一体的整体作战效能。从发展趋势上看,信息化装备正在逐渐从依托平台向基于信息系统转变,从个体能量集中爆发向整体效能精准释放转变,针对敌人的弱点谋求作战能力整体提升基础上的非对称优势。

(三) 向新领域方向发展

机械化时代的战争主要在陆地、海洋和空中等传统领域进行,因此各国重点发展坦克、军舰、飞机等机械化作战平台。但是,信息化时代的战争则从以前的陆、海、空三维空间扩展到了陆、海、空、天、电、网六维空间,因此各主要国家除了继续研制传统领域的武器装备外,加快研制太空、电磁、网络等新领域的武器装备就成了重点发展方向。现代几场高技术局部战争也充分证明,要想取得"制陆权""制海权""制空权",必须先夺得"制天权""制电磁权""制网络权"。

目前,美国已升级、组建了网络战司令部和太空司令部,组建了专门的网络战和太空战部队;俄罗斯也全面整合了航空、航天、反导、防空等各类力量,组建了新的空天军;中国则将涉及情报、技术侦查、电子对抗、网络攻防、心理战等领域的新质作战力量整合为新的战略支援部队。可以预见,未来新的太空战、电子战、网络战等武器装备将不断涌现,过去在科幻大片中看到的航天母舰、电磁脉冲弹、超级计算机病毒等可能会变成现实。

(四) 向军民融合方向发展

当前，新一轮科技革命和产业变革加速推进，3D打印、物联网、大数据、人工智能、新能源、新材料、生物科技等新技术迅猛发展。这些新技术的巨大潜力已经初露端倪，越来越多的"科幻"已成现实，这为信息化装备向军民融合发展开辟了广阔空间。

值得关注的是，这一轮科技革命中，新技术创新的"策源地"正逐步转向民用领域，民用部门逐步取代军事部门成为新技术发展的"开路先锋"。民用领域许多新技术取得突破，并呈星火燎原之势，展现出巨大的军事应用前景。从人机围棋大战、无人驾驶汽车、智能机器人到虚拟现实技术，无不展现出新技术运用于军事领域的无限空间。有智库预测，到2030年，更多军事技术将来自民用领域而非军工行业，越来越多可能推动军队未来发展的关键技术来自民用企业。未来军与民、平与战、经济建设与国防建设的界限日益模糊。这预示着军民一体化创新时代的到来，为此世界主要国家纷纷加强战略部署，通过军民协同创新竭力抢占新科技革命的制高点，力争以最快速度先于对手把新科技革命的成果应用到军事领域，以谋求军事实力和综合国力的竞争优势。

第二节 综合电子信息系统

综合电子信息系统是20世纪90年代我军研究武器装备体系建设规律时提出的电子信息装备发展模式，主要是指在信息时代的军事斗争环境下，为满足诸军兵种联合作战任务，利用综合集成方法和技术将多种电子信息系统整合为一个有机的大型军事信息系统，我军以前又称指挥自动化系统或指挥信息系统，美军称为C^4ISR系统，俄军称为一体化指挥自动化系统。在未来的信息化战争中，信息化是制胜的关键，而综合电子信息系统则是信息化的关键，是双方必争的制高点，它不仅是武器，也是战斗力的倍增器。美军的综合电子信息系统是当今世界上最先进、最具代表性的电子信息系统，无论是在建设规模、技术水平，还是在实际使用效果等方面，都处于世界领先地位。

目前，综合电子信息系统正处于动态发展过程中，其组成涉及指挥控制、情报侦察、预警探测、军事通信、导航定位、信息对抗等多个信息功能领域。

一、指挥控制系统

指挥控制系统是综合电子信息系统的核心，是军队各级各类指挥所内的自动化系统，既可指单一指挥所，也可指建制系列指挥所系统。它是实现指挥所各项作战业务和指挥控制手段自动化的信息系统，在作战过程中辅助指挥员对部队和主战兵器实施指挥控制。就单一指挥所而言，根据其级别和任务所确定的作战要素，指挥控制系统可划分为若干中心或分系统或部位或席位。如美国北美防空防天司令部（NORAD）有指挥中心、防空作战中心、导弹预警中心、空间控制中心、联合情报观察中心、系统中心、NORAD作战管理中心和气象支援单元等。

海湾战争等实践表明，信息化的指挥控制系统是军队战力的"倍增器"，只有建立并有效使用信息化指挥控制系统，才能最大限度地发挥作战部队和武器装备的综合作战效能。例如，1991年海湾战争爆发时，伊拉克的防空力量并不弱，据有关资料介绍，其空军有4万多人，作战飞机560余架（包括30架先进的米格-29和94架"幻影"战斗机），2个防空导弹旅，地空导弹发射装置约730部，防空导弹约3700枚，各种高炮4000余门，防空武器比较齐全，有些还相当先进。但多国部队在发起大规模空袭前，首先实施高强度的综合电子战，瘫痪了伊军的指挥自动化系统，结果伊军根本未能组织起有效的防空作战。多国部队出动飞机114万架次，只损失固定翼飞机47架，真正战损仅39架，战损率为0.34%，远低于3%~4%的平均战损率，以很小的代价赢得了胜利。

因此，信息化指挥控制系统受到各国政府和军队的高度重视，发展迅速。至今，美军已经在全球军事指挥控制系统（WWMCCS）和全球指挥控制系统（GCCS）的基础上发展到了第三代指挥控制系统——联合指挥与控制（JC2）系统。JC2系统于2006年开始建设，由数据传输基础设施、操作系统、Web服务、应用程序和数据等组成，系统架构来自全球指挥与控制系统——联合（GCCS-J）。未来联合C2（美军指挥控制）系统能力将是灵活的、鲁棒的、有恢复力的和以网络为中心的。该系统改变了美军以往所存在的各个军种分层管理的基本模式，并开始向相应的联合指挥控制转变，其最终目的在于实现更加分散化及灵活化的联合行动要求。

未来，指挥控制系统将向以下趋势发展：战略级与战术级指挥系统一体化、态势感知实时化、系统安全化、战场可视化、装备数字化与智能化、系统间互联互通、与武器系统一体化等。

二、情报侦察系统

知己知彼，百战不殆。利用情报侦察系统获取情报，历来都是战争胜负的先决条件。在未来信息化战争中，情报侦察系统是获取信息优势的前提和基础，为各级指挥员做出正确的决策提供依据。当前，各国都建立了国家级的情报侦察机构，陆、海、空及导弹部队也都建立了相应的情报侦察部队，情报侦察机构已成为现代军事组织不可缺少的一个部门。

按照功能的不同，情报侦察系统可以分为情报侦察指挥控制、情报获取、情报处理、情报传输、情报分发及应用五个部分。按照获取手段和层次的不同，情报侦察系统可以分为战略情报侦察系统、战役战术情报侦察系统、谍报人员情报侦察系统、人民群众情报侦察系统和电子战情报侦察系统五大部分。各情报侦察系统获取的情报信息汇集到指挥机关情报搜集处理中心后，经分析筛选、去伪存真、相互印证等处理过程，将大量不完整、不精确、含糊和矛盾的信息通过融合处理，形成有价值的情报。

目前，美军已经拥有航天、航空、地面、海上侦察的立体配置和手段齐全的情报侦察系统，其侦察领域主要包括目标和信号侦察。美军航天侦察主要由雷达成像卫星、光学成像卫星、信号情报卫星和海洋监视卫星组成；航空侦察采用战略侦察机、战术侦察机、无人侦察机实施侦察，如RC-135战略侦察机、EP-3电子侦察机、"全球鹰"高空无人侦察机等；地面侦察以使用各种类型的侦察车为主，其侦察装备主要包括战场侦察雷达、红外传感器、高分辨率电视、激光测距机等；海上侦察由侦察舰船、蛙人输送艇、微型潜艇以及无人侦察潜航器等组成。

未来信息化战争的发展使情报侦察系统面临着更艰难的任务，同时也提供了发展的良好机遇，其发展趋势将不断向侦察装备网络化、侦察打击一体化、侦察监视实时化、侦察系统智能化和侦察平台无人化的方向发展。

三、预警探测系统

预警探测系统是综合电子信息系统的重要组成部分，与情报侦察系统同是综合电子信息系统的信息传感系统，然而预警探测系统着重于对目标的实时探测，其探测信息实时用于指挥和控制。

预警探测系统分为战略预警系统和战区内战役战术预警系统两大类。战略预警系统的主要对象是防御战略弹道导弹、战略巡航导弹和战略轰炸机；战区内战役战术预警系统的对象是探测大气层内的战役战术目标，如飞机、舰船、坦克等。

目前，美军已经建立了多层次、全方位、世界最先进的预警探测系统。该系统按传感器平台可以分为天基、空基、陆基和海基预警探测系统。

天基预警探测系统主要由预警卫星组成。美国最先发展天基预警卫星系统，先后部署了多种型号的天基预警卫星系统，包括"国防支援计划""天基红外系统""空间跟踪与监视系统"等。当前，美国已形成了高低轨结合，预警、跟踪和识别功能复合的天基预警卫星系统，可以监测包括两极地区在内的整个地球表面，性能最为先进，可为美国提供强大的弹道导弹预警能力。

空基预警探测系统可以分为机载红外预警探测系统和机载光电预警探测系统等。其中预警机可携带远程搜索雷达、数据处理、敌我识别、通信导航、指挥控制、电子对抗等完善的电子设备，集预警、指挥、控制、通信和情报能力于一体，可搜索、监视与跟踪空中和海上目标，并指挥、引导己方飞机执行作战任务。目前，美军现役预警机主要有空军的 E‑3 "望楼"、海军的 E‑2C/D "鹰眼"等。

陆基预警探测系统主要由地基预警雷达组成。美军现役的主要地基预警雷达包括陆基中段拦截系统（GMD）的 AN/FPS‑108 "丹麦眼镜蛇"、AN/FPS‑115 "铺路爪"、AN/FPS‑132 改进型等远程监视雷达，以及陆基末段高空区域防御系统（THAAD，又称"萨德"系统）的 AN/TPY‑2X 波段有源相控阵雷达、爱国者导弹防御系统的 AN/MPQ‑53/65 无源相控阵雷达等。

海基预警探测系统以海基 X 波段雷达、预警侦察船、作战舰艇预警探测雷达为代表。海基 X 波段雷达是将一部 X 波段雷达加装在半潜式海上平台上的预警探测系统，对空探测距离可达 4800 千米，被称为"海上巨眼"；预警侦察船包括海洋监视船、海洋调查船、导弹监测船等，装备有丰富的电子侦察和雷达监测系统；作战舰艇预警雷达探测系统如美国"阿利·伯克"级驱逐舰上搭载的"宙斯盾"相控阵雷达等。

未来，预警探测系统将重点发展机载与星载大空域监视、多功能相控阵雷达，加强对隐身目标的预警探测，并向功能综合化、与其他电子信息系统一体化的方向发展。

四、军事通信系统

军事通信系统是用以传递军事信息、保障军队联络的系统,由战略通信系统、战役/战术通信系统和网络支撑保障系统组成。战略通信系统和战役/战术通信系统的主要区别在于通信保障范围的不同,因而其组成与技术体制也不同。

战略通信系统保障战略指挥。它是以统帅部基本指挥所通信枢纽为中心,以固定通信设施为主体,运用地下(海底)光缆、大(中)功率无线电台、卫星、微波接力和散射及架空明线等传输信道,联通全军军以上指挥所通信枢纽,构成的全军干线网络。战略通信系统通常由国防通信系统、国防卫星通信系统和最低限度应急通信网等组成。

战役/战术通信系统通常为保障师以上部队遂行战役作战和师以下部队战术行动,以固定通信设施为依托,主体是机动和野战的通信装备,主要包括战术无线电台、单信道地面与机载无线电系统、联合战术无线电系统(JTRS)、通用数据链 Link16、战术卫星通信系统、机载通信系统、舰载通信系统、潜艇通信系统、三军联合战术通信(TRITAC)系统、移动用户设备(MSE)、战术互联网、战术级作战人员信息网(WIN-T)、全球信息栅格(GIG)、单兵自组网等。

网络支撑保障系统为军事通信系统提供安全保密、网络管理、频率管理等支撑,是军事通信系统安全、可靠、高效运行,充分发挥战斗力的重要保障。

目前,美军正在以"网络中心战"理论的指导下,大力发展全球信息栅格(GIG),这代表着未来军事通信系统的发展趋势。所谓全球信息栅格,是由信息能力、相关活动和人员组成的全球端到端网络体系,可按作战部队、决策人员和支援人员的需要收集、处理、存储、分发与管理信息,包括军方所有的通信系统、计算机系统、保密/非保密网络、评估系统,以及相关软件、数据、业务等内容。它具有"即插即用"的能力,即当某个被批准接入的用户确定了需求内容、时间和地点,不管该用户的级别如何、位置如何,只要接入全球信息栅格,信息就能随时随地透明地传给该用户。它具有信息获取全球化、信息交换全维化、信息处理智能化、信息设施兼容化、信息防护保密化等特点,使原有的信息网络和 C^4ISR 系统发生了革命性的改变。

五、导航定位系统

导航定位系统是综合电子信息系统的重要组成部分,可以为运载体的驾驶人员或自动驾驶设备提供运载体的实时位置。导航有多种技术途径,如无线电导航、天文导航、惯性导航等。目前,以惯性导航/全球卫星定位为主的组合导航系统已经得到了广泛的应用。其中,全球卫星导航定位系统是能在地球表面或近地空间的任何地点为用户提供全天候的三维坐标和速度以及时间信息的空基无线电导航定位系统。

目前全球主要有美国的 GPS 系统、俄罗斯 GLONASS(格洛纳斯)系统、欧盟 GALILEO(伽利略)系统和中国"北斗"系统 4 大卫星导航定位系统。

GPS 系统由美国从 20 世纪 70 年代开始研制,于 1993 年实现 24 颗在轨卫星满星运行,其定位服务分为民用的标准定位服务(SPS)和军用的精密定位服务(PPS)。该系统最初的研制目的是为海上舰船、空中飞机、地面车辆等提供全天候、连续实时、高精度的导航定位服务，现已扩展为精确制导武器进行复合制导的一种手段。如今，GPS系统已发展到第三代，成为当今世界上最实用、应用最广泛的全球精密导航、指挥和调度系统。

格洛纳斯系统由苏联自1976年开始组建，后由俄罗斯于1995年第一次实现全球覆盖，但之后由于各种原因，不能独立组网。2011年，该卫星导航系统第二次实现全球覆盖，共有31颗卫星在轨。格洛纳斯系统的出现打破了美国对卫星导航独家垄断的地位，在俄罗斯及其他国家的民事和军事应用中发挥了重要作用。2022年9月，俄罗斯和中国订立了在对方境内部署格洛纳斯全球导航卫星系统和北斗系统地面站的协议。

伽利略系统是世界上第一个基于民用的全球卫星导航定位系统，由欧盟2002年批准建设，但因各成员国存在分歧，计划几经推迟。中国也曾投资加入，但因西方排挤，后来转而专心研发"北斗"系统。2016年12月，伽利略系统发射了18颗工作卫星，正式投入初试运行。2023年1月27日，欧空局宣布，由28颗卫星组成的伽利略全球导航卫星系统的高精度定位服务（HAS）已启用。

"北斗"系统是中国着眼于国家安全和经济社会发展需要，自主建设、独立运行的卫星导航系统。北斗系统的发展经历了"三步走"并达到相应目的：1994年开始建设的北斗一号系统实现了我国的"从无到有"；2004年开始建设的北斗二号系统实现了我国"从有源定位到无源定位"；2009年开始建设并于2020年建成的北斗三号系统，实现了"从服务中国到服务亚太、再到全球组网"的卫星导航定位服务。北斗系统具有以下特点：一是北斗系统空间段采用三种轨道卫星组成的混合星座，与其他卫星导航系统相比高轨卫星更多，抗遮挡能力强，尤其低纬度地区性能特点更为明显；二是北斗系统提供多个频点的导航信号，能够通过多频信号组合使用等方式提高服务精度；三是北斗系统创新融合了导航与通信能力，具有实时导航、快速定位、精确授时、位置报告和短报文通信服务五大功能。

六、信息对抗系统

信息对抗，又称信息战，是指在军事行动的准备和实施中，以及在非战斗的形势下，为夺取和保持对敌方的信息优势，按照统一意图和计划，在保护己方信息、信息系统的同时，设法影响敌人的信息、信息系统，而在信息领域内实施的作战保密、军事欺骗、心理战、电子战、实体摧毁和计算机网络攻击等多种作战行动。信息战是未来信息化战争的关键和核心，只有掌握信息优势才能取得战争的胜利。

信息对抗系统，就是为完成特定的信息对抗任务，将若干不同功能的信息对抗装备有机地联结起来，组成协调一致工作的信息攻击和防御系统，主要包括电子对抗系统、网络对抗系统等。

（一）电子对抗系统

电子对抗系统，又称电子战系统，是指为了削弱、破坏敌方电子设备的使用效能和保障己方电子设备正常发挥效能，在电磁空间进行的电子攻击和防御系统。电子战既是信息化战争作战的先导，又贯穿于整个作战的始终，目的是争夺"制电磁权"，对整个战争的主动权有着非常重要的意义。当前的电子战武器主要有军用卫星、专用电子战飞机、雷达干扰机、电子诱骗装置、诱饵系统、金属箔条、反辐射导弹等。

近代以来，电子战在历次战争中都起到了非常重要的作用。如1905年日俄海战时，在战斗开始前，日军应用无线电侦察设备截获了俄方舰队的无线电通信情报，掌握了俄方舰队的作战动向，在其航路上预先设伏，突然出击，大获全胜。这是最早的无线电通信对抗，此后通过历次战争的应用和发展，电子战扩展到通信、雷达、光电、导航、敌我识别、指挥控制及武器制导等所有利用电磁频谱的电子系统和电子设备。尤其是1991年的海湾战争，多国部队利用综合电子战全面瘫痪了伊拉克作战指挥系统和战略防空体系，创造了战争史上伤亡率最低的奇迹，以最小的代价取得了最大的胜利。

未来电子对抗将成为交战双方争夺的制高点，关于电磁频谱控制权的斗争将会更加激烈，电子战装备将向一体化、通用化、自动化方向不断发展，工作频段不断拓宽，发射功率迅速增大，在重点发展新型电子战飞机和反辐射导弹的同时，一些新型、特殊的电子战装备也将出现。

（二）网络对抗系统

网络对抗系统，又称网络战系统，是为破坏敌方网络系统和网络信息，削弱其使用效能，同时保护己方网络系统和网络信息，在信息网络空间进行的网络攻击和防御系统。网络战是信息战的新领域，是夺取制信息权的重要战场，是赢得非对称优势的战略手段。网络战的基础平台是计算机网络，其主要目的是争夺"制网权"。网络战模糊了强国与弱国、平时与战时、军队与民众乃至国家与个人的区分，只要精通计算机网络技术，并拥有一台入网计算机和网络设备，就能投入和参与网络作战。

网络战武器主要由网络进攻武器和网络防御武器两部分组成。美国主要发展的网络进攻武器有计算机病毒武器、微米（纳米）机器人、芯片细菌、黑客、低功率激光器、电波辐射、心理战和电力破坏弹等；网络防御武器主要由网络哨兵、信息防御加密系统、防火墙、多层网络防御系统等。

未来，随着网络技术的迅速发展和广泛运用，网络领域的对抗将会更加激烈，网络武器数量不断增多、技术手段不断升级、作战效能逐渐增大，并不断向智能化、精确化、体系化的方向发展。2018年5月，美军网络司令部完成升级，成为美军第十个联合作战司令部，所辖网络任务部队数量达到133支，总人数约6200人，网络战力量体系已经基本成型。此外，升级后网络战司令部还可以指挥各军种下属的军事网络作战力量，共包括4个集团军约13万人。

第三节　信息化作战平台

信息化作战平台，是指综合运用现代信息技术成果，通过技术升级、功能拓展等进行原有装备的信息化改造或者研制新型电子信息装备等方式而形成的新型作战平台。它的作用机理、设计观念等许多方面都突破了传统作战平台的概念，集侦、避、功、防等多功能于一体，具有许多优良性能。这种具有较高综合效能的平台与各种先进的打击兵器结合在一起，极大地提高了武器装备系统的作战效能。按照作战平台使用空间的不同，信息化作战平台基本可以划分为陆上信息化作战平台、海上信息化作战平台、空中信息化作战平台和空间信息化作战平台。

一、陆上信息化作战平台

陆上信息化作战平台是指大量采用信息技术，主要在陆上（包括低空）作战的各种武器装备平台，主要包括坦克、装甲车、步兵战车、自行火炮、武装直升机等。

（一）坦克

坦克是陆军地面作战的主要突击兵器，也是装甲兵的基本装备，主要用于与敌方坦克和其他装甲车辆作战，也可以压制、消灭反坦克武器，摧毁野战工事，歼灭有生力量。

坦克由英国人发明，最先应用于第一次世界大战的索姆河战役，发挥了巨大的威力。到了第二次世界大战，德国人创新了坦克作战理论，将坦克集中起来形成机械化突击群，闪击了几乎整个欧洲大陆。此后，坦克一直被称为"陆战之王"或"陆上霸主"，成为陆军最重要的地面突击装备。

根据生产年代和技术水平，坦克大致上可以被划分为三代：从第一次世界大战到第二次世界大战中期的坦克，被称为第一代坦克；从第二次世界大战后期到20世纪60年代的坦克，被称为第二代坦克；从20世纪70年代到21世纪10年代初期的坦克，被称为第三代坦克。从21世纪10年代中期以来，坦克的发展进入了第四代。一般来说，第三代主战坦克都可以称得上信息化主战坦克。当前，世界上比较成熟先进的第三代主战坦克主要有美国M1A2（图6-1）、德国"豹-2A6"（图6-2）、俄罗斯T-90（图6-3）、日本10式（图6-4）、英国"挑战者-2E"（图6-5）、以色列"梅卡瓦-4"及中国的99式坦克（图6-6）等。2015年，俄罗斯首次公开亮相了世界第一款第四代主线坦克T-14。此外，美国、德国、法国、中国等也在研发第四代主战坦克。

图6-1 美国M1A2主炮开火瞬间　　　图6-2 德国"豹-2A6"

图 6-3　俄罗斯 T-90

图 6-4　日本 10 式

图 6-5　英国"挑战者-2E"

图 6-6　99 式坦克

以俄罗斯的 T-14"阿玛塔"坦克（图 6-7）为例，它是 21 世纪初期俄罗斯研制的第四代主战坦克。该坦克装备全新 2A82 式 125 毫米滑膛炮，车组 3 人，车体长度 8.7 米，战车全长 10.8 米，车宽 3.6 米，车高 3.3 米，整车全重 55 吨，最大战争全重 65 吨。该型坦克除了采用无人遥控炮塔、隔舱化设计、新型主动防御系统等创新技术之外，还集合了强大的信息作战能力。它不仅使车组人员可以通过各种车载系

图 6-7　俄罗斯 T-14"阿玛塔"坦克

统和计算机感知态势、接收情报、处理信息、发送指令，还能作为信息化作战系统中的一个节点，与其他作战平台共同分享相关信息，形成体系化的作战能力。

(二) 装甲车

装甲车是具有装甲防护的各种履带或轮式车辆，主要包括装甲指挥车、装甲侦察车、装甲输送车等。它既有高度的越野机动性能，又有一定的防护能力和火力，一般装备一至两门中小口径火炮或机枪，有些还装有反坦克导弹等。

装甲指挥车是设有指挥舱并配有多种电台和观察仪器、用于部队作战指挥的轻型装甲车辆，它的信息化重在发展通信能力。装甲指挥车内有操纵室和指挥室，安装有多部

无线电台、接收机、各种观察仪器、多功能车内通话系统、工作台和图板等。如日本的82式装甲指挥车安装调频、调幅电台各一部，通信能力很强。

装甲侦察车指执行战术侦察任务的装甲车辆，它的信息化重在信息获取。装甲侦察车上通常安装有导航仪、测角仪、激光测距仪、热像仪和电台等，有的还装有小型雷达和无人侦察机，侦察和自身防护能力均较高。比较著名的装甲侦察车有美国的M3、俄罗斯的BRDM-2、法国的AMX-10RC、南非的"大山猫"等。

装甲输送车是设有乘载室的轻型装甲车辆，主要用于战场上输送步兵，也可输送物资器材。例如以色列近年列装了新型的"艾坦"装甲输送车（图6-8），发动机功率为750马力，公路行驶速度为90千米/小时，配备可抵御导弹和单兵火箭弹等威胁的主动防护系统，能够搭载12名士兵。

图6-8 以色列"艾坦"装甲输送车

（三）步兵战车

步兵战车是供步兵机动作战用的装甲战斗车辆，既可协同坦克作战，又可独立遂行战斗任务，其任务是快速机动步兵分队，消灭敌方轻型装甲车辆、步兵反坦克火力点、有生力量和低空飞行目标。步兵战车一般战斗全重15~30吨，可搭载6~8名士兵，既拥有厚实的装甲可以提供坚实的防御，也配有大口径火炮、机枪等可以提供强大的火力支援。步兵战车结合了坦克和一般装甲车辆的优点，由于其载人较多、机动灵活、攻防均衡等特点，成为当前主要国家陆军实现"快速反应"的核心信息化装备之一。

步兵战车通常可以分为履带式和轮式两种类型。世界上典型的信息化步兵战车有美国的M2A3"布雷德利"（图6-9）和"斯崔克"（图6-10）、俄罗斯的BMP-3、德国的"美洲狮"（图6-11）、英国的"武士"（图6-12）等。

美国已组建了好几支"斯崔克"旅，主要突击武器不是坦克，而是"斯崔克"系列的各种装甲车，号称可以在96小时之内运抵世界任意角落并马上投入战斗，是专门的数字化快速反应部队。

图6-9 美国M2A3"布雷德利"步兵战车 　　图6-10 美国"斯崔克"8×8轮式步战车

图6-11 德国"美洲狮"步兵战车 　　　图6-12 英国"武士"步兵战车

目前，中国也装备了04A式履带式步战车和08式轮式步战车两种不同类型比较先进的步兵战车，是解放军陆军实现机械化信息化智能化融合发展的重点装备。

(四) 自行火炮

火炮发明于中国，是指利用发射药为能源抛射弹丸，口径不小于20毫米的身管射击武器，主要用于对地面、空中和水上目标射击，毁伤和压制敌有生力量及技术兵器，摧毁各种防御工事等。火炮自问世以来，经过长期的发展，逐渐形成了多种具有不同特点和用途的火炮体系，是现代陆军作战火力压制的主要武器，被称为"战争之神"。

自行火炮是一种安装在各种车辆底盘上，不需外力牵引能够自行运动的火炮，按照用途可以分为迫击炮、加农炮、榴弹炮、高射炮、火箭炮等。由于现代自行火炮具有机动性和防护性好、装有自动装弹机、射速快等特点，所以在许多发达国家军队里，它有逐渐取代传统牵引式火炮的趋势。现代自行火炮早已不是单纯的机械装置，而是与先进的侦察、指挥、通信、运载手段以及高性能弹药结合在一起，构成信息化的完整的武器系统。

当前，典型的自行火炮有美国的M270多管火箭炮（图6-13）、M109和"十字军战士"榴弹炮，俄罗斯的2S19加农炮、BM-30"龙卷风"火箭炮、"铠甲-S1"弹炮合一防空系统（图6-14），英国的AS90榴弹炮等。

图6-13 美国M270多管火箭炮 　　　图6-14 俄罗斯"铠甲-S1"弹炮合一防空系统

中国一直非常重视自行火炮的发展，从无到有，从落后到强大，目前已经在世界上处于领先地位，装备了 PCL-181 型 155 毫米榴弹炮（图 6-15）、PCH-191 型 300 毫米火箭炮等多种口径、射程和类型的比较完整的自行火炮系列。

图 6-15　中国 PCL-181 型 155 毫米榴弹炮

（五）武装直升机

武装直升机是装载有多种武器装备，具有攻击和一定自卫能力的直升机。它集火力和机动性于一身，在打击装甲目标、支援地面部队作战、反潜反舰甚至对空作战方面发挥着重要作用，被称为"树梢杀手"，是现代陆军"立体攻防"的重要作战平台。目前世界上比较著名的武装直升机有美国的 AH-64"阿帕奇"、俄罗斯的米-28N"浩劫"和卡-52"短吻鳄"、意大利的 A129"猫鼬"、法德合研的 AS665"虎"、南非的 AH-2A"石茶隼"，以及中国的武直-10"霹雳火"和武直-19"黑旋风"等。

以美国的 AH-64"阿帕奇"为例，可从中看出武装直升机的信息化情况。AH-64"阿帕奇"武装直升机是根据美国陆军 1972 年提出的"先进技术攻击直升机"计划研制的。该机机身长 17.7 米，机高 4.3 米，空重 5092 千克，最大平飞速度 293 千米/小时，最大航程 582 千米。机载武器除了一门 30 毫米链式机关炮以外，两侧短翼下共有 4 个外挂架，还可携带 16 枚反坦克导弹。海湾战争之后，美军着手改装"阿帕奇"，在机顶加装了"长弓"毫米波雷达，机名也变成了"长弓阿帕奇"（图 6-16）。原来的"阿帕奇"配备的是红外线及电视扫描系统，如果遇到大雨及雾天，这两个系统便不能很好地发挥作用。加装"长弓"毫米波雷达就可以使"阿帕奇"不受雨和雾的影响，如果在"长弓"雷达的搜索范围之内，还可以引导导弹击中目标，使其具备了真正的全天候作战能力。

图 6-16　美国"长弓阿帕奇"武装直升机

二、海上信息化作战平台

海上信息化作战平台，是指大量采用信息技术，主要在海洋上（包括水上和水下）作战的各种武器装备平台，主要包括航空母舰、巡洋舰、驱逐舰、护卫舰等水面作战舰艇，以及两栖作战舰艇和潜艇等。

（一）航空母舰

航空母舰，简称航母，是一种以舰载机为主要作战武器的大型水面舰艇，舰体通常拥有巨大的甲板和坐落于左右其中一侧的舰岛。航空母舰是海上的浮动机场，它的作战能力需要组成战斗群来实现。航母战斗群除了航空母舰作为核心之外，通常还包括航母所搭载搭配的各种类型舰载机、驱逐舰、护卫舰、补给舰、潜艇等，是由多艘舰艇和多架飞机所组成的完整的海空一体化作战力量。在战斗过程中，航空母舰各战位、各部门和各分系统之间，航空母舰与战斗群中其他舰只和飞机之间，航空母舰和陆军、空军等友军之间都需要进行信息交流和协同作战。因此，航空母舰本身越来越成为一个高度集成化和信息化的武器平台，航母战斗群也越来越成为一个高度信息化的有机整体。

航空母舰发展至今，已成为世界上最庞大、最复杂、威力最强的武器之一，是一个国家综合国力的象征，被誉为"海上霸主"。依靠航空母舰，一个国家可以在远离其国土的地方、不依靠当地机场的情况下施加军事压力或进行作战。

现代航空母舰按满载排水量的大小，可分为大型航空母舰（6万吨以上）、中型航空母舰（3万~6万吨）和小型航空母舰（3万吨以下）；按动力装置，可分为核动力航空母舰和常规动力航空母舰；按舰载机种类，可分为固定翼飞机航空母舰和直升机航空母舰，其中前者按照飞机起飞方式的不同又可分为弹射起飞式航空母舰和滑跃起飞式航空母舰。

截至2023年5月，美国拥有世界上最多的航母，包括10艘"尼米兹"级和1艘"福特"级，全部为大型（满载排水量10万吨以上）、弹射起飞式、核动力的航母，而且最新的"福特级"已从以前的蒸汽弹射发展为电磁弹射。除美国外，英国、法国、俄罗斯、印度、意大利、西班牙、巴西、泰国等国也拥有不同类型的航母。特别注意的是，日本也在逐渐架空"和平宪法"，将其2艘所谓的直升机驱逐舰"出云"号和"加贺"号升级改造为可以搭载F-35B隐形舰载战斗机的真正航母。

中国海军除了拥有"辽宁舰"（图6-17）和"山东舰"（图6-18）2艘中型、滑跃起飞式、常规动力航母外，完全自主设计建造的首艘弹射型航母"福建舰"也于2022年6月17日正式下水。"福建舰"采用平直通长飞行甲板，配置电磁弹射和阻拦装置，使用常规动力，满载排水量8万余吨。

图6-17　辽宁号航空母舰

（二）其他水面作战舰艇

海军水面作战舰艇除了航空母舰之外，还有巡洋舰、驱逐舰、护卫舰及小型的导弹艇、扫雷艇、猎潜艇等。

图6-18 山东号航空母舰

巡洋舰是一种火力强、用途多、主要在远洋活动的大型水面舰艇。它们的满载排水量都超过了1万吨，装备有较强的进攻和防御型武器，主要任务是为航空母舰护航，或者作为编队旗舰组成海上机动编队，攻击敌方水面舰艇、潜艇或岸上目标。随着时代的发展，巡洋舰逐渐被大型驱逐舰所取代。冷战结束后各国已基本不再发展新型的巡洋舰，目前世界上现役的主力巡洋舰主要有美国的"提康德罗加"级、俄罗斯的"光荣"级和"基洛夫"级，它们通过改装升级，仍是海军重要的信息化作战平台。

驱逐舰一般比巡洋舰小，比护卫舰大，是一种具备防空、反潜、反舰等多用途的军舰。世界上典型的驱逐舰有美国的"朱姆沃尔特"级（图6-19）和"阿利·伯克"级、俄罗斯的"现代"级和"无畏"级、日本的"金刚"级和"爱宕"级、韩国的"世宗大王"级、英国的45型、法意合研的"地平线"级、中国的052C/D型和055型等。

图6-19 美国的"朱姆沃尔特"级驱逐舰

中国的052C/D型驱逐舰是中国现役的主力驱逐舰，它安装了垂直发射系统和类似美国"宙斯盾"系统的四面相控阵雷达，具有强大的区域防空能力和反潜、反舰能力。055型驱逐舰是中国最新研制的一款具有世界先进甚至局部领先水平的大型万吨级驱逐舰，装备多波段新型雷达，主要天线采用共形设计，拥有较高的信息化水平及隐身性能，具有完善的防空、反导、反潜、反舰、对陆攻击和电子战能力。

护卫舰是以导弹、舰炮、反潜鱼雷等为主要武器的中小型水面舰艇，主要用于舰艇编队的护航、反潜、巡逻和支援登陆等任务。护卫舰一般比驱逐舰要小，在吨位、火力、远洋作战能力等方面都比不上驱逐舰，但比导弹艇、扫雷艇等要强，是一种吨位、性能、造价等相对适中的军舰，广泛装备于世界各国海军。

当前，世界上典型的现役护卫舰有美国的"独立"级和"自由"级濒海战斗舰、法意合研的FREMM多任务护卫舰、德国的F124型"萨克森"级护卫舰、法国的"拉菲特"级隐身护卫舰、俄罗斯的22350型护卫舰、中国的054A型护卫舰和056轻型护卫舰等。

（三）两栖作战舰艇

两栖作战舰艇是指专门用于登陆作战的舰艇，主要执行输送登陆兵、登陆工具、武器装备、物资车辆和直升机等，或者直接指挥登陆作战、提供火力支援等任务，包括两栖登陆舰、两栖运输舰、两栖攻击舰、两栖指挥舰和登陆艇等。

近年来，随着地区性冲突的不断发生，两栖作战舰艇在近海登陆作战中的作用越来越重要。因此，各主要军事大国都十分重视这类舰艇的发展，尤其是美国，其两栖作战舰艇的力量为世界之最。典型的两栖作战舰艇有美国的"美国"级两栖攻击舰和"圣·安东尼奥"级两栖船坞运输舰、法国的"西北风"级两栖攻击舰、英国的"海神之子"级两栖船坞运输舰、日本的"大隅"级两栖登陆舰、韩国的"独岛"级两栖攻击舰、中国的075型两栖攻击舰（图6-20）和071型两栖船坞登陆舰、俄罗斯的"欧洲野牛"级气垫登陆艇等。

图6-20 075型两栖攻击舰

075型两栖攻击舰是中国自主研制的首型两栖攻击舰，可以搭载多型直升机、两栖装甲车、气垫登陆艇等武器装备和士兵，配有导弹、舰炮、电子战等武器系统，排水量达4万吨，具有"小航母"之称。075型两栖攻击舰由于其独特的设计、特殊的装载、强大的机动作战能力，成为现代海战特别是登陆和岛礁作战中一支不可或缺的生力军。但因其设计复杂、造船工艺要求高、造价昂贵，成为仅次于航空母舰建造难度的大型水面舰艇。到目前为止，能建造类似075型两栖攻击舰的仅有中美两国。截至2022年年底，中国已经服役3艘两栖攻击舰，分别为"海南舰""广西舰"和"安徽舰"，还有多艘处于建造状态。该型舰的大量服役使中国海军的两栖作战能力有了质的提升。

(四) 潜艇

潜艇是能潜入水下活动和作战的舰艇，是海军的主要作战舰种之一。它可利用水层掩护，实施隐秘活动和对敌突然袭击，具有较大的自给力、续航力和突击威力，能在较长时间和广阔海域独立地进行战斗活动。

潜艇按照动力可以划分为核动力潜艇和常规动力潜艇，核动力潜艇根据是否搭载核武器又可以划分为弹道导弹核潜艇和攻击核潜艇。

弹道导弹核潜艇是以搭载核弹头的潜射弹道导弹为主要武器的核动力潜艇，使命是对敌国战略目标实施核突击、核反击或战略核威慑。它与空中的战略轰炸机、陆上的地地战略导弹构成了"三位一体"的战略核力量，也是"二次核反击"的重要武器。目前，世界上只有美、俄、英、法、中、印六个国家拥有战略导弹核潜艇，分别是美国的"俄亥俄"级，俄罗斯的"台风"级、"德尔塔"级和"北风之神"级，英国的"前卫"级，法国的"凯旋"级，中国的092型和094型（图6-21），以及印度的"歼敌者"级。

图6-21 中国094型弹道导弹核潜艇

攻击核潜艇是以搭载常规弹头的潜射导弹和鱼雷为主要武器的核动力潜艇，主要用于护航己方军舰、搜索攻击敌方军舰和潜艇等。目前世界上能够自行研制攻击核潜艇的国家只有美、俄、英、法、中五个国家，主要有美国的"洛杉矶"级、"海狼"级和"弗吉尼亚"级，俄罗斯的"阿库拉"级和"亚森"级，英国的"特拉法尔加"级和"机敏"级，法国的"红宝石"级和"梭鱼"级，以及中国的091型和093型。近年来，印度租借了一艘俄罗斯的"阿库拉"级攻击核潜艇，同时也在积极研发自己的攻击核潜艇。除此之外，美国和俄罗斯还分别拥有主要搭载巡航导弹的"俄亥俄"级和"奥斯卡"级巡航导弹核潜艇。

常规动力潜艇主要是以柴油机、蓄电池和主电动机等动力装置所驱动的潜艇，主要搭载常规导弹和鱼雷等武器。传统的常规动力潜艇由于受蓄电池电量的限制，一般只能航行几天时间就要浮出水面，通过消耗氧气的柴油机带动主电动机为蓄电池充电，但它浮出水面充电时容易被敌方发现。后来人们发明了"不依赖空气推进装置"（简称AIP系统），使常规潜艇在一定程度上不依赖空气，可在水下连续航行几周的时间。目前世界上比较典型的常规动力潜艇主要有俄罗斯的"基洛"级和"拉达"级、德国的212级、法国和西班牙合研的"天蝎座"级、日本的"亲潮"级和"苍龙"级、中国的039A/B型等，其中很多都搭载了AIP系统。

三、空中信息化作战平台

空中信息化作战平台，是指大量采用信息技术，主要在空中（大气层内）作战的各种武器装备平台，主要包括战斗机、轰炸机、军用运输机、军用特种飞机和军用无人机等。

(一) 战斗机

战斗机，又称歼击机，是指主要用于在空中消灭敌机和其他飞航式空袭兵器，夺取并保持制空权的军用飞机。现代战斗机逐渐具备多任务能力，除执行空空作战之外，还可以对敌地面或水面目标进行打击，主要武器包括导弹、火箭弹、炸弹和航炮等。随着技术的进步，喷气式战斗机的发展可以划分为四代（苏俄标准划分为五代）：

第一代战斗机，如美国的F-86、F-100，苏联的米格-15、米格-19，中国的歼-5、歼-6等。

第二代战斗机，如苏联的米格-21、米格-23，美国的F-4，法国的"幻影"Ⅲ及中国的歼-7、歼-8等。

第三代战斗机，如美国的F-15、F-16，俄罗斯的米格-29、苏-27，法国的幻影-2000，中国的歼-10、歼-11等。此外，俄罗斯的苏-35、欧洲的"台风"、法国的"阵风"、瑞典的"鹰狮"、中国的歼-10C和歼-16等，可以称为三代半战机。这些战斗机装备有新型雷达、火控系统等电子设备和新型空空导弹、空地导弹等武器，信息化程度比第二代有很大提高，是目前世界主要国家空军装备的主力战斗机。

第四代战机，一般具有"4S"的作战能力，即超机动性、超声速巡航、隐身能力和超信息能力，相比第三代战斗机作战能力有了质的提升。目前服役的仅有美国的F-22、F-35和中国的歼-20三款战机，俄罗斯的苏-57即将服役，中国的歼-31还处于研制试飞阶段。需要注意的是，美国的F-35战斗机是一种多军种通用的中型多用途四代战机，拥有常规起降型F-35A（图6-22）、短距起飞/垂直降落型F-35B和弹射起飞型F-35C，装备了美国空军、海军、海军陆战队等多个军种，并广泛出口到了英国、意大利、荷兰、日本、以色列等多个国家。

图6-22 美国F-35A战斗机

(二) 轰炸机

轰炸机是专门用于对地面、水面（及水下）的目标进行轰炸的飞机，是航空兵实施空中突击的主要兵器，是空军进行战略攻击的威慑力量。现代轰炸机按航程可以划分为近程轰炸机、中程轰炸机和远程轰炸机，按功能和任务可以划分为战斗轰炸机和战略轰炸机。

战斗轰炸机是兼具一定空战能力的轰炸机，具有优异的机动能力和突防能力，承担了原来强击机的大部分对地攻击任务。世界上比较典型的战斗轰炸机有美国的F-117A"夜鹰"（图6-23）、F-15E"攻击鹰"，俄罗斯的苏-24"击剑手"、苏-34"鸭嘴兽"，欧洲的"狂风"，中国的歼轰-7"飞豹"等。未来，随着多用途战斗机航程和载弹量的不断发展，战斗轰炸机可能会被其取代。

战略轰炸机，是指主要用来执行战略任务的远程轰炸机。它航程远、载弹量大，不仅可以投放各种炸弹、空地导弹、空舰导弹、巡航导弹等常规武器，还可以投放核弹，是"三位一体"战略核力量的重要组成部分。目前，世界上现役的战略轰炸机主要有美国的B-52"同温层堡垒"、B-1B"枪骑兵"、B-2"幽灵"（图6-24），俄罗斯的图-22M"逆火"、图-95"熊"和图-160"海盗旗"，中国的轰-6K"战神"等。其中，B-2轰炸机是当今世界上现役的唯一一种隐身战略轰炸机，雷达反射面积RCS小于0.1平方米，最大载弹量18吨，在不进行空中加油的情况下作战航程可达1.2万千米，但其造价昂贵，每架高达24亿美元，美国只生产了21架。目前，美、中、俄三国都在大力研发新型战略轰炸机，其中美国的B-21隐身战略轰炸机和中国的某型隐身战略轰炸机可能不久后就会公开亮相。

图6-23　美国F-117A"夜鹰"战斗轰炸机　　图6-24　美国B-2"幽灵"隐身战略轰炸机

（三）军用运输机

军用运输机，是用于运送军事人员、武器装备和其他军用物资的飞机。它具有较大的载重量和续航能力，能实施空运、空降、空投，保障地面部队从空中实施快速机动。

军用运输机根据其载重量可以分为重型运输机、中型运输机和轻型运输机；根据其续航能力可以分为远程运输机、中程运输机和近程运输机；根据其作战使用可以分为战略运输机和战术运输机。

目前各国现役的军用运输机主要包括美国的C-5"银河"重型战略运输机、C-17"环球霸王Ⅲ"重型运输机、C-130J"大力神"中型运输机，俄罗斯的安-124重型战略运输机、伊尔-76重型运输机，日本的C-2重型运输机，欧洲的A400M中型运输机，以及中国的运-20重型运输机和运-8/9中型运输机等。

运-20重型运输机（图6-25），代号"鲲鹏"，是中国自主研发的新一代重型军用运输机，由中航工业西安飞机工业集团研发并制造，于2013年首飞，2016年服役。运-20采用常规布局，最大起飞重量220吨，载重超过66吨，最大时速大于800千米，航程超过7800千米，实用升限13000米。运-20的研制成功，标志着中国拥有了属于自己的大型运输机，是中国空军建设战略空军的一座里程碑。

图6-25　中国运-20重型军用运输机

(四)军用特种飞机

军用特种飞机是指经过专门设计或改装后用于执行特殊任务的军用飞机,包括预警机、侦察机、空中加油机、反潜巡逻机、电子干扰机等。

预警机即空中指挥预警飞机,是指拥有整套远程警戒雷达系统,用于搜索、监视空中或海上目标,指挥并引导己方飞机执行作战任务的飞机。预警机由于飞得高,克服了陆地或舰载预警雷达受地球曲率和地形的限制,可以远距离探测到低空飞行目标和水面目标。预警机被称为空中的"雷达站"和"指挥所",是现代空战的"力量倍增器"。代表机型有美国的 E-2 和 E-3 系列,俄罗斯的 A-50,以色列的"费尔康",瑞典的"爱立眼",中国的空警-2000(图6-26)、空警-500 和空警-200 等。

图6-26 中国空警-2000 大型预警机

侦察机是指专门用于从空中搜集信息的飞机,是现代战争中的主要侦察工具之一。侦察机按遂行任务范围可分为战略侦察机和战术侦察机,按平台类型可分为有人驾驶侦察机、无人驾驶侦察机和侦察直升机。代表机型有美国的 U-2 高空战略侦察机、SR-71 超声速侦察机、RC-135 战略侦察机、EP-3 电子侦察机、"全球鹰"高空无人侦察机,俄罗斯的图-214R 战略侦察机、伊尔-20 电子侦察机,中国的运-8 电子侦察机和无侦-9 隐身长程无人侦察机等。

空中加油机是指专门给正在飞行中的飞机或直升机补加燃料的飞机,多由大型运输机或战略轰炸机改装而成。加油机通过空中加油,使受油机增大航程,延长续航时间,增加有效载重,提高远程作战能力。代表机型有美国的 KC-135R、KC-10A、KC-767 和 KC-46A,欧洲的 A330MRTT,俄罗斯的伊尔-78,以及中国的轰油-6 等。

反潜巡逻机是指用于海上巡逻和反潜作战的飞机,包括岸基反潜巡逻机和水上反潜巡逻机。它主要用于对潜艇搜索、攻击,与其他装备、兵力共同构成反潜警戒线。代表机型有美国的 P-3C "猎户座"和 P-8A "海神"、俄罗斯的伊尔-38 "山楂花"、中国的运-8X 等。

电子干扰机是指专门用于对敌方雷达、无线电通信设备和电子制导系统等实施侦察、干扰或袭击的飞机。大型电子干扰机通常飞行速度较低,但干扰功率强,可躲在敌方防空火力圈外实施"远距离支援干扰"。小型电子干扰机一般飞行性能好，可以与战斗轰炸机或攻击机同时编队，进行"随队干扰"。代表机型有美国的EA-6B"徘徊者"、EA-18G"咆哮者"，俄罗斯的伊尔-22PP"伐木人"，中国的运-8/9G等。

（五）军用无人机

军用无人机是指由遥控设备或自备程序控制操纵的不载人飞机，根据其控制方式主要分为无线电遥控、自动程序控制和综合控制三种类型。军用无人机系统由机体、动力装置、飞行控制系统、用于起飞和回收的装置等组成。由于具有目标特征小、造价低廉、续航时间长、机动能力强、无人员危险等优点，军用无人机的应用受到越来越多国家的重视，并且向智能化、隐身化的方向不断发展。

军用无人机按照用途可以分为无人侦察机、无人攻击机、无人战斗机、无人电子对抗机、无人通信中继机、无人诱饵机和无人靶机等。

当前，美国在军用无人机领域处于世界领先地位，先后研发了各种类型的军用无人机，活跃在美军的各个战场，如RQ-4"全球鹰"高空远程无人侦察机、MQ-1"捕食者"和MQ-8"死神"无人攻击机、RQ-170"哨兵"隐身无人侦察机、X-47B舰载隐身无人战斗机等。

中国在军用无人机领域后起直追，目前已处于世界第二梯队，研发了"彩虹"和"翼龙"两种系列的察打一体无人机（图6-27），出口到沙特阿拉伯、阿拉伯联合酋长国等多个国家并且投入实战，此外还在研制"利剑"等隐身无人战斗机。

图6-27 中国"彩虹-5"察打一体无人机

以色列也是军用无人机研发强国，其"苍鹭"无人侦察机和"哈比"无人攻击机曾多次在中东战场上发挥重要作用，并出口到印度等国家。英国、法国也不甘落后，正在分别研制"雷神"和"神经元"隐身无人战斗机。

四、空间信息化作战平台

空间信息化作战平台，是指大量采用信息技术，主要在空间（大气层外）作战的各种武器装备平台，目前用于军事目的的航天器主要包括军用卫星和空天飞机，未来载人飞船、空间站等也可能用于军事目的，成为信息化作战平台。

（一）军用卫星

卫星，即人造地球卫星，是人类发明和使用最早的航天器，也是目前使用最为广泛的信息化空间作战平台。1957年10月4日，苏联成功发射了世界上首颗人造地球卫星，使人类的活动领域扩大到外层空间。1960年8月，美国间谍卫星——"发现者"13号回收成功，标志着人类开始利用太空进行军事活动。截至目前，人类已经往太空发射了数千个航空器，其中大多数为军用卫星，当前仍有数百颗卫星在轨工作。通过多年的快速发展，军用卫星已经发展成了一个庞大的家族，按照用途的不同可分为侦察卫星、通信卫星、导航卫星、气象卫星、测地卫星、雷达校正卫星等等。

在信息化智能化战争中，夺取和掌握信息优势是制胜的关键。而军用卫星是高度信息化的空间平台，能够提供全面的侦察、通信、预警、导航、气象等保障，是现代作战的信息枢纽和制高点。目前，美军95%的侦察情报、90%的军事通信、100%的导航定位和100%的气象信息来自卫星，它已经成为现代武器系统中不可缺少的重要组成部分。

目前，绝大多数军用卫星主要用于空间信息支援，并没有直接攻击目标的能力。但是美、俄等国都试图在卫星平台上安装高能激光、粒子束、大功率微波等定向能武器或动能武器，用于直接攻击敌方航天器或大气层内的目标，未来太空将进一步走向"军事化"。2015年8月1日，俄罗斯空天军正式成立，成为"空天一体"的军种，这是世界上第一支以"空天军"冠名的军种，意义重大。2018年6月18日，美国总统特朗普下令成立美国武装部队的第六大军种——太空军。2020年9月，法国空军也更名为空天军。2024年4月19日，中国人民解放军信息支援部队成立。可以预见，未来太空领域的军事竞争将会更加激烈。

（二）空天飞机

空天飞机是第二代航天飞机，是航空航天飞机的简称。顾名思义，它集飞机、运载器、航天器等多重功能于一身，既能在大气层内作高超声速飞行，又能进入轨道运行。空天飞机上同时有飞机发动机和火箭发动机，起飞时也不使用火箭助推器，可以像飞行器一样从飞机场跑道上起飞，以高超声速在大气层飞行，直接进入太空，成为航天器；降落时也可以像飞机一样在飞机场跑道上降落，成为自由往返天地间、可重复使用的运载工具。

空天飞机是航空技术与航天技术高度结合的飞行器，把空间开发推向一个新的阶段，将会是21世纪世界各国争夺制空权和制天权的关键武器之一。目前美国在这一领域处于世界领先地位，典型代表是X-37B。

【思考题】

1. 人、武器、未来战争三者之间关系是怎样的？
2. 信息化装备对现代作战有什么影响？
3. 综合电子信息系统对未来战争有什么影响？
4. 信息化作战平台有哪些？

第七章　条令教育与队列训练

【学习目标】

1. 了解共同条令的组成和主要内容。
2. 了解单个军人队列动作训练的相关内容并掌握动作要领。
3. 了解分队队列动作训练及阅兵的主要内容。

第一节　共同条令简介

党的二十大报告指出，全面加强军事治理，巩固拓展国防和军队改革成果，完善军事力量结构编成，体系优化军事政策制度。新修订的现行的《中国人民解放军内务条令（试行）》《中国人民解放军纪律条令（试行）》《中国人民解放军队列条令（试行）》（统称共同条令），是经中央军委常务会议研究通过，于2018年4月由中华人民共和国中央军事委员会主席习近平签署命令、从2018年5月1日起全军上下全面施行的教育训练管理等纲领性文件，同时也应该成为全国地方高校学生军训的教科书、军地合力育人的行动指南。

一、《内务条令（试行）》

《中国人民解放军内务条令（试行）》，以下简称《内务条令（试行）》，是中国人民解放军关于军人职责、军队内部关系和日常生活制度的军事行政法规。它是军队建立、维护良好的内外关系和正规的内务制度，履行职责，进行行政管理，培养优良作风的依据，是中国人民解放军建军宗旨和建军原则的具体体现是建设革命化、现代化、正规化军队的重要法律法规。

中国人民解放军的第一部内务条令是1936年8月制定颁布的《中国工农红军暂行内务条例草案》，其中对值日、勤务、礼节、请假规则、着装注意事项、驻军、出发前和行军中的注意事项等，都做出了明确规定。在抗日战争十分艰苦的1942年，中共中央革命军事委员会对《中国工农红军暂行内务条例草案》重新修改后，发布了《内务条令》和《内务制度》，并一直沿用到中华人民共和国成立。

中华人民共和国成立以后，为适应军队革命化、现代化、正规化建设的需要，中央人民政府人民革命军事委员会提出要"制定共同条令，统一全军的纪律和制度"，我军于1950年再次修订内务条令意见并于1951年年初，与《纪律条令草案》和《队列条令草案》一并发布，在全军试行。经过两年的试行，根据我军试行新编制的情况又对其进行了重新修改，于1953年正式发布，在全军开始执行。此后，又分别于1957年、1963年、1975年、1984年、1990年、1997年、2010年对《内务条令》进行了多次修订。

新修订的《内务条令（试行）》，由原来的21章420条，调整为15章325条，条令内容包括：总则，军人宣誓，军人职责，内部关系，礼节，军人着装，军容风纪，与军外人员的交往，作息，日常制度，日常战备，军事训练和野营管理，日常管理，国旗、军旗、军徽的使用管理和国歌、军歌的奏唱，附则；明确了内务建设的指导思想和原则，坚持政治建军、改革强军、科技兴军、依法治军，聚焦备战打仗，着眼新体制新要求，调整规范军队单位称谓和军人职责，充实日常战备、实战化军事训练管理内容要求；着眼从严管理、科学管理，修改移动电话和互联网使用管理，公车使用、军容风纪、军旗使用管理，人员管理等方面规定，新增军人网络购物、新媒体使用等行为规范；着眼保障官兵权益，调整休假安排、人员外出比例和留营住宿等规定，新增训练伤防护、军人疗养、心理咨询等方面要求。

二、《纪律条令（试行）》

《中国人民解放军纪律条令（试行）》，以下简称《纪律条令（试行）》，是中国人民解放军维护纪律、实施奖惩的基本依据，适用于中国人民解放军现役军人和单位，以及参战、支前的预备役人员。

现行的《纪律条令（试行）》是2018年3月22日中央军委常务会议通过的，并于2018年5月1日起施行。

新修订的《纪律条令（试行）》，由原来的7章179条，调整为10章262条，围绕听党指挥、备战打仗和全面从严治军，提出了政治纪律、组织纪律、作战纪律、训练纪律、工作纪律、保密纪律、廉洁纪律、财经纪律、群众纪律、生活纪律十个方面纪律的内容要求；充实思想政治建设、实战化训练、执行重大任务、科技创新等奖励条件；新增表彰管理规范，对表彰项目、审批权限、时机等做出规范，同时取消表彰与奖励挂钩的相应条款；充实违反政治纪律，违规选人、用人，降低战备质量标准，训风、演风、考风不正，重大决策失误，监督执纪不力等处分条件；调整奖惩项目设置、奖惩权限和承办部门，增加奖惩特殊情形的处理原则和规定。

三、《队列条令（试行）》

《中国人民解放军队列条令（试行）》，以下简称《队列条令（试行）》，是规范全军队列动作、队列队形、队列指挥的军事法规，是全军官兵必须共同遵守的行为准则，是中国人民解放军队列生活的准则和队列训练的基本依据。全体军人必须严格执行本条令，加强队列训练，培养良好的军姿、严整的军容、过硬的作风、严格的纪律性和协调一致的动作，落实全面从严治军要求，促进军队正规化建设，巩固和提高战斗力。

现行的《队列条令（试行）》是 2018 年 3 月 22 日中央军委常务会议通过的，并于 2018 年 5 月 1 日起施行。

新修订的《队列条令（试行）》，由原来的 11 章 71 条，调整为 10 章 89 条，着眼进一步激励官兵士气、展示我军良好形象、激发爱国爱军热情，新增誓师、组建、凯旋、迎接烈士等十四种仪式，规范完善各类仪式的时机、场合、程序和要求；调整细化阅兵活动的组织程序、方队队形、动作要领；调整队列生活的基准单位和武器装备操持规范，统一营门卫兵执勤动作等内容。

四、共同条令新规定新特点

与 2010 年 6 月 3 日中央军事委员会发布的共同条令相比，2018 年 5 月 1 日起施行的共同条令主要有以下新规定新特点：

（1）首次将习近平强军思想写入条令、贯穿始终，并以军队基本法规形式固定下来。在新条令总则中，原文引用党在新时代的强军目标、"四个意识"、"三个维护"、"五个更加注重"、"四铁"过硬部队及"四有"新时代革命军人等一系列新思想新观点新论断，为全面依法治军、加强军队正规化建设、统一全军意志和行动提供了根本指导和遵循。同时，条令进一步强化官兵"四个意识"、坚定官兵"四个自信"，有利于全体官兵进一步扎牢维护核心、听从指挥的思想根基，有利于推动和形成官兵的思想自觉、党性观念、纪律要求和实际行动。

（2）《纪律条令（试行）》第二章第十一条至第二十条对军队纪律内容作出集中概括和系统规范，将政治纪律、组织纪律、作战纪律、训练纪律、工作纪律、保密纪律、廉洁纪律、财经纪律、群众纪律、生活纪律等内容写入新条令，更有效地强化官兵的纪律意识、增强纪律观念、确保军队的令行禁止和步调一致。

（3）加强训练管理、坚持按新标准全程从严。在《内务条令（试行）》中专门设置军事训练管理章节，在《纪律条令（试行）》第一百三十四条中明确了训风演风考风不正、不落实军事训练考核要求等违纪情形的处分条件。

（4）《队列条令（试行）》第九章第六十九条至第八十三条首次集中规范军队主要仪式，明确多种仪式可以邀请军人亲属参加。对升国旗、誓师大会、码头送行和迎接任务舰艇、凯旋、组建、转隶交接、授装、晋升（授予）军衔、首次单飞及停飞、授奖（授称、授勋）、军人退役、纪念、迎接烈士、军人葬礼、迎外仪仗等军队主要仪式进行了规范，并在多种仪式中明确，可以邀请军人亲属参加，有利于增强军人的职业荣誉感和家庭成就感。

（5）首次明确设置军队仪式中的"鸣枪礼"环节。在为"参加作战、训练和执行其他重大军事行动任务牺牲的军人"举行葬礼仪式，以及纪念仪式中设置"鸣枪礼"环节，并明确了礼兵人数、鸣枪次数、实施步骤、动作要领等规范，有利于更好地表达对烈士的褒奖、悼念和尊重。

（6）首次明确了军人体重强制达标要求。《内务条令（试行）》第一百二十九条明确"军人应当严格执行通用体能训练标准，落实军人体重强制达标要求"，把训练标准转化为对每名军人的强制行为规范，体现了对新时代军人素质形象的更高要求。

（7）《内务条令（试行）》第十三章"日常管理"就移动电话和国际互联网的使用管理问题对军人和军事单位的网络信息行为进行了全面规范，为部队管理提供了依据。依据网络时代的新形势、新变化和新要求，明确了军人和军事单位使用移动电话及微信、QQ等的条件和管理办法，加强针对性，提高有效性，达成了原则性与灵活性的有效统一。

（8）管理科学且有人性化的规范。《内务条令（试行）》第一百八十八条明确"女军人怀孕和哺乳期间，家在驻地的可以回家住宿，家不在驻地的可以安排到公寓住宿"。新修订的条令对涉及官兵切身利益的一些具体事项也作了更加科学合理、更为人性化的规范。

第二节　队列动作训练

队列动作，是对军人或部（分）队所规定的列队训练、队列生活和日常行为的制式动作，也是战斗行动的基础。

一、单个军人队列动作训练

《队列条令（试行）》第四章专门对"单个军人的队列动作"制定了统一的标准和示范。

（一）立正

立正是军人的基本姿势，是队列动作的基础。军人在宣誓、接受命令、晋见首长和向首长报告、回答首长问话、升降国旗、迎送军旗、奏唱国歌和军歌等严肃庄重的时机和场合，均应当立正。

口令：立正。

要领：两脚跟靠拢并齐，两脚尖向外分开约60度；两腿挺直；小腹微收，自然挺胸；上体正直，微向前倾；两肩要平，稍向后张；两臂下垂自然伸直，手指并拢自然微曲，拇指尖贴于食指第二节，中指贴于裤缝；头要正，颈要直，口要闭，下颌微收，两眼向前平视（图7-1）。

（二）跨立

跨立主要用于军体操、执勤和舰艇上分区列队等场合，可以与立正互换。

口令：跨立。

要领：左脚向左跨出约一脚之长，两腿挺直，上体保持立正姿势，身体重心落于两脚之间。两手后背，左手握右手腕，拇指根部与外腰带下沿（内腰带上沿）同高；右手手指并拢自然弯曲，手心向后。携枪时不背手（图7-2）。

图 7-1 立正

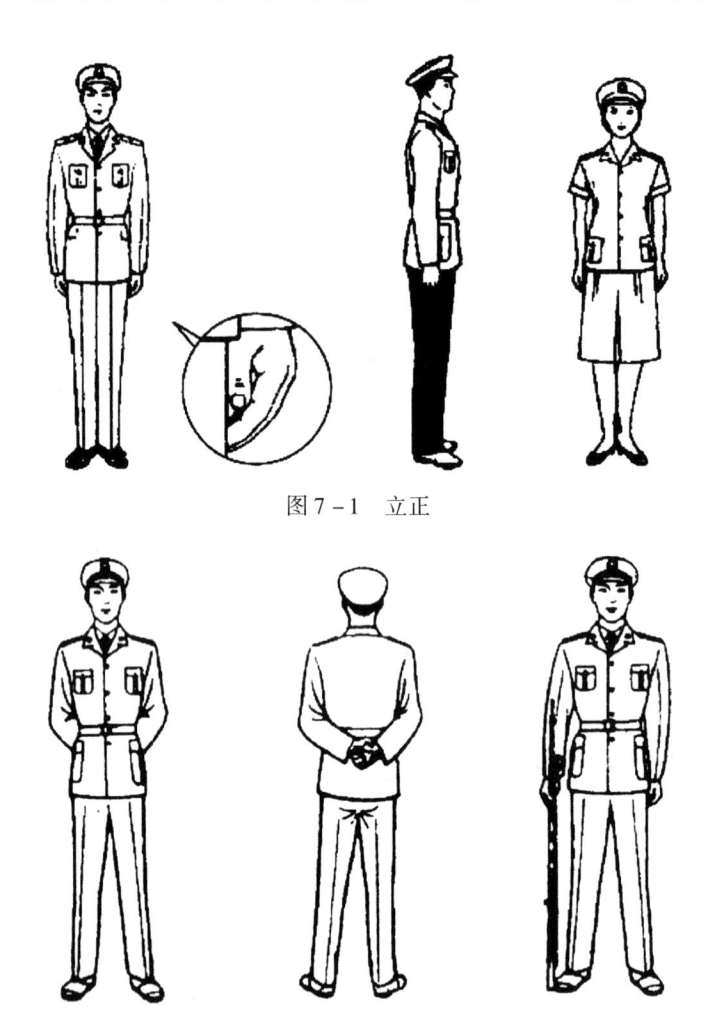

图 7-2 跨立

(三) 稍息

稍息是队列动作中一种休息和调整姿势的动作,可以与立正互换。

口令:稍息。

要领:左脚顺脚尖方向伸出约全脚的三分之二,两腿自然伸直,上体保持立正姿势,身体重心大部分落于右脚。携枪(筒)时,携带的方法不变,其余动作同徒手。稍息过久,可以自行换脚。

(四) 停止间转法

1. 向右(左)转

口令:向右(左)——转。半面向右(左)——转。

要领:以右(左)脚跟为轴,右(左)脚跟和左(右)脚掌前部同时用力,使身体协调一致向右(左)转90度,重心落在右(左)脚,左(右)脚取捷径迅速靠拢右

(左)脚,成立正姿势。转动和靠脚时,两腿挺直,上体保持立正姿势。半面向右(左)转,按照向右(左)转的要领转45度。

2. 向后转

口令:向后——转。

要领:按照向右转的要领向后转180度。

(五) 行进与停止

行进的基本步法分为齐步、正步和跑步,辅助步法分为便步、踏步、移步和礼步。

1. 齐步

齐步是军人行进的常用步法。

口令:齐步——走。

要领:左脚向正前方迈出约75厘米,按照先脚跟后脚掌的顺序着地,同时身体重心前移,右脚照此法动作;上体正直,微向前倾;手指轻轻握拢,拇指贴于食指第二节;两臂前后自然摆动,向前摆臂时,肘部弯曲,小臂自然向里合,手心向内稍向下,拇指根部对正衣扣线,并高于春秋常服最下方衣扣约5厘米(着夏常服、水兵服时,高于内腰带扣中央约5厘米;着作训服时,与外腰带扣中央同高),离身体约30厘米;向后摆臂时,手臂自然伸直,手腕前侧距裤缝线约30厘米。行进速度每分钟116~122步。

2. 正步

正步主要用于分列式和其他礼节性场合。

口令:正步——走。

要领:左脚向正前方踢出约75厘米(腿要绷直,脚尖下压,脚掌与地面平行,离地面约25厘米),适当用力使全脚掌着地,同时身体重心前移,右脚照此法动作;上体正直,微向前倾;手指轻轻握拢,拇指伸直贴于食指第二节;向前摆臂时,肘部弯曲,小臂略成水平,手心向内稍向下,手腕下沿摆到高于春秋常服最下方衣扣约15厘米处(着夏常服、水兵服时,高于内腰带扣中央约10厘米处;着作训服时,高于外腰带扣中央约10厘米处),离身体约10厘米;向后摆臂时(左手心向右,右手心向左),手腕前侧距裤缝线约30厘米。行进速度每分钟110~116步(图7-3)。

3. 跑步

跑步主要用于快速行进。

口令:跑步——走。

要领:听到预令,两手迅速握拳(四指蜷握,拇指贴于食指第一关节和中指第二关节),提到腰际,约与腰带同高,拳心向内,肘部稍向里合(图7-4)。听到动令,上体微向前倾,两腿微弯,同时左脚利用右脚掌的蹬力跃出约85厘米,前脚掌先着地,身体重心前移,右脚照此法动作;两臂前后自然摆动,向前摆臂时,大臂略垂直,肘部贴于腰际,小臂略平,稍向里合,两拳内侧各距衣扣线约5厘米;向后摆臂时,拳贴于腰际(图7-5)。行进速度每分钟170~180步。

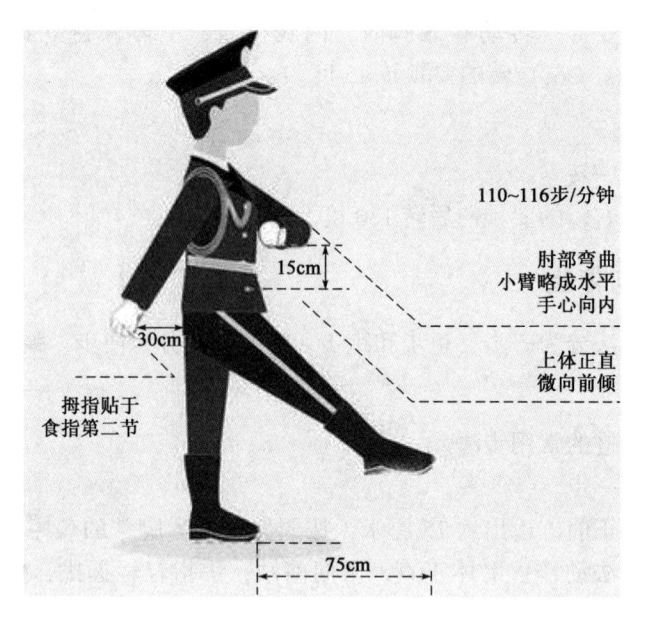

图 7-3 正步

图 7-4 跑步预备 　　图 7-5 跑步前进

4. 便步

便步用于行军、操练后恢复体力及其他场合。

口令：便步——走。

要领：用适当的步速、步幅行进，两臂自然摆动，上体保持良好姿态。

5. 踏步

踏步用于调整步伐和整齐。

停止间口令：踏步——走。

行进间口令：踏步。

要领：两脚在原地上下起落（抬起时，脚尖自然下垂，离地面约 15 厘米；落下时，前脚掌先着地），上体保持正直，两臂按照齐步或者跑步摆臂的要领摆动。

6. 移步（5步以内）

移步用于调整队列位置。

1）右（左）跨步

口令：右（左）跨×步——走。

要领：上体保持正直，每跨1步并脚一次，其步幅约与肩同宽，跨到指定步数停止。

2）向前或者后退

口令：向前×步——走。

后退×步——走。

要领：向前移步时，应当按照单数步要领进行（双数步变为单数步）。向前1步时，用正步，不摆臂；向前3步、5步时，按照齐步走的要领进行。向后退步时，从左脚开始，每退1步靠脚一次，不摆臂，退到指定步数停止。

7. 立定

口令：立——定。

要领：齐步、正步和礼步时，听到口令，左脚再向前大半步着地（脚尖向外约30度），两腿挺直，右脚取捷径迅速靠拢左脚，成立正姿势。跑步时，听到口令，再跑2步，然后左脚向前大半步（两拳收于腰际，停止摆动）着地，右脚取捷径靠拢左脚，同时将手放下，成立正姿势。踏步时，听到口令，左脚踏1步，右脚靠拢左脚，原地成立正姿势（跑步的踏步，听到口令，继续踏2步，再按照上述要领进行）。

持枪立定时，在右脚靠拢左脚后，迅速将托底板（95式班用机枪托底）轻轻着地。其余要领同徒手。

（六）行进间转法

1. 齐步、跑步向右（左）转

口令：向右（左）转——走。

要领：左（右）脚向前半步（跑步时，继续跑2步，再向前半步），脚尖向右（左）约45度，身体向右（左）转90度时，左（右）脚不转动，同时出右（左）脚按照原步法向新方向行进。

半面向右（左）转走，按照向右（左）转走的要领转45度。

2. 齐步、跑步向后转

口令：向后转——走。

要领：左脚向右脚前迈出约半步（跑步时，继续跑2步，再向前半步），脚尖向右约45度，以两脚的前脚掌为轴，向后转180度，出左脚按照原步法向新方向行进。

3. 转动

转动时，保持行进时的节奏，两臂自然摆动，不得外张；两腿自然挺直，上体保持正直。

(七) 敬礼、礼毕和单个军人敬礼

1. 敬礼

敬礼分为举手礼、注目礼和举枪礼。

1）举手礼

口令：敬礼。

要领：上体正直，右手取捷径迅速抬起，五指并拢自然伸直，中指微接帽檐右角前约2厘米处（戴卷檐帽、无檐帽或者不戴军帽时微接太阳穴，约与眉同高），手心向下，微向外张（约20度），手腕不得弯曲，右大臂略平，与两肩略成一线，同时注视受礼者（图7-6）。

图7-6 举手礼

2）注目礼

要领：面向受礼者成立正姿势，同时注视受礼者，并目迎目送，右、左转头角度不超过45度。

3）举枪礼

口令：向右看——敬礼。

要领：右手将枪提到胸前，枪身垂直并对正衣扣线，枪面向后，离身体约10厘米，枪口与眼同高，大臂轻贴右胁；同时左手接握表尺上方，小臂略平，大臂轻贴左胁；同时转头向右注视受礼者，并目迎目送，右、左转头角度不超过45度（图7-7）。

2. 礼毕

口令：礼毕。

要领：行举手礼者，将手放下；行注目礼者，将头转正；行举枪礼者，将头转正，右手将枪放下，使托前踵轻轻着地，同时左手放下，成持枪立正姿势。

3. 单个军人敬礼

要领：单个军人在距受礼者 5~7 步处，行举手礼或者注目礼。徒手或者背枪时，停止间，应当面向受礼者立正，行举手礼，待受礼者还礼后礼毕；行进间（跑步时换齐步），转头向受礼者行举手礼，并继续行进，左臂仍自然摆动，待受礼者还礼后礼毕（图 7-8）。

图 7-7　举枪礼　　　　图 7-8　徒手行进间敬礼

携带武器（除背枪）等不便行举手礼时，不论停止间或者行进间，均行注目礼，待受礼者还礼后礼毕。

（八）坐下、蹲下、起立

1. 坐下

徒手坐下。

口令：坐下。

要领：左小腿在右小腿后交叉，迅速坐下（坐凳子时，听到口令，左脚向左分开约一脚之长；女军人着裙服坐凳子时，两腿自然并拢），手指自然并拢放在两膝上，上体保持正直。

2. 蹲下

口令：蹲下。

要领：右脚后退半步，前脚掌着地，臀部坐在右脚跟上（膝盖不着地），两腿分开约 60 度（女军人两腿自然并拢），手指自然并拢放在两膝上，上体保持正直。蹲下过久，可以自行换脚（图 7-9）。

3. 起立

口令：起立。

要领：全身协力迅速起立，左脚取捷径靠拢右脚（蹲下时，右脚取捷径靠拢左脚），成立正姿势或者成持枪、肩枪（筒）立正姿势。

图 7-9　蹲下

（九）脱帽、戴帽

1. 脱帽

口令：脱帽。

要领：立姿脱帽时，双手捏帽檐或者帽前端两侧，将帽取下，取捷径置于左小臂，帽徽朝前，掌心向上，四指扶帽檐或者帽墙前端中央处，小臂略成水平，右手放下。坐姿脱帽时，双手捏帽檐或者帽前端两侧，将帽取下，置于桌（台）面前沿左侧或者膝上，使帽顶向上、帽徽朝前，也可以置于桌斗内。

2. 戴帽

口令：戴帽。

要领：双手捏帽檐或者帽前端两侧，取捷径将帽迅速戴正。

（十）整理着装

整理着装，通常在立正的基础上进行。

口令：整理着装。

要领：两手（持自动步枪时，将枪夹于两腿间）从帽子开始，自上而下，将着装整理好（必要时，也可以相互整理）；整理完毕，自行稍息；听到"停"的口令，恢复立正姿势。

二、分队队列动作训练

（一）班的队列动作训练

1. 班的队形

班的队形分为班横队和班纵队。需要时，班可成二列横队或二路纵队。队列人员之间的间隔（两肘之间）约 10 厘米，距离前一名脚跟至后一名脚尖约为 75 厘米。

要领：班横队，以基准兵为准向左依次按规定距离排列；班纵队，以基准兵为准向后依次按规定距离排列。需要时，可成班二列横队和班二路纵队。

动作要求：班长指挥位置，班横队和班二列横队位于队列中央前 5~7 步处；班纵队和班二路纵队位于队列中央前 3~5 步处。横队排面要整齐，纵队前后要对正。

2. 集合、离散

1）集合

集合，是使单个军人、分队、部队按照规范队形聚集起来的一种队列动作。

集合时，为了引起全班注意，班长应先发出预告或信号，如"全班注意"。然后站在预定队形中央前面向预定队形成立正姿势，下达"成班××队——集合"口令。所属人员听到预告或信号，原地面向班长成立正姿势。听到口令，跑步面向班长集合（凡是在班长后侧人员，均应从班长右侧绕过），自行对正看齐成立正姿势。

班集合分为成班横队（二列横队）、班纵队（二路纵队）集合两种形式。

口令："成班横队（二列横队）、班纵队（二路纵队）——集合"。

要领：听到"成班横队（二列横队）——集合"口令，基准兵迅速到班长左前方适当位置，成立正姿势，其他士兵以基准兵为准，依次向左排列，自行看齐。

成班二列横队时，单数士兵在前，双数士兵在后。

听到"成班纵队（二路纵队）——集合"口令后，基准兵迅速到班长前方适当位置，成立正姿势；其他士兵以基准兵为准，依次向后排列，自行对正。成班二路纵队时，单数士兵在左，双数士兵在右。

2）离散

离散，是使列队的单个军人、分队、部队各自离开原队列位置的一种队列动作，分为离开和解散两种，班通常只有解散。

口令：解散。

要领：队列人员迅速离开原列队位置。

听到"解散"的口令，队列人员迅速离开原列队位置。

动作要求：集合、解散时要用跑步，并做到迅速、肃静。

3. 整齐、报数

整齐，是使列队人员按规定的间隔、距离，保持行、列齐整的一种队列动作。整齐分为向右（左）看齐和向中看齐。

报数，是使队列人员依次报出在队列中序数的一种队列动作。

口令："向右（左）看——齐"，"以××为准，向中看——齐"，"向前——看"，"报数"。

要领：听到"向右（左）看——齐"的口令，基准兵不动，其他士兵向右（左）转头，眼睛看右（左）邻士兵腮部，前四名能通视基准兵，自第五名起，以能通视到本人以右（左）第三人为度。后列人员，先向前对正，后向右（左）看齐。

一路纵队看齐时，可下达"向前对正"的口令。

听到"以××同志为准（或以第×名为准）"时，基准兵答"到"。同时，左手握拳高举（大臂前伸与肩略平，小臂垂直举起），拳心向右，听到"向中看——齐"的口令后，其他士兵按照向右（左）看齐的要领实施。

听到"向前——看"的口令，其他人员迅速将头转正，基准兵将手放下，恢复成立正姿势。

听到"报数"口令，横队从右至左（纵队由前向后）依次以短促洪亮的声音向左转头报数，最后一名不转头。班二列横队时，后列最后一名报"满伍"或"缺×名"。

动作要求：整齐时，转头要迅速，整齐一致，保持良好军姿。报数声音短促有力，口齿清晰。

4. 行进与停止

齐步、正步、跑步的行进与停止。

口令："齐步——走"，"正步——走"，"跑步——走"，"立——定"。

要令：听到"齐步（正步、跑步）——走"的口令，基准兵向正前方前进，其他士兵向基准翼标齐，保持规定的间隔、距离行进。横队和并列纵队行进时以右翼为基准。纵队行进时，以先头为准，行进中可用"一二一"（调整步伐的口令）、"一二三四"（呼号）或唱队列歌曲，以保持步伐的整齐。

听到"立定"口令，按单个军人立定的动作要领实施。

动作要求：行进时，全班动作要整齐一致、精神振奋，停止后听到"稍息"口令，先自行看齐，再稍息。

5. 队形变换

1）横队和纵队的互换

停止间口令："向右（左）——转"，"成班二列（路）横（纵）队——走"，"成班横（纵）队——走"。

行进间口令："向右（左）转——走"。

听到"向右（左）——转"的口令，按照单个军人向右（左）转的动作要领实施。听到"向右（左）转——走"的口令，按照单个军人行进间转法的动作要领实施。

2）班横队和班二列横队的互换

班横队变换班二列横队前，先报数。听到"成班二列横队——走"的口令，双数士兵左脚后退一步，右脚不靠拢左脚，向右跨一步，左脚向右脚靠拢，站到单数士兵之后，自行对正、看齐。

听到"间隔一步，向左离开"口令，取好间隔，听到"成班横队——走"的口令，双数士兵左脚左跨一步，右脚不靠拢左脚，向前一步，左脚向右脚靠拢，进到单数士兵左侧，自行对正看齐。

3）班纵队和班二路纵队的互换

班纵队变换班二路纵队前，先报数，听到"成班二路纵队——走"的口令，双数士兵右脚右跨一步，左脚不靠拢右脚，向前一步，右脚向左脚靠拢，进到单数士兵右侧，自行对正看齐。

听到"距离2步，向后离开"口令，取好距离。听到"成班纵队——走"的口令，双数士兵右脚后退一步，左脚不靠拢右脚，左跨一步，右脚向左脚靠拢，站到单数人员之后，自行对正。

6. 方向变换

1）班横队时的方向变换

口令："左（右）转弯，齐（跑）步——走"（停止间），"左（右）转弯——走"（行进间）。

要领：听到"左（右）转弯，齐（跑）步——走"或"左（右）转弯——走"口令后，轴翼士兵踏步，并逐渐向左（右）转动，同相邻士兵动作协调，外翼第一名士兵以大步行进并逐步变换方向，其他士兵用眼睛的余光向外翼取齐。越接近轴翼者，其步幅愈小，并保持规定的间隔和排面整齐，转到90度时踏步并取齐，听口令前进或停止。

2）班纵队的方向变换

口令："左（右）转弯，齐（跑）步——走"（停止间），"左（右）后转弯，齐（跑）步——走"（停止间）；"左（右）转弯——走"（行进间）"左（右）后转弯——走"（行进间）。

要领：听到口令，基准兵向左（右）转弯时，按单个军人行进间转法要领实施；向左（右）后转弯时，用小步边行进边变换方向，转到90度或180度后，照直前进，其他士兵逐次进到基准兵的转弯处，转向新方向跟进。

动作要求：停止间方向变换时，班长应先变换指挥位置，站到预定队形中央前，成立正姿势，而后再下达方向变换的口令；行进间方向变换时，班长应先变换指挥位置，站到预定队形的内侧便于指挥的位置（班长一般不跟随前进）；队列人员在方向变换时，应注意动作协调一致，保持规定间隔、距离，不得拥挤或松散。

（二）排、连的队列动作训练

1. 基本队形

排的队形分为排横队和排纵队两种。排横队用于集合、点名和上课等。列队的方法是从前向后按一、二、三班的顺序重叠。各班均成班横队，排长位于一班长的右侧。排纵队，用于队列行进和行军等。列队的方法是从左至右按一、二、三班的顺序并列，各班均成班纵队，排长位于三个班先头中央前。

连的基本队形分为连横队、连纵队和连并列纵队三种。连横队用于集合、点名和上课等，组成是：连干在右侧，而后依次向左按一排、二排、三排、连部的顺序各站成排横队。连纵队用于队列行进、行军、疏散等，组成是：连干在先头，而后按一排、二排、三排和连部的顺序，依次向后排列，组成连纵队，各排均成排纵队，排长位于本排的先头中央。连并列纵队用于集合、点名和上课等，组成是：连干在右侧，而后各排站成排纵队，依次向左按一排、二排、三排和连部的顺序并列。各班的位置同排纵队，排长在本排右翼班长右侧。

2. 集合

1）排集合

通常分为排横队集合和排纵队集合两种。

口令：成排横队——集合。

要领：基准班在指挥员前方适当的位置，成班横队迅速站好；其他班成班横队，以基准班为准，依次向后排列，自行对正、看齐。

口令：成排纵队——集合。

要领：基准班在指挥员右前方适当位置，成班纵队迅速站好；其他班成班纵队，以基准班为准，依次向右排列，自行对正、看齐。

2）连集合

通常分为连横队集合、连纵队集合和连并列纵队集合。

口令：成连横队——集合。

要领：队列内的连指挥员或基准排，在指挥员前方适当位置，成横队迅速站好；各排和连部成横队，以连的干部或基准排为准，依次向左排列，自行对正、看齐。

口令：成连纵队——集合。

要领：队列内的连指挥员或基准排，在指挥员前方适当位置成纵队迅速站好；各排和连部成纵队，以连指挥员或基准排为准，依次向后排列，自行对正、看齐。

口令：成连并列纵队——集合。

要领：队列内的连指挥员或基准排，在指挥员左前方适当位置成纵队迅速站好；各排和连部成纵队，以连指挥员或基准排为准，依次向左排列，自行对正、看齐。

3. 解散

口令：解散，各连（排）带开（带回）。

要领：听到"解散"的口令，迅速离开原位。听到"各连（排）带开（带回）"的口令后，队列中的各连（排）指挥员带领本队迅速离开原列队位置。

4. 整齐、报数

整齐分向右、向左、向中看齐三种。报数是为了清点人数。

口令和动作要领同班整齐。不同点是第二列和第三列的人员要对正后再看齐。看齐时，注意转头要迅速一致，防止前后不一致和身体不正。

报数时不同点是第二列和第三列不报数，由最后一列的最后一名报"满伍"或"缺××名"。

5. 行进与停止

排（连）的行进与停止，按单个动作齐步、正步、跑步与停止的要领实施。排（连）横队行进时以右翼为准，纵队行进时以左翼为准。行进时，指挥员应下达"齐步（正步、跑步）——走"的口令。全体人员听到口令，基准兵向正前方前进，其他人员向基准翼标齐，并保持规定的间隔、距离。

排（连）行进一般成三路纵队，有时根据情况也可成一、二路纵队。行进中，可呼号"一二一""一二三四"或唱队列歌曲，以保持步伐整齐。

听到立定的口令，队列人员按单个军人立定要领实施。动作要整齐一致。停止后，听到"稍息"的口令，先自行对正、看齐，再稍息。

排（连）横队行进时，基准兵向正前方前进时，并保持好前进的方向，其他人员向基准翼标齐；纵队行进时，注意小列标齐。

6. 队形变换

排（连）横队和排纵队的互换，停止间按照向右（左）转的要领实施。

排（连）横队变为排纵队时，指挥员先跑步到排横队右侧前适当位置，面向队列，下达"向右——转"（或"向右转——走"）的口令，即变为排（连）纵队。

排（连）纵队变为横队时，指挥员先跑步到纵队的左侧前适当位置，面向队列下达"向左——转"（或"向左转——走"）口令，即变为排（连）横队。队形变换后，指挥员再下达"稍息"的口令，队列人员听到口令后，自行对正、看齐，而后稍息。

7. 方向变换

1）排（连）横队的方向变换

停止间的口令：左（右）转弯，齐（跑）步——走。

行进间的口令：左（右）转弯——走。

要领：第一列轴翼士兵停止间用踏步，行进间用小步，外翼士兵用大步行进，保持排面整齐，边行进边变换方向，转到90度后，听口令前进或停止；后续各列按上述要领，保持间隔、距离，取捷径进到前一列转弯处，转向新方向跟进。

停止间变换方向时，指挥员先跑步到横队的右（左）前方适当位置，下达"左（右）转弯，齐（跑）步——走"的口令。

行进间变换方向时，指挥员应先跑步到行进队形的左（右）前方便于指挥的位置，下达"左（右）转弯——走"的口令。

2）排（连）纵队方向变换

停止间的口令：右（左）转弯，齐（跑）步——走，右（左）后转弯，齐（跑）步——走。

行进间的口令：右（左）转弯——走，右（左）后转弯——走。

要领：按照数列横队和并列纵队方向变换的要领实施。

停止间方向变换时，指挥员应先跑步到预定队形行进方向的前方适当位置。下达"右（左）转弯，齐（跑）步——走"，"右（左）后转弯，齐（跑）步——走"的口令。

行进间纵队方向变换时，指挥员应先跑步到行进队形的内侧便于指挥的位置，下达"右（左）转弯——走"或"右（左）后转弯——走"的口令。

第三节　阅　　兵

在认真进行单个军人队列动作训练基础上，开展阅兵训练。阅兵，包括迎军旗、阅兵式、分列式、阅兵首长讲话、送军旗等五大环节。

一、迎军旗

将展开的军旗持入队列时,部队应当整队组织迎军旗。迎军旗时,通常成横队;特殊情况下,可以由机关和指定的分队参加,按照部队首长临时规定队形列队。

迎军旗时,主持迎军旗的指挥员下达"立正""迎军旗"的口令,听到口令后,掌旗员(扛旗)、护旗兵齐步行进,当由正前或者左前方向部队右翼进至距队列40~50步(或者队列正面中央适当位置)时,主持迎军旗的指挥员下达"向军旗——敬礼——"的口令,听到口令后,位于指挥位置和阅兵台(主席台)的军官行举手礼,其余人员行注目礼;掌旗员(由扛旗换端旗)、护旗兵换正步,取捷径向部队右翼排头行进,当超过机关队形时,主持迎军旗的指挥员下达"礼毕"口令,部队礼毕;掌旗员(由端旗换扛旗)、护旗兵换齐步。军旗进至部队指挥员右侧3步处时,左后转弯立定,成立正姿势。

二、阅兵式

旅阅兵式的队形,通常为营横队的旅横队,或者由旅首长临时规定。列队时,各枪手、炮手分别持枪、持炮,40火箭筒手肩筒,120反坦克火箭筒手持筒;必要时,可以架枪、架炮。

阅兵式程序如下。

(一)阅兵首长接受阅兵指挥报告

当阅兵首长行至本旅队列右翼适当距离时或者在阅兵台就位后(当上级首长检阅时,通常由旅政治委员陪同入场并陪阅),阅兵指挥在队列中央前下达"立正"的口令,随后跑到距阅兵首长5~7步处敬礼,待阅兵首长还礼后礼毕并报告。例如:"司令员同志,××第×旅列队完毕,请您检阅"。报告后,左跨1步,向右转,让首长先走,尔后在其右后侧(当上级首长检阅时,旅政治委员在旅长右侧)跟随陪阅。

(二)阅兵首长向军旗敬礼

阅兵首长行至距军旗适当位置时,应当立正向军旗行举手礼(陪阅人员面向军旗,行注目礼)。

(三)阅兵首长检阅部队

当阅兵首长行至旅机关、各营部、各连及保障分队队列右前方时,旅机关由副旅长或者参谋长、各营部由营长、各连由连长、保障分队由旅指定的指挥员下达"敬礼"的口令;听到口令后,位于指挥位置的军官行举手礼,其余人员行注目礼,目迎目送首长(左、右转头不超过45度),阅兵首长应当还礼,陪阅人员行注目礼;当首长问候:"同志们好!"或者"同志们辛苦了!",队列人员应当齐声洪亮地回答:"首——长——好!"或者"为——人民——服务!";当首长通过后,指挥员下达"礼毕"的口令,队列人员礼毕。

（四）阅兵首长上阅兵台

阅兵首长检阅完毕后上阅兵台，阅兵指挥跑步到队列中央前，下达"稍息"口令，队列人员稍息。当上级首长检阅时，旅政治委员陪同首长上阅兵台，然后跑步到自己的列队位置。

三、分列式

旅分列式队形由旅阅兵式队形调整变换，或者由旅首长临时规定。

旅分列式，应当设4个标兵。一、二标兵之间和三、四标兵之间的间隔各为15米，二、三标兵之间的间隔为40米。标兵应当携带自动步枪，并在枪上插标兵旗。

班用机枪手、狙击步枪手托枪，81式自动步枪手提枪，95式自动步枪手、03式自动步枪手、冲锋枪手挂枪，40火箭筒手托筒，120反坦克火箭筒手扛筒，重机枪手、高射机枪手扛枪，迫击炮手、无坐力炮手扛炮（通常成结合状态）。

分列式程序如下。

（一）标兵就位

分列式开始前，阅兵指挥在队列中央前，下达"立正""标兵，就位"的口令；标兵听到口令，成一路纵队持（托、挂）枪跑步到规定的位置，面向部队成立正姿势。

（二）调整部（分）队为分列式队形

标兵就位后，阅兵指挥下达"分列式，开始"的口令，尔后，跑步到自己的列队位置；听到口令后，各分队按照规定的方法携带武器（掌旗员扛旗），旅、营指挥员分别进到旅机关和营部的队列中央前，各分队指挥员进到本分队队列中央前，下达"右转弯，齐步——走"的口令，指挥分队变换成分列式队形。

（三）开始行进

变换成规定的分列式队形后，旅机关由副旅长或者参谋长下达"齐步——走"的口令；听到口令后，旅指挥员、旅机关人员齐步前进，其余分队依次待前一分队离开约15米时，分别由营长、连长及保障分队指挥员下达"齐步——走"的口令，指挥本分队人员前进。

（四）接受首长检阅

各分队行至第一标兵处，将队列调整好。

进到第二标兵处，掌旗员下达"正步——走"的口令，并和护旗兵同时由齐步换正步，扛旗换端旗（掌旗员和护旗兵不转头），此时，阅兵首长和陪阅人员应当向军旗行举手礼；副旅长或者参谋长和各分队指挥员分别下达"向右——看"的口令，队列人员听到口令后，可以呼喊"一、二"，按照规定换正步行进，并在左脚着地的同时向右转头（位于指挥位置的军官行举手礼，并向右转头，各列右翼第一名不转头）不超过45度注视阅兵首长，此时，阅兵台首长应当行举手礼。

进到第三标兵处，掌旗员下达"齐步——走"的口令，并与护旗兵由正步换齐步，同时换扛旗；其他分队由上述指挥员分别下达"向前——看"的口令，队列人员听到口令后，在左脚着地时礼毕（将头转正），同时换齐步行进。

当上级首长检阅时，旅长和旅政治委员通过第三标兵后，到阅兵首长右侧陪阅；各分队通过第四标兵，换跑步到指定的位置。

（五）标兵撤回

待最后一个分队通过第四标兵，到达指定位置后，阅兵指挥下达"标兵，撤回"的口令，标兵按照相反顺序跑步撤至预定位置。

四、阅兵首长讲话

分列式结束后，阅兵指挥调整好队形，请阅兵首长讲话。讲话完毕，阅兵指挥下达"立正"口令，向阅兵首长报告阅兵结束。当上级首长检阅时，由旅政治委员陪同阅兵首长离场。

五、送军旗

将军旗持出队列时，部队应当整队组织送军旗。送军旗时，参加人员和队形与迎军旗同。

送军旗时，主持送军旗的指挥员下达"立正""送军旗"的口令；听到口令后，掌旗员（成扛旗姿势）、护旗兵按照迎军旗路线相反方向齐步行进；军旗出列后行至机关队形右侧前时，主持送军旗的指挥员下达"向军旗——敬礼——"的口令；听到口令后，掌旗员（由扛旗换端旗）、护旗兵换正步，部队按照迎军旗的规定敬礼；当军旗离开距队列正面40~50步（或者队列正面中央适当位置）时，主持送军旗的指挥员下达"礼毕"的口令，部队礼毕，掌旗员（由端旗换扛旗）、护旗兵换齐步，返回原出发位置。

【思考题】

1. 军队颁布共同条令的意义有哪些？
2. 共同条令对当代大学生的影响有哪些？
3. 进行队列动作训练的目的是什么？
4. 阅兵训练的意义体现在哪里？

第八章 轻武器射击

【学习目标】

1. 了解轻武器的定义、种类及其自动原理。
2. 掌握简易射击原理。
3. 掌握轻武器射击的动作要领。

第一节 轻武器常识

轻武器，通常指枪械及其他各种由单兵或班组携行战斗的武器，又称轻兵器，主要装备对象是步兵，也广泛装备于其他军种和兵种。其主要作战用途是杀伤有生力量，毁伤轻型装甲车辆，破坏其他武器装备和军事设施。

一、轻武器的种类

（一）手枪

单手发射的短枪称为手枪，是近战和自卫用的小型武器，在50米内有良好的杀伤效果，在军队通常装备指挥员和特种兵。手枪按用途分为自卫手枪、战斗手枪和特种手枪，按构造可分为自动手枪（图8-1）和转轮手枪（图8-2）。

（二）步枪

步枪是步兵的基本武器，其枪管内刻有膛线，故又称线膛枪。步枪有效射程一般为400米，主要用以发射枪弹，杀伤暴露的有生目标；有时还可以发射枪榴弹，具有点面杀伤和反装甲能力；也可以使用枪刺、枪托杀伤敌人。步枪按自动化程度分为非自动、半自动和全自动三种，按用途分为普通步枪、突击步枪（图8-3）和狙击步枪（图8-4）。

图 8-1 中国 QSG92 式手枪

图 8-2 柯尔特左轮手枪

图 8-3 美国 M16 突击步枪

图 8-4 国产 88 式狙击步枪

(三) 冲锋枪

冲锋枪（图 8-5）是一种短枪管、发射手枪弹的抵肩或手持射击的轻武器，装备于步兵、伞兵、侦察兵、炮兵等。冲锋枪的基本特点可概括为体积小、重量轻、灵活轻便、携弹量大、火力猛烈，在 300 米内有良好的杀伤效力。

图 8-5　德国 HK MP5 冲锋枪

(四) 机枪

机枪是配有枪架、枪座或脚架并能实施连发射击的自动枪械。现代机枪一般有轻机枪、重机枪、通用机枪等。

轻机枪（图 8-6）是装备有两脚架的机枪，通常用于伴随步兵冲击和作为阵地上的机动火力和对空射击，战斗射术一般为 80~150 发/分，有效射程一般为 800 米，配用穿甲弹或穿甲燃烧弹，能对 500 米低空飞行的敌机进行射击，是步兵连以下主要自动武器之一。

图 8-6　M249 班用自动武器

重机枪（图 8-7）是装有固定枪架的机枪，是步兵分队的主要自动武器，战斗射速一般为 300~400 发/分，有效射程为 800~1000 米，可有力地压制和消灭敌人的火力点。

图 8-7　M2 勃朗宁机枪

(五) 火箭筒

火箭筒 (图 8-8) 是单兵使用的一种发射火箭弹的便携式反坦克武器，可发射火箭破甲弹、榴弹和其他火箭弹，其有效射程多为 300 米，用于在近距离打击坦克和装甲车辆，或摧毁工事和技术装备，杀伤有效目标。

图 8-8　俄罗斯 RPG-7 式 40mm 火箭筒

(六) 手榴弹

手榴弹是用手投掷的弹药，是近战的有力武器。手榴弹一般分为杀伤、反坦克、燃烧、发烟、照明、毒气等弹种。与其他武器相比，手榴弹的作战距离非常短，而且就同一枚手榴弹而言，其作用距离还取决于个人的投掷距离和准确度。杀伤手榴弹主要靠弹壳与引信组件破片的高速散射杀伤人员，也可用于摧毁或瘫痪装备。反坦克手榴弹垂直破甲厚度可达 120 毫米，对混凝土工事可穿透 500 毫米以上。

此外，轻武器还有喷火器、榴弹发射器等种类。

二、几种轻武器的性能与自动原理

(一) 81 式自动步枪

81 式自动步枪（图 8 – 9）是一种近距离消灭敌人的自动武器，既可对 400 米距离内的单个人员目标实施有效射击，也可集中火力射击 500 米距离内的集团目标，弹头飞行至 1500 米处仍有杀伤力。可实施点射，也可进行单发射击，还可发射枪榴弹。在 100 米距离上，使用 56 式普通子弹，可穿透 6 毫米厚的钢板、15 厘米厚的砖墙、30 厘米厚的土层或 40 厘米厚的木板。

(二) 56 式半自动步枪

56 式半自动步枪（图 8 – 10）是我军步兵分队装备较早的半自动轻武器，在 400 米内对单个目标射击效果最好，集中火力可射击 500 ~ 800 米的集团目标。每扣动扳机一次，发射一发子弹，不能打连发，战斗状态下每分钟发射 35 ~ 40 发。使用 56 式普通弹侵彻力和 81 式自动步枪相同。

图 8 – 9　81 式自动步枪

图 8 – 10　56 式半自动步枪

(三) 56 式冲锋枪

56 式冲锋枪（图 8 – 11）是我军装备较早的一种近战消灭敌人的自动武器。对单个目标在 300 米距离内实施点射，在 400 米距离内实施单发射效果最好，弹头飞行到 1500 米处仍有杀伤力。可实施单发射，也可实施点射；使用 56 式普通弹其侵彻力和 81 式自动步枪相同。

(四) 自动原理

扣扳机后，击锤打击击针，撞击子弹底火，点燃发射药，产生火药气体，推动弹头沿膛线向前运动。弹头一经过导气孔，部分火药气体通过导气孔，涌入导气箍，冲击活塞，推动推杆，使枪机向后压缩复进簧，完成开锁、抛壳，并使击锤成待发状态；枪机退到后方时，由于复进簧的伸张，使枪机向前运动，推送下一发子弹入膛、闭锁。半自动步枪此时由于击锤已被击发阻铁卡住，不能向前打击击针，若再次发射，必须松开扳机，再扣扳机。冲锋枪（自动步枪）如保险机定在连发位置，扳机未松开，击发阻铁不能卡住击锤，击锤再次打击击针，形成连发；如保险机定在单发位置，击锤被单发阻铁卡住不能向前，若再次发射，必须松开扳机，再扣扳机。

图 8-11　56 式冲锋枪

三、子弹

枪与子弹是不可分离的有机整体，二者互为条件才能发挥作用。子弹主要由弹头、弹壳、底火和发射药四部分组成。

弹头用以杀伤敌人的有生力量；弹壳用以容纳发射药，安装弹头和底火；底火用以点燃发射药；发射药用以燃烧后产生火药气体，推送弹头前进。

子弹的种类比较多，常用的有：普通弹，用以杀伤敌人的有生力量；曳光弹，主要用以试射和指示目标以及作信号用，曳光距离可达 800 米，命中干草能起火，弹头头部为绿色；燃烧弹，主要用以引燃易燃物体，弹头头部为红色；穿甲燃烧弹，主要用以射击飞机和轻装甲目标（在 200 米距离上穿甲厚度为 7 毫米），并能在穿透装甲后引燃汽油，弹头头部为黑色并有一道红圈。

除此之外，还有空包弹、教练弹、空炸弹等训练用的辅助弹。

四、保养擦拭

轻武器要保持良好的战斗状态，就必须做到"两勤四不"，即勤检查、勤擦拭，不碰摔、不生锈、不损坏、不丢失。

检查武器外部是否有污垢、锈痕和碰伤，尤其是准星和表尺是否弯曲和松动；检查枪膛内是否有污垢、生锈和损伤；检查各机件运行是否灵活，有无锈痕和损坏，要特别检查击针；检查附品是否齐全完好，子弹有无锈蚀、凹陷、裂缝和松动。

正常情况下，每周至少擦拭一次。实弹射击后应用油布将武器认真擦拭干净并上油，在以后的三四天内应每天擦拭一次，训练、演习后，应用干布和油布进行擦拭。擦拭后，可将武器放在通风干燥处晾干，严禁火烤和暴晒。

擦拭前，应分解武器。分解前必须验枪。按顺序和要领进行，不要强敲硬卸；分解下来的机件应按次序放在干净的物体上；除所规定的分解内容外，不准分解其他机件。

第二节　简易射击原理

一、发射与后坐

（一）发射

火药气体压力将弹头从膛内推送出去的现象叫发射。发射过程是：扣动枪的扳机，击针撞击子弹底火，使起爆药发火，火焰通过导火孔引燃发射药，产生大量的火药气体，在膛内形成很大压力，迫使弹头脱离弹壳，沿膛线旋转加速前进，直至推出枪口。

弹头脱离枪口前切面瞬间的速度，称为初速。决定初速大小的条件有弹头重量、装药重量、枪管长度和发射药燃烧的速度。初速是判定武器战斗性能的重要因素之一。弹头相同，初速越大，实用意义也就越大，主要表现在：一是能增加弹头的飞行距离；二是弹道更为低伸，使命中率提高；三是能减少外界条件对弹头飞行的影响；四是能加大弹头的侵彻力和杀伤力。

（二）后坐

发射时，武器向后运动的现象就是后坐。后坐形成的原因是：发射药燃烧时，气体同时作用于各个方向，作用于膛壁周围的压力为膛壁所抵消；向前作用于弹头后部的压力推送弹头前进；向后作用于弹壳底部的压力通过枪机传给整个武器，使武器向后运动，形成后坐。

后坐对单发（连发首发）射击的命中影响极小，对连发射击的命中却有一定的影响，因为连发射击时，第一发子弹射出后，由于枪身的明显后坐变动了原来的瞄准线，使第二发以后的射弹产生偏差。但只要射手据枪要领正确，适应连发武器射击时的后坐规律，就能减小后坐对连发命中的影响，提高连发射击精度。

二、弹道及实用意义

弹头在飞行运动中所经过的路线称为弹道。弹头脱离枪口后，一方面，受到地心吸引力的作用，逐渐下降；另一方面，受空气阻力的作用，越飞越慢。因此形成一条不均等的弧线，升弧较长较直，降弧较短较弯曲。

弹道的基本要素包括以下几个（图8-12）：（1）起点，枪口中心点（外弹道开始点）；（2）枪口水平面，通过起点的水平面；（3）射线，发射前枪轴线的延长线；（4）射角，射线与枪口水平面所夹的角；（5）发射线，发射瞬间枪，轴线的延长线；（6）发射角，发射线与枪口水平面所夹的角；（7）弹道最高点，枪口水平面上弹道最高的一点；（8）升弧，由起点到弹道最高点的弹道；（9）降弧，由弹道最高点到落点的弹道；（10）弹道高，弹道上任何一点到枪口水平面的垂直距离；（11）最大弹道高，弹道最高点到枪口水平面的垂直距离；（12）射程，起点到落点的水平距离；（13）落角，落点的弹道切线与枪口水平面的夹角。

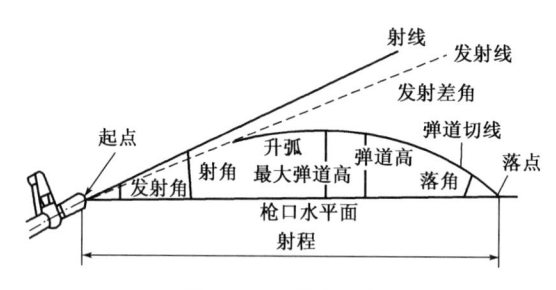

图8-12 弹道要素

弹道的实用意义还涉及危险界、遮蔽界和死角等问题。

危险界分为表尺危险界和实地危险界。瞄准线上弹道高没有超过目标高的部分，称为表尺危险界；在实际地形上弹道高没有超过目标高的部分，称为实地危险界。懂得了危险界、遮蔽界和死角，在战斗中就能更好地隐蔽身体飞发扬火力，灵活地运用地形地物，隐蔽地运动、集结和转移，以避开或尽量减少敌火力的杀伤，在组织火力配系时就能正确地选择射击位置和组织火力，千方百计地增大危险界和减少射击地带内的遮蔽界与死角，并善于运用弯曲弹道和各种武器的侧射、斜射火力消灭隐蔽在遮蔽界和死角内的敌人。

三、选定表尺分划和瞄准点

（一）瞄准具的作用

由于重力和空气阻力的作用，如果用枪管瞄向目标射击，射弹就会打低或打近。为了命中目标，必须将枪口抬高，使枪轴线和瞄准线之间形成一定的夹角，即瞄准角。

瞄准角的大小，是根据射弹在不同距离上的降落量来确定的。距离越远，所需要的瞄准角越大；距离越近，降落量越小，所需要的瞄准角也就越小。瞄准具就是根据这一原理设计制成的。可见，瞄准具的作用，就是对一定距离上的目标射击时赋予武器相应的瞄准角和射向。射击时，只要按照目标的距离装（选）定表尺分划瞄准射击，就能命中目标。

（二）瞄准要素

瞄准通常包括以下要素（图8-13）：（1）瞄准基线，缺口的上沿中央到准星尖的直线；(2) 瞄准线，视线通过缺口上沿和准星尖的延长线；(3) 瞄准点，瞄准线所指向的一点；(4) 瞄准角，射线与瞄准线的夹角；(5) 高低角，瞄准线与枪口水平面的夹角（目标高于枪口水平面时，高低角为正值；目标低于枪口水平面时，高低角为负值）；(6) 瞄准线上弹道高，弹道上的任何一点到瞄准线的垂直距离；(7) 落点，弹道降弧与瞄准线的交点；(8) 弹着点，弹道与目标表面或地面的交点；(9) 命中角，弹着点的弹道切线与目标表面或地面所夹的角，命中角通常以小于 90 度的角计算；(10) 表尺距离，起点到落点的距离；(11) 实际射击距离，起点到弹着点的距离。

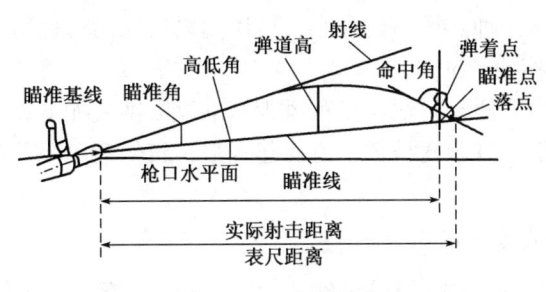

图 8 – 13　瞄准要素

(三) 操作要素

为了使射弹更准确地命中目标，射击时，射手应根据目标距离、大小和武器的弹道高，正确地选定表尺分划和瞄准点。

1. 定实距离表尺分划，瞄目标中央

目标距离为百米整数时，可根据目标的距离装定相应的表尺分划，瞄准点选在目标中央。如自动步枪对 100 米距离人胸靶射击时，定表尺 "1"，瞄准目标中央射击，即可命中目标中央。

2. 定大于或小于实距离表尺分划，适当降低或提高瞄准点

目标距离不是百米整数时，通常选定大于实距离表尺分划，根据武器和该距离上的弹道高，相应降低瞄准点射击。如冲锋枪在 250 米距离上对人胸靶射击时，定表尺 "3"，在 250 米处的弹道高为 19 厘米，这时，瞄准目标下沿中央射击，即可命中目标中央。

3. 定常用表尺分划，小目标瞄下沿中央，大目标瞄下部中央

战斗中，由于时间紧迫，而目标的距离也在不断地变化，有时来不及选定表尺。因此，对 300 米距离以内的目标射击时，通常定常用表尺分划，小目标瞄下沿中央，大目标瞄下部中央射击，即可命中。如自动步枪定常用表尺对 300 米内目标射击景况。

四、外界条件对射击的影响及修正

(一) 风对射击的影响及修正

风是一种具有速度和方向的气流，它能改变射弹的飞行方向和距离。在各种外界条件下，风对射弹的飞行影响最大。因此，必须准确地判定风向和风力，根据风对射弹的影响进行修正，以保证射弹准确命中目标。

1. 风向和风力的判定

按风吹的方向和射击方向所形成的角度，可分为横风、斜风和纵风。横风是指从左或右与射向成 90 度的风；斜风是指与射向成锐角的风；纵风是指从后或前与射向平行吹来的风。射击时，通常以射向成 45 度的风计算。风与射向成 60 度时，可按横风计算；小于 30 度时可按纵风计算。顺射向吹来的风为顺风；逆射向吹来的风为逆风。

在气象上把风划分为 12 个等级，在军事上为了便于区分和应用，按风力的大小划分为强风、和风和弱风三种。风力的大小，可用测风仪测出，也可根据人的感觉和常见物体被风吹动的情况来判定。

对风力的判定，为了便于记忆，以和风为基准风归纳成如下口诀：迎风能睁眼，耳听呼声响，炊烟成斜角，草弯树枝摇，海面起轻浪，旗帜迎风飘，强风比它大，弱风比它小。

2. 风对射弹的影响及修正

（1）横（斜）风对射弹的影响及修正。横（斜）风能对弹头的侧面施以压力，使射弹偏向一侧，产生方向偏差（斜风还能使射弹产生距离偏差，因偏差很小，故不考虑）。风力越大，距离越大，偏差也就越大。风从左吹来，射弹偏右；风从右吹来，射弹偏左。为了运用方便，根据不同距离上的修正盘，将在横和风条件下，对 400 米内目标射击时的瞄准景况归纳成如下口诀：一百不用修，二百瞄耳线，三百瞄边沿，四百边接边。

（2）纵风对射弹的影响及修正。纵风能影响射弹的飞行距离。顺风时，空气阻力较小，使射弹打远（高）；逆风时，空气阻力较大，使射弹打近（低）。但在近距离内，风速为 10 米/秒时，纵风对射弹影响很小，一般可不修正。对远距离目标射击时，适当降低或提高瞄准点。

（二）光对射击的影响及克服办法

1. 阳光对瞄准的影响

在阳光下瞄准时，由于阳光照射作用，缺口部分产生虚光，形成三层缺口：虚光部分、真实部分和黑实部分。如不注意辨清真实缺口的位置，就容易产生误差，使射弹产生如下偏差：（1）若用虚光瞄准，射弹就偏向阳光照来的方向。阳光从右上方照来时，缺口的左边和上沿产生虚光，用虚光部分瞄准，准星实际上偏右高，因此射弹偏右上；阳光从左上方照来时，用虚光部分瞄准，射弹则偏左上。（2）若用黑实部分瞄准，射弹就偏向阳光照来的相反方向。阳光从右上方照来时，用黑实部分瞄准实际上偏左低，因此射弹偏左下；阳光从左上方照来时，射弹则偏右下。（3）在阳光照射下，缺口和准星尖同时产生虚光时，若用虚光部分瞄准，射弹偏低；若用黑实部分瞄准，射弹偏高。

2. 克服方法

（1）可在不同方向的阳光照射下瞄准，采取遮光瞄准不遮光检查，或不遮光瞄准遮光检查的方法，反复练习，确实辨清真实缺口的位置和正确瞄准的景况；

(2) 平正准星与缺口要细致，但瞄准时间不宜过长，以免眼花而产生误差；
(3) 平时要注意保护好瞄准具，不使其磨亮而反光。

(三) 气温对射弹的影响及修正

1. 气温对射弹的影响

气温变化，空气密度也随之变化，对射弹的阻力也就不同。气温升高时，空气密度减小，射弹在飞行中受到的空气阻力就减小，射弹就打得远而高；反之，射弹就打得近而低。

2. 修正方法

由于各地区各季节的气温不同，很难与标准气温（±15℃）条件相符。因此，应当在当地的气温条件下矫正武器的射效，并以矫正射效时的气温条件为准。射击时，若气温差别不大，在400米内对射弹命中的影响极小，不必修正。若气温差别很大或对远距离目标射击时，应适当提高或降低瞄准点射击。

第三节　武器操作与实弹射击

一、验枪

(一) 验枪的基本知识

验枪是一项保证安全的重要措施。在使用武器前后及必要时均应进行验枪，认真检查弹膛、弹匣和教练弹中有无实弹。验枪时严禁枪口对人。步枪和冲锋枪的验枪、射击准备通常都是在操枪基础上实施的。操枪就是指武器携带者携带枪支的动作和方法。对步枪和冲锋枪来说，通常分为肩枪、持枪、背枪（图8–14）、提枪（图8–15）。

图8–14　背枪　　　　　　图8–15　提枪

听到"背枪"的口令时，左手在右臂前握背带，右手掌心向后移握准星座，两手协力将枪上提，左手掌心向后握准星座，左手在左肩，两手放下，成背枪立正姿势。听到"肩枪"的口令时，右手掌心向后握准星座，左手在左肩前握背带，两手协力将背带从头套过，落在右肩，右手移握背带，左手放下，成肩枪立正姿势。

（二）步枪、冲锋枪验枪方法

1. 81 式自动步枪的验枪基本方法

听到"验枪"的口令后，以右脚掌为轴，身体半面向右转，左脚顺势向前迈出一步（两脚约与肩同宽），同时右手移握护木，将枪向前送出（背带从肩上脱下），左手接握下护木，左大臂紧靠左肋，枪托贴于右胯，准星约与肩同高，右手掌心向下，虎口向前，开保险，卸下弹匣交给左手握于护木右侧，移握机柄。检查时，拉枪机向后，验过后，自行送回枪机，装上弹匣，扣扳机，关保险，移握枪颈。

听到"验枪完毕"的口令后，左手反握护木，将枪倒置于胸前，上背带环约与肩同高，右手拇指挑起背带，身体半面向左转，在右脚靠拢左脚的同时，两手协力将枪送上右肩，恢复肩枪姿势。

2. 56 式冲锋枪的验枪方法

听到"验枪"口令后，以右脚掌为轴，身体半面向右转，左脚顺势向前迈出一步（两脚约与肩同宽），同时右手移握上护木，将枪向前送出（背带从肩上脱下），左手接握下护木，左大臂紧靠左肋，枪托贴于右胯，准星约与肩同高，开保险，卸下弹匣后交给左手握于护木右侧，右手移握机柄。检查时，拉枪机向后，验过后，自行送回枪机，装上弹匣，扣扳机，关保险，移握枪颈。

听到"验枪完毕"口令后，左手反握上护木，将枪倒置于胸前，右手挑起背带，身体半面向左转，在左脚靠拢右脚的同时，两手协力将枪送上右肩，恢复肩枪姿势。

二、射击准备

（一）向弹匣内装子弹

射击之前应该先正确地向弹匣内装填子弹，如果子弹装得不好，在射击中会出现卡壳或不上膛的情况，进而影响射击效果。向弹匣内装子弹，通常用跪姿。在听到"装填子弹"的口令后，右手移握护木，使枪口向前（背带从肩上脱下），同时左脚向前迈出一步，右膝向右跪下，臀部坐在右脚跟上，右手将枪置于左腿内侧，枪面向里卡于左肩。右手从弹袋内取出空弹匣或从枪上卸下空弹匣，使弹匣门向上，挂耳向左前交给左手。右手取子弹使弹底向左前放在弹匣口上，两手协力将子弹压入弹匣内。装好后，将弹匣装入弹匣袋内并扣好，左手扶左膝，右手握上护木，目视前方。听到"起立"口令后，迅速起立，恢复肩枪姿势。

（二）跪姿装退子弹

在听到"跪姿装子弹"口令后，右手将枪提起，左脚向右脚前方迈出一步，右手将枪向目标方向送出，左手接握表尺下方，同时右膝跪下，臀部坐在右脚跟上，左小腿略垂直，两腿约成90度，左小臂放在左大腿上。准星约与肩同高，然后，按要领装子弹，关保险，定表尺，右手移握枪颈，目视前方，准备射击。

在听到"退子弹起立"口令后，按要领退出子弹，开保险，扣扳机，关保险，复回表尺，右手移握上护木，左脚尖向外打开，同时起立，在右脚靠拢左脚的同时，恢复持枪姿势。

（三）立姿装退子弹

在听到"立姿装子弹"口令后，右手移握上护木，以右脚掌为轴，身体大半面向右转，左脚顺势向前迈出一步，使两脚与肩同宽，重心落在两脚上。右手将枪向目标方向送出（背带从肩上脱下），左手接握下护木，左大臂紧靠左肋，枪托贴于胯骨，准星略与肩同高。然后，按要领打开枪刺，换上实弹匣，开保险，送子弹上膛，关保险，定表尺，右手移握握把，目视前方，准备射击。

听到"退子弹起立"口令后，按要领卸下实弹匣，开保险，退出子弹，换上空弹匣，押扳机，关保险，复回表尺，右手折回枪刺。右手移握上护木，身体大半向左转，左手反握上护木，将枪倒置于胸前，右手挑起背带，在右脚靠拢左脚的同时，两手协力将枪送上右肩、恢复肩枪立正姿势。

（四）卧姿装退子弹

在听到"卧姿装子弹"口令后，右手移握护木，使枪口向前（背带从肩上脱下），左脚向右脚前迈出一大步（也可右脚顺脚尖方向迈出一大步），左手在左脚尖前支地，顺势卧倒，以身体左侧、左肘支持全身。右手将枪向目标方向送出，左手接握下护木打开枪刺，右手卸下空弹匣，使弹匣门朝后交给左手握于护木右侧，解开弹袋扣，换上实弹匣，将空弹匣装入弹袋内并扣好，开保险，拉枪机送子弹上膛，关保险，右手拇指和食指转动表尺转轮，使所需分划对正表尺座一侧定位。然后，右手移握握把，全身伏地，两脚分开约与肩同宽，身体右侧与枪略成一线，目视前方，准备射击（图8-16）。

听到"退子弹起立"口令后，稍向左侧身，右手卸下实弹匣交给左手，打开保险，拇指慢拉枪机向后，同时接住从膛内退出的子弹（图8-17），送回枪机，将子弹压入弹匣内，解开弹袋扣，取出并换上空弹匣，把实弹匣装入弹袋内并扣好，扣扳机，关保险，复回表尺。右手移握上护木，将枪收回，同时左小臂向里合；屈左腿于右腿下，以左手和两脚撑起身体，右脚向前一大步，左脚再向前一步，左手反握护木，将枪倒置于胸前，右手拇指挑起背带，在右脚靠拢左脚的同时，两手协力将枪送上右肩，恢复肩枪姿势。

图8-16 卧姿装子弹　　　　　　图8-17 接住退出的子弹

三、据枪、瞄准、击发

为了获得更好的射击效果，应该充分利用地物构筑掩体实施射击。掩体的高低应以射手的身体而定，通常为 25～30 厘米。

（一）据枪

1. 跪姿据枪

跪姿有掩体据枪时，通常跪左膝，身体的左侧紧靠掩体前边，右小腿垂直或右脚向右后方蹬，两肘抵在臂座上。

跪姿无掩体据枪时，左手托握下护木或弹匣，左肘平面略过左膝盖前或膝盖后，使枪、左小臂、左小腿略在同一垂直面上。右手握握把，大臂自然下垂，上体稍前倾，两手正直向后用力，使枪托确实抵于肩窝（图 8-18）。

2. 立姿据枪

立姿有掩体据枪时，左腿微屈，上体左侧紧靠掩体前边，右脚向后蹬，两肘抵在臂座上。

立姿无掩体据枪时，左手握弹匣，大臂紧靠左肋，小臂尽量里合于枪身下方，也可左手托握下护木，大臂不靠左肋。右手握握把，大臂自然抬起，两手正直向后用力，使枪托确实抵于肩窝外侧（图 8-19）。

图 8-18 跪姿无掩体据枪　　图 8-19 立姿无掩体据枪

3. 卧姿据枪

卧姿有掩体据枪时，下护木放在掩体上，身体右侧与枪身略成一线。左手握弹匣（也可握下护木），左肘着地外撑。右手拇指将保险机扳到所需要的位置，虎口向前紧握握把，食指第一节靠在扳机上，右大臂略成垂直，右肘着地外撑，两肘保持稳固。胸部挺起，身体稍前跟，同时要求右肘不离地，上体自然下塌，两手用力保持不变，使枪托确实抵于肩窝。头稍前倾，并且贴腮（图 8-20）。

卧姿无掩体据枪时，左手托握弹匣或下护木，小臂尽量里合于枪身下方，小臂与大臂约成90度，将枪自然托住。右手握握把，大臂略成垂直，两肘保持稳固。两手正直向后用力，使枪托确实抵于肩窝，自然贴腮（图8-21）。

图8-20 卧姿有掩体据枪　　　　　　图8-21 卧姿无掩体据枪

（二）瞄准

正确一致地瞄准是准确射击的核心。右眼通视缺口和准星，使准星尖位于缺口中央并与上沿平齐，指向瞄准点，就是正确瞄准。

据枪后，应首先使瞄准线自然指向目标。若未指向目标，不可迁就而强扭枪身，必须调整姿势。需要修正方向时，可左右移动身体或两肘。需要修正高低时，可调整掩体，前后移动整个身体或两肘里合、外张（连发射击时，右肘不宜外张），也可适当移动左手的托枪位置。瞄准时，应集中主要精力于准星与缺口的平正关系上。如果集中主要精力于准星与目标的关系上，就会忽略准星与缺口的平正关系，使射弹产生偏差。

若准星与缺口的关系不正确，对命中影响很大。准星偏右，弹道偏左，射弹偏差量的大小与射击距离的远近和瞄准基线的长短有直接关系。若准星与缺口的关系正确，而瞄准线指向产生偏差时，射弹也会产生偏差，射弹的偏差与瞄准线指向的偏差相一致。

（三）击发

击发是射击的最后一个关节，击发动作的正确与否直接关系到射击的效果。做击发的动作时，用右手食指第一节均匀正直地向后扣压扳机（食指内侧与枪应有不大的空隙），余指力量不变。当瞄准线接近瞄准点时，开始预压扳机，并减缓呼吸。当瞄准线指向瞄准点时，应停止呼吸，继续增加对扳机的压力，直至击发。击发瞬间应保持正确一致的瞄准。当瞄准线偏离瞄准点或不能继续停止呼吸时，应既不增加也不放松对扳机的压力，待修正或换气后，再继续扣压扳机。

连发武器操纵点射时，应稳扣快松，扣到底松开为2~3发。在击发时，应始终保持姿势稳固，据枪力量不变，瞄准不变，以提高连发射击命中精度。不能猛扣扳机，因为猛扣扳机会使枪身扭动，射弹就会产生偏差。当点射的时候，我们要保持正常的心态，不要因为猛扣或猛松扳机而造成据枪变形。

四、常见错误及纠正

（一）抵肩、贴腮位置不正确

射击时，射手若不能正确地抵肩、贴腮，会使射弹产生偏差。在通常情况下，抵肩过低易打低，抵肩过高易打高。贴腮用力过大易打左高。

纠正：要反复体会正确的抵肩位置，并通过他人摸、推的方法检查抵肩位置是否正确，强调贴腮要自然。

（二）两手用力不当

射击时，射手为了命中目标，往往强力控制枪的晃动，造成肌肉紧张，用力方向不正。姿势不稳，使枪产生角度摆动，增大射弹散布。

纠正：强调射手的据枪要正直向后适当用力，两手的用力方向应和武器的后坐方向一致，练习时，射手据枪后由协助者向后推枪、拉枪机，也可射手自己两手向后引枪，检查用力方向是否正确。

（三）停止呼吸过早

射击时，停止呼吸过早易造成憋气，使肌肉颤动，据枪不稳或猛扣扳机，破坏正确一致的瞄准，进而影响射击效果。

纠正：应使射手反复体会在瞄准线指向瞄准点或在瞄准点附近轻微晃动时，自然停止呼吸的要领。

（四）枪面倾斜

射击时，如枪面倾斜，会使射弹产生偏差。通常情况，枪面偏左，弹道偏左下；枪面偏右，弹道偏右下。

纠正：强调射手据枪时应保持枪面平正。

（五）耸肩、眨眼和猛扣扳机

射击时，射手过多地考虑枪响时机等，会造成心情紧张，容易产生耸肩、眨眼和猛扣扳机等错误动作，影响射弹命中。

纠正：应强调按要领操作，有针对性地做好思想工作，提醒射手不要过多地考虑射击成绩和枪响，应强调按照要领据枪，把主要精力、视力集中在准星与缺口的正确关系上，实现自然击发。做到有知有觉地扣，不知不觉地响。

（六）击发时机掌握不好

无掩体射击时，有的射手常因捕捉瞄准点，造成勉强击发或猛扣扳机，使射弹产生偏差或脱靶。

纠正：应指出瞄准线的指向在瞄准点附近轻微晃动是正常现象，当瞄准线在瞄准点附近轻微晃动时，应做到适时击发。练习时，可让射手反复体会在保持准星与缺口平正关系的基础上，自然指向瞄准点的情况。也可用加强臂力锻炼或采取逐步缩小瞄准区的辅助练习方法，摸索枪的晃动规律，掌握击发时机。

五、实弹射击有关规定和安全措施

(一) 实弹射击的一般规定

(1) 各种武器对不动目标的实弹射击,可在良好天气条件下实施;其他练习,不受天气条件的限制,应结合担负的任务实施,特别要探讨恶劣气候条件下的射击与射击指挥。

(2) 实弹射击时,必须使用手中武器,如因武器机件损坏或射效不合格而又无法矫正,射手需要更换武器时,必须经有关领导批准。

(3) 目标设置,除胸环靶纸可留白边外,其他靶型的靶纸一律不准留白边,并不得以胸环靶代替胸靶。

(4) 组织实弹射击时,射手进到出发地线后,指挥员令发弹员发弹,并规定射击目标,发出准备射击信号,待靶壕出示红旗或用其他规定的方法发出可以射击的信号后,下达向射击地线前进的口令。射手进入射击地线后,按指挥员的口令做好射击准备。指挥员按规定时间发出开始射击的口令或显示目标的信号,射手即行射击,射击完毕在原地验枪。验枪后,发出报(检)靶信号。

(5) 战斗射击,是融技术、战术于一体的射击练习,目标设置要尽量符合战术要求,锻炼射手在近似实战条件下,独立地观察目标、测定距离、装定表尺、选择姿势,迅速准确地消灭各种目标的技能。

(6) 凡规定有点射次数的射击,每出现一次单发,算一次点射。超过一次点射,降低成绩一等。凡有时间限制的练习,规定时间一到,指挥员应立即下达停止射击的口令,射手应立即停止射击。

(7) 射击中发生故障,如属射手操作原因,应自行排除后继续射击;如属武器、弹药或靶子等原因,扣除排除故障的时间,补发弹药后继续射击,如条件不允许,也可重新射击。

(8) 对胸环靶射击时,命中环线算内环。跳弹命中靶子不算成绩。射手打错靶算脱靶。被打错者,如当时能判明打错的弹着,即扣除;如当时不能判明打错的弹着,应扣除超过发射弹数的弹着,如系环靶,扣除环数最少的弹着。

(二) 射击场的组织和安全规则

(1) 射击场必须具备可靠的靶档和确保安全的靶壕及掩蔽部,并应避开高压线和其他重要设施。

(2) 实弹射击前,必须仔细搜索靶场警戒区,派出警戒,设置警戒旗。必要时,应预先将射击开始和结束的时间、危险区域及射击场的有关信号,通知当地有关单位。

(3) 射击前后必须验枪。无论枪内有无子弹,射手都不得将枪口对人。严禁将装有实弹的武器随意放且或交给他人。严禁将实弹和教练弹混在一起。没有指挥员的命令,射手不得装弹。报靶时,严禁在射击地线摆弄武器或向靶区瞄准。

(4) 射击前,应向全体人员明确规定开始射击、停止射击、报靶和射击终止等各种信号。

（5）射击场应标示出发地线和射击地线，无关人员不得越过出发地线。

【思考题】

1. 你所知道的轻武器有哪些？
2. 射击时的瞄准要素有哪些？
3. 影响射击的外界条件有哪些？如何对其进行修正？
4. 实弹射击时的常见错误有哪些？如何纠正？
5. 进行实弹射击时，有哪些需要注意的？

第九章　战备基础与军事地形图

【学习目标】

1. 了解战备等级和战备热词。
2. 掌握地形图的基本知识。
3. 学会使用地形图。

第一节　战备基础

战备，又称战争准备或作战准备，通常包括物质准备、组织准备和精神准备，即军事、经济、政治、科学技术、思想、教育等方面的准备。战备，也是平时基于应对可能发生的战争或军事突发事件而进行的准备和戒备。

一、战备等级规定

战备等级是部队战备程度的区分。全军战备等级分为四级战备、三级战备、二级战备、一级战备。

（一）四级战备

四级战备即国外发生重大突发事件或者我国周边地区出现重大异常，有可能对我国安全和稳定带来较大影响时部队所处的战备状态。

部队四级战备的主要工作有：进行战备教育和战备检查；调整值班、执勤力量；加强战备值班和情况研究，严密掌握情况；保持通信顺畅；严格边境管理；加强巡逻警戒。

（二）三级战备

三级战备即局势紧张，周边地区出现重大异常，有可能对我国构成直接军事威胁时，部队所处的战备状态。

部队三级战备的主要工作有：进行战备动员；加强战备值班和通信保障，值班部队能随时执行作战任务；密切注视敌人动向，及时掌握情况；停止休假、疗养、探亲、转业和退伍，控制人员外出，做好收拢部队的准备，召回外出人员；启封、检修、补充武器装备器材和战备物资；必要时启封一线阵地工事；修订战备方案；进行临战训练，开展后勤、装备等各级保障工作。

（三）二级战备

二级战备即局势恶化，对我国已构成直接军事威胁时，部队所处的战备状态。

部队二级战备的主要工作有：深入进行战备动员；战备值班人员严守岗位，指挥通信顺畅，严密掌握敌人动向，查明敌人企图；收拢部队；发放战备物资，抓紧落实后勤、装备等各种保障；抢修武器装备；完成应急扩编各项准备，重要方向的边防部队按战时编制齐装满员；抢修工事，设置障碍；做好疏散部队人员、兵器、装备的准备；调整修订作战方案；抓紧临战训练；留守机构展开工作。

（四）一级战备

一级战备即局势崩溃，针对我国的战争征候十分明显时，部队所处的战备状态。

部队一级战备的主要工作有：进入临战战备动员；战备值班人员昼夜坐班，无线电指挥网全时收听，保障不间断指挥；运用各种侦察手段，严密监视敌人动向，进行应急扩编，战备预备队和军区战备值班部队，按战时编制满员，所需装备补充能力优先保障；完成阵地配系；落实各项保障；部队人员、兵器、装备疏散隐蔽伪装；留守机构组织人员向预定地区疏散；完善行动方案，完成一切临战准备，部队处于待命状态。

二、战备常识

党的二十大报告指出，全面加强练兵备战，提高人民军队打赢能力。关心并做好战备工作，是党和国家、民族和人民、军队和百姓共同的责任与义务。通常，作为本国公民尤其是当代大学生尽量多熟悉些战备常识，把握好某些与战备、所学专业有关的战备工作内容与要求，必能在提高自身能力素质的同时，有效夯实着备战打仗、打赢的实力基础。

（一）紧急集合

紧急集合是《中国人民解放军内务条令（试行）》规定的内容，是部队在紧急情况下迅速进行的集合，是应对突然情况的一种紧急行动，是军队、警察或其他准军事化组织在非常规状态下或演习情形下突然实行的集合。紧急集合通常以警报、哨声等为信号，在极短的时间内对所属部队或一定范围内的人员按备勤要求进行集中，一般要求集合人员按规定着装，佩戴相关武器或装备。具体些讲，部（分）队首长应当预先制定紧急集合方案，通常规定下列事项：一是紧急集合场的位置、进出道路及其区分；二是警报信号和通知的方法；三是各分队（全体人员）到达集合场的时限；四是着装要求和携带的装备、物资、粮秣数量；五是调整勤务的组织和通信联络方法；六是值班分队的行动方案；七是警戒的组织，伪装、防空和防核、防化学、防生物及防燃烧武器袭击的措施；八是留守人员的组织、不能随队伤病员的安置和物资的处理工作。

紧急集合的演练在我国部队及军事院校、公安院校往往作为新成员的必修课之一，对保持队伍的战斗力以及纪律性有着重大的意义。

紧急集合既是部队规定，也逐渐成了常识：部队（包括民兵和高校军训学生）接到紧急集合命令（信号），应当迅速而有秩序地按照紧急集合的有关规定，准时到达指定位置，完成战斗或者机动的准备；部队首长根据情况及时增派或者撤收警戒；督促全体人员迅速集合；检查人数和装备；采取保障安全的措施；指挥部队迅速执行任务。为锻炼提高部队紧急行动能力，检查战斗准备状况，通常连级单位每月、营级单位每季度、旅（团）级单位每半年进行1次紧急集合。

(二) 战备热词

鉴于战备和战备工作涉及众多政治、经济、军事、科技、文化等维度、层级和领域，战备热词也必然与众多维度、领域、层级乃至军队地方的方方面面有关。

(1) 战备建设规划，是各种战备建设规划的统称，主要包括军队建设规划、战场建设规划、战备交通建设规划、武器装备发展规划等。

(2) 战备工程，是国家和军队为战备需要而修建的各种工程的统称，包括设防工程、后方工程、交通工程、通信工程、人防工程等，是战备建设的组成部分。

(3) 战备制度，是军队为进行战争准备而颁发的各种制度和规定的统称，如情报报知、警报发放、战备等级、战备值班等制度或规定。

(4) 战场工程建设，指在预定战场进行工程建设，主要包括构筑防御阵地、指挥和防护工程，修筑道路、桥梁、机场、港口、码头、仓库、医院、通信系统等。

(5) 交通战备建设。世界范围内的局部摩擦和战争不断出现，国际局势复杂多变，加强交通战备应急应战能力建设，既是当前和今后交通战备工作的关键，也是适应新时期"能打仗、打胜仗"的必然要求。交通运输无论在平时还是在战时都是制胜的基础保证力量，交通战备系统的反应快、保障力强是国家交通战备工作的出发点和落脚点。

(6) 预警探测战备。平时与战时相结合，动员组织各方面力量认真做好预警探测方面的战备工作，在尽可能远的警戒距离，及时准确地探测到来袭目标，判断真伪，测定有关参数和处理情报信息，并将其迅速报知军事情报指挥机构或传递给打击兵器，为国家决策机构和高级军事指挥部门提供决策支撑的准确情报或为打击兵器提供准确的操控参数，是我军掌握战争主动权、避免被动挨打的手段和前提，是国家防御体系的重要组成部分，是防备敌方突然袭击的第一道防线，是努力争取战争胜利的重要保证。

第二节 军事地形图

一、地形对作战行动的影响

我国领土总面积达1045万平方公里。在我国领土中，陆地面积为944万平方公里，岛屿为7.54万平方公里，滩涂为1.27万平方公里，内海为69.3万平方公里，领海为27万平方公里。我国在地形资源上是极为丰富的，有平原、山地、山林地、丘陵地、石林地、高原、盆地、黄土地、岛屿和海岸、水网稻田地、沼泽地、居民地、江河与湖泊、沙漠与戈壁滩草原等多种复杂的地形。不同的地形条件会对作战行动产生各种不同的影响。

（一）平原

地面平坦宽广、海拔一般在200米以下的地区叫平原。我国平原面积占全国总面积的12%，主要有长江中下游平原、华北平原和东北平原。

平原的主要特点是：地面平坦，人口密集，交通发达，物产丰富，大部分为可耕地。北方平原，地势开阔，起伏和缓，间有小的冈丘、垄冈，道路四通八达，耕地多为旱田，地下水位较低。南方平原，江河、湖泊遍布，沟渠纵横，除公路外，乡村路窄而弯曲，且多桥梁，耕地大部分为水网稻田地，地下水位较低。

平原对作战行动的有利影响是：便于组织指挥和通信联络；便于机动，适应于机械化部队和大兵团作战；便于发挥直射火力的优势；平原对作战行动的不利影响是：不便于隐蔽，容易暴露目标；对化学武器、核武器防护能力比较差；不便于防空袭；不易选择良好的观察所；易攻难守。

（二）山地

一般来说，高差在200米以上的高地叫山，群山连绵交错的地区叫山地。我国山地面积占全国总面积的33%，主要的山脉有：东北的大、小兴安岭和长白山；北部的阿尔泰山、阴山和燕山山脉；西部的天山、昆仑山、唐古拉山和喜马拉雅山；西南的横断山；东南的南岭和武夷山；中部的有秦岭、太行山、大别山等。

山地的主要特点是：山高坡陡，地形断绝，山顶高耸，纵横起伏，道路稀少，尤其是铁路、公路少见，大多为山村小路。我国山地高程多在1000米以上，西部山地高程多在4000米以上。

山地对作战行动的有利影响是：山地便于伪装、隐蔽，便于观察，便于选择良好的制高点，便于构筑坚固坑道工事，便于原子武器、化学武器的防护，易守难攻。山地对作战行动的不利影响是：由于山高坡陡，道路狭窄，不便于部队机动；不便于部队指挥和协同作战；山地作战容易迷失方向；容易造成射击死角；不便于战斗物资的运送。

（三）丘陵地

地面起伏较缓，高差一般在200米以下的高地叫丘陵。许多丘陵错综连绵的地区叫丘陵地。我国丘陵地面积约占全国总面积的10%。较大的丘陵地有东南丘陵地、胶东丘陵地和辽西丘陵地。

丘陵地的特点是：高差不大，山顶圆浑，谷宽岭低，坡度平缓，断绝地少，山脚多为耕地、梯田和谷地，是介于平原和山地之间的过渡地形。丘陵地区，一般人烟较稠密，农产品丰富，居民地多依山傍谷，大的城镇多在广阔的谷地和水陆交通要冲；交通比较发达，仅次于平原；江河水流缓慢，河面较宽，河道弯曲，多浅滩。

北方丘陵（辽西丘陵、胶东丘陵地区）多为土质丘陵；南方丘陵（浙江、江西、福建、广东、湖南等）多为石质丘陵。南方丘陵树木较多，如茶林、小松树林、灌木林、草丛、山脚水稻田、梯田；北方丘陵树木、草丛较少，多为旱田。

丘陵地对作战行动的有利影响是：便于隐蔽；便于兵力兵器配置；便于诸兵种联合协同作战；便于观察指挥和通信联络；便于防空袭、防原子武器、防化学武器。丘陵地对作战行动的不利影响是：不便于机械化部队集结和机动。丘陵地是便于进攻和防守的有利地形。

（四）山林地

树林聚生的山地叫山林地。

山林地的特点与山地基本相似，但山地的地形更隐蔽，人烟更稀少，交通更不便。南方热带山林地，山高坡陡，谷深岭宽，林密革深，荆棘丛生，藤萝交织，河系纵横，路窄多弯，多雨多雾多毒虫；北方山林地，山岭较平坦、浑圆，土壤层较厚，地形割裂程度较小，气候寒冷，冬季较长，积雪较厚。

山林地对作战行动的有利影响是：便于隐蔽观察；便于迂回包围、穿插分割；便于控制要点，据险扼守；便于构筑工事，设置障碍，制作简易器材；便于采集野生食物，野战生存；便于对原子武器、化学武器进行防护。山林地对作战行动的不利影响是：不便于部队机动和作战；不便于观察射击；不便于通信联络；对电子信息传导有一定的阻碍和屏蔽作用；森林易引起火灾。

（五）水网稻田地

江河沟渠纵横交错，湖泊、池塘密布，遍地水稻田的地区叫水网稻田地。

水网稻田地的特点是：地势平坦开阔，河渠相连，岸堤不高，稻田积水、泥深，公路较少，乡村小路多蜿蜒于两岸和田埂，桥梁、涵洞较多，人口较稠密。居民地多分布于道路和河流两侧，农产品丰富。

水网稻田地对作战行动的影响是：地势平坦，展望良好，视界、射界均较开阔，但不易选择良好的观察所、指挥所和火炮发射阵地，直射火器不便实施超越射击；由于河渠交错、岸陡水深、河底淤泥，形成断绝地形，严重影响诸兵种的机动，特别是机械化、装甲、炮兵部队的越野运动极为困难，进攻部队的战斗队形易被河渠分割，不利于指挥、联络和协同；部队连续通过泥泞稻田，体力消耗大，运动速度低；道路易被破坏，工程保障难度大，但便于步兵分队、轻便炮兵或船载炮兵、水陆坦利用河流、沟渠实施水上机动；由于地下水位高，防御时不易构筑坚固工事，防御配置易受水网分割，但可以利用河流、沟渠、湖泊等天然障碍组织防御；居民地、小高地、土丘等，常为防御的依托，有些居民地是水陆交通的枢纽，更是攻防双方争夺的要点。水网稻田地对原子武器、化学武器的防护作用与平原地区相近，但是水有利于吸收辐射热和洗消，故其消除袭击后果的条件相对较好。

（六）居民地

人们按照生产和生活需要而形成的集聚定居的地区叫居民地。根据性质和人口多少，可以分为城市、集镇、村庄等。

大的城市居民地常是某一地区的政治、经济和文化中心，又多为交通枢纽；一般依山、临河或滨海、濒湖而筑，人口众多，房屋密集，建筑物高大而坚固，还有地下建筑和防空工事设施，街道排列整齐，纵横交叉，交通方便，有机场、港口、铁路、公路等运输设施。中小城市通常都有公路或铁路相通。

集镇一种较大的居民地，房屋较多，其建筑形式比较简单。山地的集镇，街道比较曲折，房屋布置分散；平原上的集镇，一般都近道路或江河两侧，街道比较平直，房屋密集，交通发达，一般都有公路、大车路、乡村路或水路相通。

村庄是较小的居民地。北方村庄多平房、院墙，部分有土围、寨墙，建筑材料多为土坯、砖石，房顶覆盖较厚，比较坚固；南方村庄部分有楼房，沿海地区建筑材料多为砖石、水泥，山区多为砖木、泥瓦。

居民地对作战行动的影响程度决定于它的大小、所在位置、建筑物状况和附近地形条件等。大的居民地通常是攻、防要点，也是敌人航空兵、炮兵、导弹和原子武器、化学武器袭击的目标。居民地便于构成坚固的防御阵地，利于近战、夜战小分队战斗活动；利用城市电信设备可以组织部队通信联络，便于军队宿营和后勤补给，但是观察、指挥和协同不便，战斗队形易被分割，城市附近的高地、隘路、交通枢纽、桥梁、渡口和机场、火车站、发电厂、水源及重要的工业区等，常成为攻、防双方争夺的要点。

居民地对原子武器的防护能力主要取决于建筑物的坚固程度和有无地下建筑等。通常居民地能缩小杀伤范围，但是易造成间接杀伤和引起火灾，庭院和街巷易滞留毒剂和放射性污染物质。

（七）岛屿和海岸

散列于海洋、江河、湖泊中的陆地，面积大的叫岛，面积小的叫屿。海水面与陆地接触的滨海地带，海岸；海边多年形成的大潮高潮线，叫海岸线。

1. 岛屿的地形特点和对作战行动的影响

岛屿的地形特点是：四面环水，面积狭小。多数为列岛或群岛，少数为孤岛；一般岛上多山，坡度陡峻，地形复杂；岸线弯曲，岸陡滩狭；道路少，且曲折狭窄；居民少，物产有限，淡水缺乏；多数岛上土壤贫乏，植被较少，但热带地区的岛上多茂密丛林；岛屿气象复杂多变，夏季台风威胁较大；有些岛屿之间水浅礁多，航道狭窄。

岛屿对战斗行动的影响主要取决于岛屿的位置、形状、大小、岛上地形及港湾、交通和给水条件等。一般来说，岛屿利于防御不利于进攻。由于岛上多山，地形险要，登陆地段少，便于依托有利地形，构筑以坑道为骨干，组成完整、坚固的防御阵地，凭险固守；但四面环水，军队机动和补给受限制，岛与岛之间通信联络不便，协同和指挥困难，易被封锁围困。对进攻一方而言，由于岸滩或陡狭，或泥泞，登陆上岸和向纵深发展易受限制；航渡时，战斗队形易遭对方空中和海上的火力袭击；风浪和海潮会影响部队的航渡和增加疲劳；敌前上陆，背水攻击，增加了进攻战斗的艰巨性。

2. 海岸的地形特点和对作战行动的影响

海岸对战斗行动的影响主要取决于海岸的性质和曲折程度、港湾的大小与设备、滨海地形、近岸岛屿及潮汐情况等。依其性质，海岸可以分为泥岸、岩岸和沙岸。

（1）泥岸：多与平原连接，如江苏杭州湾北侧海岸。其特点是：岸滩多淤泥，岸线直，岸坡缓，涨落潮界线距离远，不便于军队登陆；由于泥泞下陷，不利于技术兵器发挥作用，构筑工事也较困难，有海堤时可作依托；但内陆地形平坦开阔，除水稻田地外，一般适于诸兵种合成军队登陆后发起进攻。

（2）岩岸：多为山地延伸入海，如浙江、福建、广东等地海岸。其特点是：岸高且陡，岸线曲折，土质坚硬，近岸多岛屿、礁石，滨海地形起伏大，港湾多。这种海岸的登陆地段小，不便于展开与靠岸，技术兵器的使用受到限制，向纵深发展困难，但便于依托要点组成纵深梯次防御，便于对原子武器袭击的防护。

（3）沙岸：多由丘陵地延伸入海，如辽宁、山东海岸。其特点是：岸线较曲折，港湾较多，岸坡短平，地形隐蔽，便于登陆地段较多，航船易于靠岸，技术兵器的使用受到限制少，便于向纵深发展，对防御则便于控制要点和隐蔽机动兵力兵器。

港湾是舰船抛锚、停靠和装部物资的有利地形，是海军作战的依托，是敌我双方争夺的主要目标。海岸突出部位、沿岸高地和近岸岛屿是防御的重点。

二、军事地形图的基本知识及其使用

（一）地图比例尺

地图比例尺是指图上某线段的长与相应的实地水平距离之比，即地图比例尺＝图上长/相应实地水平距离。例如，一幅地图的比例尺是 1∶5 万，那么图上两点间为 1 厘米，实地该两点的距离应为 50000 厘米。

根据用图的目的和要求的不同，地图比例尺也有大小之分，通常按比值的大小来定。比值的大小可按比例尺的分母确定，分母小则比值大，比例尺就大；分母大则比值小，比例尺就小。图幅大小相同的地图，比例尺越大，图幅包含的实地面积就越小，但是显示的地形就详细，精度也就越高。因此，大比例尺地图比较适合于初级指挥员使用，小比例尺地图则适合于中、高级指挥员使用。

地图比例尺常以图形结合文字、数字表示，一般绘注在图廓的下方中央。其中以数字表示的为数字比例尺，它是用比例式或分数式表示的。以图形表示的为直线比例尺，如 1∶5 万直线比例尺，从"0"向右为尺身，图上 1 厘米代表 0.5 千米；从"0"向左为尺头，图上一小格代表 50 米。

根据地图比例尺，可以从地图上量取实地相应的距离。如果量取两点之间的长度，把量得的长度移到直线比例尺上去比，就可以得出实地两点之间的距离。还可以根据数字比例尺换算，先用直尺在图上量取两点之间的距离，然后用公式换算。换算的公式是：实地距离＝图上长度×比例尺分母。如果要量取两点之间的曲线距离，则要使用专用的里程表。

需要注意的是，在地图上量取计算的距离实际上只是水平距离。如果实地的坡度较大，还应按照比例加上适当的坡度和弯曲改正数。

（二）地形符号

地面上的地物，在地图上是按照《地形图形式》规定的符号和注记表示的，这些符号称为地物符号。地物符号由图形和颜色组成。

1. 地物符号的分类

地物符号依其与实地地物的比例关系和形状分为四类：

（1）依比例尺表示的符号。这类符号是按地物的实际轮廓按比例尺缩绘的，主要用于表示面积较大的地物，如城镇、森林、江河等。

（2）半依比例尺表示的符号。这类符号的长度是按比例尺结合实际绘的，但宽度没有按比例尺缩绘，主要用于表示一些细长的地物，如道路、沟渠电线等。

（3）不依比例尺表示的符号。这类符号因地物面积太小，无法按比例尺缩绘，只能用规定的符号表示，其定位点是实地地物的中心位置，如突出树、亭、纪念碑等。

2. 地物的颜色

我国目前出版的地图均为四色，具体规定如下：

黑色：表示人工物体，如居民地、独立地物、管线、栏栅、道路、境界及其名称与数盘注记等；绿色，表示植被要素，如森林、果园等的普染，以及1978年后出版图上与植被符号相对应的注记等；棕色，表示，地貌要素，如森林、果园等的普染，以及1978年后出版图上与地貌要索相对应的注记等；蓝色，表示水系要素，如河岸线、单线河及其注记和普染、雪山地貌等。

（三）等高线显示地貌

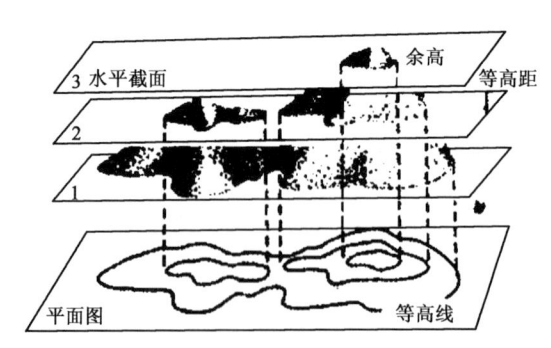

1. 等高线显示地貌的原理

地貌的形态在地图上主要是用等高线来显示的，其原理是：把一个山地模型从底到顶按照相等的高度，一层一层地水平切开，在山的表面便出现一条条大小不等的截口线，然后把这些线垂直投影到平面图纸上，便出现一圈套一圈的曲线图形。由于同一条曲线上各点的高度都相等，所以把它叫作等高钱（图9-1）。

图9-1 等高线显示地貌的原理

2. 等高线显示地貌的特点

同一条线上各点的高度相等，并各自闭合；等高线多，山就高，等高线少，山就低；等高线稀，坡度就缓，等高线密，坡度就陡；等高线的弯曲开头与相应的现地地貌开头相似。

3. 等高距

相邻两条等高线之间的实地垂直距离叫等高距。同一地形等高距越大，等高线就越稀，地貌显示就越简略；等高距越小，等高线就越密，地貌显示就越详细。通常，大比例尺地图表示地貌相对详细，小比例尺地图表示地貌相对简略。我国常用比例尺地图的等高距规定如下：比例尺为1∶2.5万，等高距为5米；比例尺为1∶5万，等高距为10米；比例尺为1∶10万，等高距为20米；比例尺为1∶20万，等高距为40米。

4. 等高线的种类

按其作用的不同，等高线可以分为四种（图9-2）：

（1）首曲线，又叫基本等高线，是按基本等高距测绘的等高线，一般用细实线（0.15mm）描绘，是表示地貌状态的主要等高线。

（2）计曲线，又叫加粗等高线，是为了便于判读等高线的高程，自高程起算面开始，每隔4条首曲线加粗描绘的等高线。一般用粗实线（0.3mm）并在适当位置断开注记高程，字头朝向上坡方向。计曲线是辨认等高线高程的依据。

（3）间曲线，又叫半距等高线，是当首曲线不能显示某些局部地貌时，按二分之一等高距描绘的等高线。一般用细长虚线，在局部地区使用，可不闭合，但应对称。

（4）助曲线，又叫辅助等高线，是按四分之一等高距描绘的细短虚线，用以显示间曲线仍不能显示的某段微型地貌。

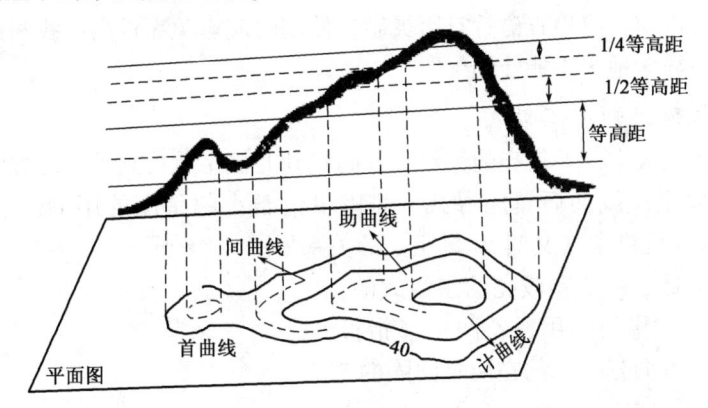

图9-2 等高线的种类

5. 高程注记

高程注记在地图上有两种形式：一种是高程点的注记，用黑色，字头朝向地图的北方（上方）；另一种是等高线注记，用棕色，字头朝向上坡方向。

（四）地图方位和磁方位

地图方位是上北下南、左西右东。在地图南北廊上的磁南、磁北（即P、P′）两点间的连线，为该图的磁子午线，即地面上任一点磁针所指的南北方向线。

从某点的磁子午线起，依顺时针方向到目标方向线（该点到某一目标的延长线）之间的水平夹角，叫该点的磁方位角。在航空、航海、炮兵射击、军队行进等军事活动中，磁方位角有着广泛的用途。

（五）地形图的使用

现地使用地形图，主要是通过地形图与现地对照，明确自己所处位置，了解周围地形情况，确定遂行任务的方向、路线、距离和作战目标。

1. 方位判定

方位判定，就是在现地辨明站立点的东、西、南、北方向，便于明确周围地形和敌我关系位置，以实施正确的指挥和行动。

1）利用指北针判定

图9-3为指北针，在判定方位时，先将指北针平放，等磁针静止后，磁针涂有夜光剂的一端（或黑色尖端）所指的方向就是北方。如果面向北，则背后是南，右边是东，左边是西。

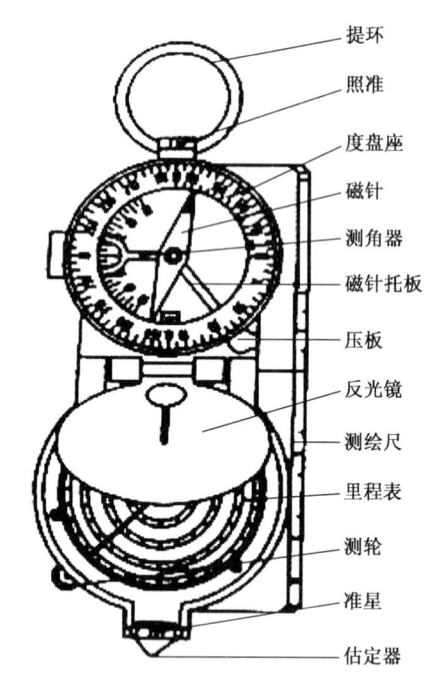

图9-3 指北针

使用指北针以前，应检查磁针是否灵敏。使用时应避免靠近高压线和钢铁物体，在磁铁矿区和磁力异常地区不能使用。

2）利用北极星判定方位

北极星是正北天空一颗较亮的恒星，夜间找到北极星就找到了正北方向。北极星的位置可根据大熊星座或仙后星座寻找。北极星位于小熊星座的尾端，它和大熊星座（北斗七星）与仙后星座（又叫W星座）的关系如图9-4所示。

大熊星座主要是由7颗较亮的星组成的，形状像一把勺子。将勺端甲、乙两星（指极星）连线向勺口方向延长，约在两星间隔的5倍处有一颗较亮的星，就是北极星。仙后星座主要是由5颗明亮的星组成的，在缺口方向约为缺口宽度的两倍处，就可以找到北极星。

北极星的高度大约与当地的纬度相等。在北纬40°以北地区，全年可以看到大熊星座和仙后星座，北纬40°以南地区，有时只能看到其中一个星座，另一个则移到地平线以下。

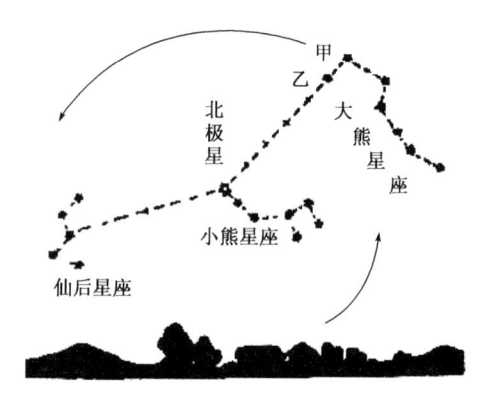

图9-4 利用北极星判定方位

2. 地形图与现地对照

现地使用地形图，要能随时确定站立点在图上的位置，了解周围地形情况，保持正确方向，因此，必须经常注意与现地对照。

1）标定地形图

标定地形图，就是使地图与现地方位一致。这是确定站立点和对照地形的前提。

（1）用指北针标定。

在地形图的南、北内图廓线上，各绘有一个小圆圈，分别为磁南和磁北，两点的连线就是本幅图的磁子午线（有的地图已经用虚线连接）。

将指北针准星朝向地图上方，并使直尺边切于磁子午线。转动地形图，使磁针的北端精确对准指标，地形图就标定好了，如图9-5所示。

标定地形图时要注意避开钢铁物体，如小刀、铁文具盒、收音机等。

图9-5 利用指北针标定地形图

（2）利用北极星标定。

天空中有星星的夜晚，可利用北极星标定地形图。首先找到北极星，使地形图上方概略朝北；转动地形图，使东西内图廓线中的任意一条对准北极星，地形图就标定好了。

（3）利用直长地物标定。

当站立点位于直长地物上时（如直长铁路、公路、水渠），首先在图上找到现地直长地物相应的地物符号，概略对照直长地物两侧的地形，使地形图方位与现地方位概略相符；然后转动地形图，使图上的直长地物符号与现地相应的直长地物方向一致，地形图就标定好了（图9-6）。

当实地线状地物较宽时，应以其中一个侧边或中心线为准，并以线状地物符号的相应部位进行瞄准。

（4）利用明显地形点标定。

已知站立点在图上的位置时，在远方选一个现地和地形图上都有的地点，如山顶、独立地物等；将直尺切于图上的站立点和地形点；转动地形图，使直尺边对准现地的明显地形点，地形图就标定好了。

2）确定站立点的方法

确定站立点在图上的位置，是进行地形图与现地对照的根据。

（1）用明显地形点判定。

当站立点恰恰在明显地形点上时，则该地形点的符号即是站立点在图上的位置。

当在明显地形点附近时，可先标定地形图，再进行对照分析，根据站立点与明显地形点的相关位置，确定出站立点在图上的位置，如图9-7所示。

215

图9-6 利用直长地物标定　　　　图9-7 用明显地形点判定

（2）用后方交会法判定。

当站立点附近没有明显地形点，但远方能找到现地和图上都有的两个以上明显地形点时，可采用后方交会法确定站立点的图上位置。

先标定地形图，在远方选择两个图上和现地都有的明显地形点，用直尺分别切准图上两个地形点，先后向现地相应的地形点瞄准，并画出两条方向线，两线的交点就是站立点在图上的位置，如图9-8所示。

图9-8 用后方交会法判定

（3）用截线法判定。

当站立点在线状地物上时，可用截线法确定站立点的图上位置。

先标定地形图，在线状地物的侧方选择一个图上与现地都有的明显地形点；将直尺边切准图上地形点符号的定位点，向现地相应的地形点瞄准并画方向线，方向线与线状地物符号的交点，就是站立点在图上的位置，如图9-9所示。

3）现地对照地形

现地对照地形，应当达到两个直接的目的：一是将地形图上的地物、物、地貌一一对应辨清；二是通过对照，发现地形图和现地的变化情况。

图9-9 用截线法判定

通常在标定地形图、确定站立点的基础上，根据目标的方向、特征、位置等因素进行对照。

当对照某一区域地形时，通常先对照大而明显的特殊地形，再由近及远、由点到面或逐段分片地进行对照。

对照山地和丘陵地形时，可根据地貌形态、山脉走向，先对照明显的山顶、山脊，然后顺着山脊、山背、山脚和山谷的方向进行对照。对照时要注意其前后层次的色调和透视关系。

对照平原地形时，可先对照主要的道路、河流、居民地和高大突出的建筑物，再根据地物分布规律和相关位置，逐点分片地进行对照。此类地形，变化的可能性较大，对照时尤应注意。

3. 按地形图行进

按地形图行进，就是利用地形图定行军路线，通过地形图与现地对照，以保持沿选定的路线，到达预定地点的行进方法。

1）行进前的准备

行进前必须进行认真仔细的图上作业，切实做到：一标、二量、三熟记。

（1）一标，就是根据任务、敌情、地形及部队装备等情况，在地形图研究选定行进路线，并将行进路线、沿途方位物，如岔路口、转弯点、居民地址出口等标给在地形图上。

（2）二盘，就是盘算行进路线上各段里程，计算行进时间，并注记在图上。量算起伏较大地区的行进路线时，要考虑坡度对行进速度的影响，并应依据季节、天候、土质、植被等对行进可能造成的影响，考虑行进速度。

（3）三熟记，就是熟记行进路线。一般按行进的顺序，把每段的里程，经过的居民地、两侧方位物和地形特征，特别是道路转弯处，岔路口的居民地进出口附近的方位物及地形特征等都要熟记在脑子里，做到心中有数。

2）行进要领

行进时要做到"三明"，即方向明、路线明、位置明。无论是沿道路行进或越野行进，都要先在出发点上标定地形图，对照地形，明确行进的路线和方向，然后计时出发。行进中要随时标定地形图，对照地形，做到"人在实地走，心在图中移"，随时明确站立点的图上位置。当心有怀疑时，则应精确标定地形图，找出站立点在图上的位置，仔细对照周围地形，全面分析地形有无变化，待判明后再继续前进。

到达转弯点，要标定地形图，对照现地。确定判明是图上预定的转弯点后，按出发点的动作，在现地判明下一段应走的方向、路线，研究沿途地形，选好方位物，继续前进。

乘车行进时，速度快，车辆颠簸，地形图与现地对照较徒步行进时困难，因此，精力要高度集中，紧盯大的、明显突出的目标，如大的居民地、河流、桥梁、高地等，迅速与地形图进行对照。同时，还要预知前方即将出现的地形情况，对即将到达的岔路口和转弯处应特别注意，以免走错；在出发点和各转弯点，应根据道路里程表随时记下各段所走的里程和时间，以作为判定车辆到达位置的参考。行进中如遇地形变化，继续行进无把握时，应停车标定地形图，进行现地对照，弄清楚情况后再继续前进。

夜间行进时，由于视度不良，地形图和现地对照困难较多，容易迷失方向。因此，行进前应认真分析和熟记沿途地形的特征，尽量选择道路近旁的高大地物、透空可见的山顶、鞍部等作为方位物。行进中可用指北针或北极星标定地图，根据预先对沿途各段经过地形的记忆，多找点，勤对照。采用走近观察、由低处向高处观察、由暗处向明处观察等方法，及时确定站立点的位置，明确行进的方向。还可根据流水声、灯光等判断溪流和居民地的位置，及时确定站立点的位置，判明行进的方向。

如果发现走错了路线，应首先回忆走过路线的方向、距离和经过地形的特征，检查走错的原因；再标定地形图，对照现地，判明当时到达点的图上位置及其与预定路线的关系；然后，可选择就近道路插到预定路线上来；当没有就近道路，或已查明错误起点位置时，也可按原路返回，再继续按预定路线行进。

（六）地形图在军事上的应用

军队行军作战总是离不开地形图。地形图在军事上的作用自古以来就受到军事家的重视。现代条件下的战争，指挥员对地形图的依赖性更大，地形图已经成为军队各级指挥作战的重要工具。其作用有以下几点：

（1）供各级指挥员掌握战场全局。地形图可以将某个战区，或某个重要战略、战役方向上的地形轮廓、地势起伏、江河、城镇、交通枢纽等情况，真实地展现在眼前，供指挥员分析研究战场、地形、友邻情况，以及敌我双方态势，审时度势地制定作战方案，组织战斗行动。

（2）作为标绘要图的底图。标绘要图是指挥员、参谋人员的一项重要业务技能，如首长决心图、敌我态势图、战斗经过图、行军路线图、宿营部署图、工事筑城图和各兵种战斗保障图等，常常需要以要图的形式表达。地形图一般作为标绘要图的底图。

（3）为必要资料提供数据。地形图的突出特点是精确、详细，尤其是大比例尺地形图，各军兵种都要从地形图上获得作战行动的必要地理资料和数据。如地貌的起伏状态和坡度，道路的质量和里程，江河的流速和水深，居民地的大小和建筑质量，森林的种类和高度、直径等数据，都可以直接从地形图上获取。

（4）进行图上作业。部队在用图中，除了战术标图外，还有大量的室内和野外图上作业。如航空兵计划航线、确立飞行高度，工程兵进行规划、设计和计算工程量等，都要在地形图上量取距离、方位，判断高程和计算面积等。

（5）为合成军队作战提供统一的地形基础。诸军兵种协同作战时，要有统一的坐标系统、高程和地名，进行协调指挥，基本比例尺地形图能为这种统一指挥做好战斗协同。

【思考题】

1. 战备等级是如何划分的？
2. 几种主要地形对作战行动的影响有哪些？
3. 使用军事地形图时如何判定方位？
4. 按军事地形图行进时应注意哪些内容？

第十章　综合训练

【学习目标】

1. 掌握行军及宿营的基本要求。
2. 掌握野外生存常识，培养野外生存能力。

党的二十大指出："如期实现建军一百年奋斗目标，加快把人民军队建成世界一流军队，是全面建设社会主义现代化国家的战略要求。"与此相适应，认真开展大学生军事技能训练、兵员征集和"双拥"等工作，增强国防观念、国防意识，弘扬爱国主义精神、传承红色基因，是高校做好国防教育和"双拥"工作的应有之义。

第一节　行　军

行军，是军队徒步或乘车沿指定路线向预定目的地进行的有组织的移动，目的是为了争取主动、转移兵力，造成有利态势。

一、行军准备

（一）做好思想准备

行军是对军人的意志和体能的一个考验，无论是刮风、下雨，还是山地、沼泽，或者是酷暑、严寒，要实施行军。行军前，指挥员应明确行军的目的和意义，根据本单位所担负的任务，进行深入的思想动员，教育人员模范遵守行军纪律，服从命令听指挥，以保障顺利完成行军任务。

（二）做好物资器材准备

物资器材准备主要包括武器、弹药、装具、给养、饮水和药品等，应根据行程、道路和天气情况而定,以既能保证战斗、生活,又不过多增加负荷量为原则。通常携行粮食3日份(其中熟食1日份)和必要的饮(用)水,并准备好必备的药品,根据季节变换做好防寒、防雨雪、防蚊虫的准备。乘车行军时,应根据敌情、任务和行程确定给养物资的携行量和保障方法,并明确随车携行规定的油料基数和加油方法。

(三) 组织好行军保障

行军保障主要包括行军警戒、警备调整、运动保障,对空防御和对核、化学、生物武器的防护,以及组织先遣队、设营队、收容队等。指挥员为保障部(分)队安全、顺畅、按时到达预定地域,应根据敌情、地形,周密地组织行军的各种保障。具体内容是:调查行军路线,尤其在夜间或其他能见度不良的条件下行军,要注重研究、熟悉地形特征,做好利用地图按方位角行进的准备(指定1~2名士兵为观察员,负责对地面、空中进行观察);指定值班分队及火器,负责对空防御;明确遭敌核、化学武器,以及敌航空兵、炮兵火力袭击时的行军方法,规定伪装方法及伪装纪律;组织简易通信、徒步通信、无线电通信相结合的多种通信手段,确保通信联络畅通。

(四) 确定行军部署

行军部署是行军时对兵力所做的区分和配属,应根据敌情、任务、地形和行军方式确定。确定的行军部署要便于指挥、便于迅速隐蔽行进和展开、便于对抗敌人地面和空中的袭击、便于实施技术和物资保障。

确定行军部署,通常应明确尖兵、前卫、本队和后卫。尖兵是指担负行军警戒任务的连以下分队,派出的方向和兵力依情况而定,通常有前方尖兵、侧方尖兵、后方尖兵,兵力由一个班至一个连担任。

前卫是行军时担负前方警戒任务的部(分)队,担任前方警戒任务的部(分)队,应根据情况向前方、侧方派出。

本队是行军纵队的主力。由一至数个梯队组成,在敌情顾虑较大的情况下,本队往往是敌袭击的重点。因此,行军本队要特别注意隐蔽防护。

后卫是行军时担负后方警戒任务的部(分)队,后卫部(分)队应视情况向后方、侧方派出尖兵,加强警戒。

行军队形的编成,应保障能迅速展开成战斗队形,通常成一路或两路纵队。单独行军时,应根据敌军的方向派出尖兵班。向敌军行军时,指挥员应率领必要的反坦克火器、机枪手位于本队先头。背向敌军时,行军序列与向敌行军时相反。

(五) 下达行军命令

行军命令通常是在行军前向所属和配属分队指挥员或全体人员下达。下达行军命令时,要简明扼要,重点传达与本单位有关的内容。内容是:敌人的位置和行动企图;本分队的任务,出发(通过出发点)时间,行军路线,行程,大休息的地点、到达时间和地点;友邻的行军路线;行军编组和序列;行军警戒,通信联络信(记)号或口令,着装规定;集合地点,完成行军准备的时限;指挥员在行军中的位置。乘车行军时,还应明确车辆情况、车辆分配、各车的车长及观察（联络）员、登车时间和地点等。

二、行军的管理与指挥

（一）掌握好行军速度和行军方向

行军的速度，应根据任务、道路状况、天候季节而定。常行军，是按正常的日行程和时速实施的行军，通常徒步每小时 4~5 千米，每日行程为 30~40 千米。乘车行军时，夜间每小时 15~20 千米，昼间每小时 20~25 千米，每日行程为 150~250 千米。

行军前，指挥员应在图上认真研究行军路线、出发点、大休息地区及到达地区，分析沿途的地形特点，熟记明显地形、标志，还可利用地图和按方位角行进，也就是通过使用行军路线图，识别路标、信号等方法掌握行军路线。

在行军途中，指挥员应根据情况适当掌握行军速度，通过渡口、桥梁、岔路口时指挥员应亲自指挥，判明站立点，控制速度并保持规定的距离，防止拥挤、堵塞而耽误时间。当发现迷失方向或走错路时，应待判明后再前进。通过后，先头分队应适当减速，以便保持队形间距。掉队时，应大步跟进，不宜跑步。乘车行军，应保持规定的车速、车距，不得随意超车和停车，主动给指挥车和特种车让路。如果车辆发生故障，应靠道路右侧，必要时离开道路停车抢修，修好后根据上级指示归队。徒步行军的部（分）队应主动给车辆、执行特别任务的部（分）队和人员让路。夜间行军，要严格灯火管制。

（二）适时组织休息

为保持部队的体力和持续行军能力并及时检查车辆，在行军途中，应适时组织部队大、小休息。小休息，通常开始行军 30 分钟后进行，时间为 15 分钟，而后每行进 50 分钟休息一次，每次约 10 分钟。休息时，应靠路边、面向路外侧，保持原来队形，督促战士整理鞋袜和装具。休息地点一般选择在地形隐蔽、向阳的地方，尽量避开居民地、桥梁、隧路、道路交叉点等。大休息，通常在完成当日行程一半以上时进行，应离开道路进入指定地区，休息时间为 2 小时左右。休息时，应明确出发时间，派出警戒。必要时，可占领附近有利地形，加强对空观察，并做好战斗准备。组织野炊，安排好伤病员，督促驾驶员检查车辆，组织部（分）队在规定地区休息。夜间休息时，人员不准随意离队，武器、装具要随身携带。出发前，应清点人数、检查装备、补充饮（用）水。

（三）对各种情况的处置预案

遭敌核、化学武器袭击时，应指挥车辆就近利用地形防护，人员迅速穿戴防护衣罩，一下车就近隐蔽防护。

遇敌炮兵火力封锁时，应迅速查明封锁的范围，报告上级，并设法迂回绕过，或利用敌火力间隙迅速通过。通过后，应查明损失情况，整顿组织，继续前进。

遇敌空袭时，指挥员应指挥部（分）队迅速向道路的一侧或两侧疏散隐蔽（乘车时要下车），并指定火器射击低飞敌机。空袭情况不严重或行军任务紧迫时，部（分）队则应疏散队形、增大距离，加快速度前进。

通过受染地段时，指挥部（分）队尽量绕过受染区。当时间紧迫又无法迂回时，应增大距离，以最快的速度通过。通过时人员除穿戴好防护衣罩外，还应对武器和携带物品进行防护。通过后，车辆应及时洗消检查，人员口服抗辐射药物，喝足开水，排除大小便。

与敌相遇时，指挥员应根据情况，果断下定决心，按遭遇战斗原则灵活处置。并迅速查明情况，报告上级，而后根据上级指示行动。

第二节 宿 营

宿营是部队离开常驻营房执行各种任务中的临时住宿，目的是为了使部队得到适当的休息和整理，为继续行军或战斗做好充分准备。宿营要提高警惕，加强侦察警戒和通信联络，注意隐蔽伪装，要制定防空及防核、化学、生物、燃烧武器袭击的措施，做好抗袭击准备，保障部队安全休息和迅速投入战斗。

一、宿营方式

宿营分为舍营、露营和舍营与露营相结合三种。

（一）舍营

舍营就是军队在房舍内宿营。

（二）露营

露营就是军队在房舍外宿营，通常在不具备舍营条件时采用，是平时部队训练的重点。露营的方式分为利用制式器材露营和利用就便器材露营。利用制式器材露营通常是指利用帐篷、装配工事等制式器材进行的露营。利用就便器材露营，通常是指利用车辆、坦克、篷布、雨衣、草木等进行露营。

1. 利用帐篷露营

露营时按帐篷架设、撤收方法和要求实施。寒区冬季使用帐篷露营时可在植桩后泼水使之冻结，帐篷的下端要以重物压牢，防止漏风。

2. 利用车辆露营

部（分）队都可利用装备的车辆进行夏季野外露营。冬季野外车辆露营时，可在火炮牵引车和运输车上辅以防寒材料，放置取暖设备，这样有较好的防寒效果。具体办法是用木板将革垫固定于车厢板内侧和底板上，将防寒毡拼接好，与车篷布组合在一起苫盖于车篷杆上，再以旧棉被分别缝在车篷两端，后面设帘式活门，车厢前部设置活动式2层床，行军时卸下置于车厢内适当位置。车内可供8人住宿，车厢后部留出1米宽的位置，放置训练器材、武器和工具箱等。

3. 利用坦克露营

可将两辆坦克炮管向内侧旋转 90 度，成水平状态，然后用篷布单层横向覆盖，并使其垂直地面，四周用石块等压紧。

4. 利用装配式工事露营

指挥机关可利用装配式掩蔽部露营。高炮部（分）队可将火炮和装配式工事用牵引车篷布苫盖连接在炮位上露营。

5. 构筑猫耳洞（掩体）露营

冬（旱）季可在便于隐蔽、伪装、土质较好的地形上或利用堑、交通壕挖地下猫耳洞露营。挖掘时开口应尽量利用沟、壕的切面，也可以直接在地面开口。一般以班为单位构筑，每个班挖 2~3 个洞为宜，洞内呈方形，顶部铲成拱形。若土质松软或黏结性差，洞内可挖成"人"字形、"丁"字形、"工"字形、"十"字形等以减少顶部单位面积的承受力。构筑猫耳洞露营时应特别注意防塌方和潮湿。有时也可将既设工事和掩体适当改造，构筑"厅洞式""坑道式""长廊短洞式"等生存露营工事。

6. 筑雪洞露营

冬季在冲沟、雨裂、凹地、山谷等积雪深的地方宜构筑雪洞。当积雪在 1 米以上时，可直接开口构筑。洞口大小以一人能进出为宜。开口后可拐 1~2 个直角弯，使通道尽量成"Z"形并修成向上倾斜的斜坡状。雪洞要比通道高一些，洞顶铲成拱形并留出气孔。

7. 构筑雪屋露营

当积雪较少时，可构筑雪屋，一般数人一屋。积雪板结实，直接切成长方形雪砖，而后按照需要堆砌。雪质松软时，可把雪装入木拒里踩实，加工成雪坯。堆砌中应在雪块间隙敷设浮雪，逐层收顶。洞口可根据风向开成"∩"形，顶部为拱形、"人"字形或圆锥形。视情况也可以用雪堆做围墙，在 3~4 个角打上木桩，顶部用雨衣或柴草覆盖。

雪屋构筑好后，要在屋底部铺 10 厘米以上的干草，再铺上雨衣、褥子，用装有软革的麻袋或草捆堵在洞（屋）口，防止冷气侵入。

8. 构筑雪壕或雪墙

当积雪较多且没有地形可利用时，可就地挖一条雪壕，上面盖上雪块，底部铺上树枝、干草或雨衣，或将雪块砌成雪墙，人员在背风处露营。

9. 搭设树枝（草）棚露营

夏季有树林、蒿草、高秆农作物的地方，应充分利用自然条件，搭设各种树枝（草）棚。如用木杆为支架搭设屋脊型草棚，利用断崖、断面，用木杆搭设斜坡型草棚，利用蒿草、树枝搭设偏厦等。在冬季，棚围应用雨衣、篷布、柴草等围盖，棚顶和周围空隙用草堵实，再加盖一层积雪或草皮，以便保暖和伪装。

10. 搭设简易帐篷露营

夏季，使用简易帐篷在野外露营，样式较多，可用雨衣、塑料薄膜、盖布搭设成屋脊型、一面坡形、长方形、拱形等简易帐篷。简易帐篷的大小和形状可根据装备、就便器材数量和露营人数灵活确定。

11. 利用吊床露营

夏季可将雨衣、床单和苫布、伪装网等用绳系住两头，并系在树干上，人员即可躺在上面休息。还可在上面架设蚊帐，防蚊虫叮咬。下雨时可在上面再拉一根绳子，搭上方块雨布，四角用绳子系牢，便形成防水帐篷。

二、宿营地区的选择

宿营地区的选择应根据敌情、地形、任务和行军编成而定。平时组织野营训练以能够达到训练目的为标准，通常应符合下列条件：

（1）避开城镇、集市、车站、渡口、大的桥梁附近。
（2）避开疫区、传染病流行村落。
（3）有适当的地幅，通常师、团、营的面积分别为 600 平方千米、60 平方千米、6 平方千米。
（4）有较好的进出道路，便于车辆、人员通行。
（5）夏季要尽量选在高处，避开谷底、低地、洪水道和易于坍塌的地方；冬季应选在避风向阳处。
（6）符合战术要求，从具体位置到配置方式，都应以预想的战术背景为基本前提。
（7）是要着眼于训练科目需要，有利于达到训练目的。
（8）要方便生活，尽量靠近水源并有进出道路。
（9）选择在群众基础较好或影响群众利益较小的地区。

露营配置地域通常以班为点，排为块，连为片，团（营）为区，根据地形特点，可成一字形、梯形、三角形、扇形配置，形成野训营地。首长机关通常设在便于观察、指挥的位置，分队与分队之间要按战术要求保持一定间隔。

三、宿营准备

组织部队宿营前要与当地政府、武装部门取得联系，以得到他们的支持和帮助。设营时设营人员要与乡、村领导取得联系，征得同意后方可号房设点。应向当地群众了解自然情况、社会情况等，为部队进驻提供资料。

（一）宿营常识教育

宿营实施前，应进行群众纪律、民情风俗教育。在少数民族地区或少数民族集居地进行宿营训练时，还应进行国家的少数民族政策和尊重少数民族生活习惯教育。组织部（分）队学习宿营常识，学会搭设制式、简易帐篷，了解防蚊虫叮咬、防洪、防中暑、防冻伤、防塌方、防煤气中毒、防火灾、预防流行性疾病等基本常识。可以指定连队先试点，组织观摩示范；也可以先在驻地附近进行昼间的露营尝试训练，掌握露营方法。

（二）现场勘察

野外宿营前，通常以团（营）为单位组织现地勘察，视情况也可以连为单位进行。重点明确宿营地点、各分队的宿营区域、各级指挥所的位置、进出道路、通信联络方法、各种信（记）号、完成宿营准备的时限，组织检查的时间和内容等。

（三）物资器材准备

宿营前，应认真检查个人的着装和被褥。冬季宿营时要重点检查棉（皮）帽、棉（皮）手套、棉（皮）大衣、棉（皮）鞋的携带情况；夏季宿营时应重点检查雨衣（布）、蚊帐的携带情况。每人都应准备1~2套干净的内衣，以备更换。除携带装备的锹、镐外，还应准备必要的大镐、大锹、麻袋等工具和物资。为弥补制式露营器材的不足，部（分）队应视情况购买或租借部分露营所需要的材料，如搭设简易帐篷的塑料薄膜、稻草、支撑木、斧、锯、线绳等。

四、宿营地工作

部队到达宿营地后，应立即组织所属指挥员勘察地形，选定紧急集合场，组织部队构筑必要的工事，组织各种保障，以保证部队安全宿营。

（一）组织侦察

为了防止敌人突然袭击和继续行军，部队到达宿营地域后，应立即向有敌情顾虑和而后行动的方向上派出侦察，查明敌情和而后行军路线情况。同时，迅速收集部（分）队的行军情况和达到宿营地域后的住宿情况，了解有关敌情和舍情。

（二）组织警戒

宿营警戒是保障部队宿营安全的警戒。宿营警戒的组织应根据敌情、地形和宿营部署确定。在宿营时，要严格执行各种值班制度，指派警戒、勤务。值班人员要按《内务条令》所规定的值班人员的一般职责，恪尽职守，认真负责。对重点目标、要害部门、重要场所和地点应指派警戒勤务。部队通过公（铁）路交叉口、繁华市区（城镇）、渡口、易迷失方向的雪山、丛林、沼泽地、沙漠、戈壁滩等地区时，应调整勤务值班警戒。

1. 步哨

步哨通常由1~2人组成，一人叫单哨，两人叫复哨。派出的距离大约在200~400米，夜间在100米以内。一般2小时换班1次。其任务是：及时发现敌人，并防止敌侦察人员的渗透活动。

步哨的位置由派出的指挥员指定。应选择在敌人可能接近的地形和道路附近，便于观察、射击和隐蔽的地点。步哨进入哨位以后，复哨应区分个人的观察地境，对主要方向应重叠观察，并由1人经常与上级保持联络。与此同时，步哨在值勤中，还要提高警惕，不能睡觉，武器不能离身，随时准备战斗；注意隐蔽，不能吸烟和高声谈话；发现敌人时，应一面监视，一面用信号报告上级并准备战斗。当敌人突然对我袭击时，应立即鸣枪报告，并以火力阻止敌人。当接到上级撤回的指示或信号时，应按预定的路线撤回。

2. 游动哨

游动哨通常由2～3人组成，并指定一人为哨长。由宿营警戒分队或防御分队派出。其任务是：防止敌人渗入和破坏分子进行活动，检查警戒人员的警惕性和配置地域的伪装情况，灯火管制情况，并同友邻警戒进行联络。

游动哨通常是在警戒线内（外）或在宿营地域内，按照上级规定的路线或游动范围进行巡查。游动哨在执行任务中必须做到行动隐蔽，保持肃静并禁止吸烟；要有高度的警惕，随时做好战斗准备防止敌人突然袭击；运动路线及活动时间要灵活多变，不要形成规律，以防敌人袭击。

游动哨发现单个敌人时，应尽量设法捕捉；发现多数敌人或遭敌袭击时，应立即占领有利地形进行抵抗，并迅速向上级报告，然后根据命令行动。

（三）组织对空防御和对核、化学武器的防护

为防止敌人航空兵和核、化学武器的袭击，应周密地组织观察警报配系，确定对空值班分队，组织防空火力体系，划分防空疏散地域，规定隐蔽伪装、灯火管制措施，明确遭敌空袭及核、化学武器袭击时各部（分）队的行动与遭敌袭击后的处置方法。如敌可能在附近地区空降，还应制定反空降作战方案，组织部（分）队构筑必要的防空工事等。

（四）建立通信联络

宿营地域的通信联络，通常以有线电通信和运动通信为主，同时应充分利用地方既设线路。驻地较远的部（分）队可在短时间使用无线电联络。

（五）严密封锁消息

战时部队到达宿营地域后，要对部队和当地群众进行防奸保密教育，控制人员流动，严密封锁消息。

（六）密切军民关系

平时组织部队训练，部队应与当地党政机关取得联系，得到他们对野营训练的支持。部队可在训练间隙做好群众工作或组织军民共建活动。

部队宿营结束，要认真清理文件和武器装备，避免丢失，消除宿营时所留痕迹，进行群众纪律检查和做好善后工作。

第三节　野 外 生 存

无论是驰骋战火硝烟的疆场，还是纵横祖国山川原野；无论是雾谷被困、密林迷踪，还是穿行于大漠、隔绝于荒岛；无论是军人还是平民，都会面临生存问题。作为个

人来说，身体越强健、知识越丰富，生存的机会就越多。因此，对于每一个人来说，熟知各种危急情况下的求生技能，学会如何寻求解决突发事件的思维方式，都是非常重要的。

一、野外生存的物质准备和精神准备

野外生存主要发生在以下几种情况：一是和平时期较长时间远离基本生活区的野外作业和训练；二是战争时期的野外行军作战；三是意外情况受困于荒野。不管遇到哪一种情况，要适应野外生存的环境，就必须有充分的物质准备和精神准备。准备得越充分，生存的概率就越高。尤其是第二种和第三种情况，环境复杂，不可预测的因素多，难度高，更应有必要的物质准备和充分的精神准备。

（一）物质准备

1. 有计划行动的行装准备

对有计划的野外行动，出发前，应根据客观环境的需要选择适合装备，准备好行装。这些装备主要有以下四大类。

（1）基本用品。鞋子（挑选合适的鞋子，并在出发前两周就进行试穿，使新鞋与脚有一个磨合过程，以避免或减少脚起泡）、衣服（根据预定的野外生活时间的长短，仔细挑选合适的衣服，必须有一套换洗的衣服和一套休息时能添加保暖性的衣服；在严寒天气应多带几件御寒衣服）、雨衣（雨季外出必须带上雨衣）、被装（根据季节选择合适的被装，最好选择柔软、轻便、保暖性能好的被装）、帐篷（在野外生活的时间较长时，应备有帐篷，以作为日常活动的场所。最好选择轻质材料做成的帐篷，以便于携带）、背包和行囊（要有一个背着舒适且结实的背包或行囊）、食品（应带易熟的食品，盐要放在适宜的容器里；遇到严寒天气，要多带一些高脂食品和糖类）、通信设备（个人或小团体行动，只要带上移动电话即可，但所有电子设备应充足电能，并带有备用电源）。

（2）医疗卫生盒，内装常用药和卫生用品，主要有镇痛类药、肠道镇静剂、抗生素、抗感冒药、防中暑和抗过敏药类、防毒蛇咬（蚊虫叮）伤药、跌打损伤及创伤药、急救包、绷带等。各类医药卫生用品可根据个人的习惯和执行任务区域的流行病特点灵活搭配。

（3）百宝盒。在紧急情况下，有些平时并不起眼的小器具却能增加幸存的机会。把这些小器具集中放在小盒里，以便随身携带，这就是"百宝盒"。盒中通常应装有生火用的火柴、蜡烛、打火石、放大镜及针、线、鱼钩和鱼线等。

（4）工具包。工具包里主要装有指南针、绳索、手电筒、饭盒、救生袋、刀具等。为了便于使用和保管，可以把上述几项必备工具集中装在饭盒内，也可分开装在背包或行囊的边袋内。

2. 携装

携装也叫着装或装载。行装的装载程序应根据先用后装，后用先装，常用的物品装在最上面（或边袋）的顺序进行。为了方便，最好把所有东西分门别类地放在各种聚乙烯透明袋里。每件物品应有相对固定的存放位置，每次使用完后都必须放回原来的位置。

3. 意外情况下搜集和制造装备

受困于荒野之中，要设法寻找或制作最基本的工具和武器装备自己，以战胜恶劣的环境，求得生存。主要做法是搜集出事地点的可用之物；自己动手制作工具和武器，如制作石器或竹、木器具；利用大的海螺和蛤类贝壳制作刀具、容器；利用动物的骨头、犄角制作武器等。

总之，要善于寻找和利用各种自然资源，加工制作成各种器具，为野外求生创造有利条件。

（二）精神准备

生存是维持生命的艺术。这个艺术是在一定的物质基础上，由个人的生存知识和强烈的渴求生存意识创造的。要在极其恶劣的环境下生存下来，关键在于要有活下去的勇气。没有这个勇气，一切生存知识和技巧都变得毫无意义。因此，野外生存的第一要素就是强烈的求生欲望和战胜恶劣环境的意志和勇气。

1. 生还的难关

身处野外求生的境遇中，无论生理上还是心理上都要承受很大的压力。面临的境遇不同，身处困境的时间长短差异，所受的压力也不一样。一般来说，每一个求生者都可能不得不面对一些难关，如恐惧与焦虑心理、伤病与疼痛折磨、恶劣的气候环境、饥渴与劳累、剥夺睡眠、厌倦与烦躁、隔绝与孤独。一旦信心和意志战胜不了这些难关，就可能丧失生还的机会。

2. 成功的关键

对于上述难关，首先，要有正视灾难的勇气，敢于求生。正确的做法是，既来之，则安之，先冷静下来，分析所面临的困境，筹划求生的计划。一是判定自己所在的位置，主要威胁来自何方；二是要设法与周围的生存者取得联系，商量对策；三是设法与外界取得联系，以寻求帮助和救援；四是盘点一下自己生存必需品的存量，计算在获得救助之前能维持多长时间；五是精细地筹划求生的计划，并勇敢地付诸实施。

其次，要有生还的坚定信心，积极求生。当身处困境之时，应时刻提醒自己保持坚定的求生信念，积极想办法自救和求救。当然，积极求生绝不是盲目行动，一切求生的动作都会带来体力和体能的消耗，无效的行动会浪费宝贵的体力和体能，这是野外求生之大忌。因此，既要有积极的态度，又要有精确的行动计划，每一个行动都要有明确的目的，切忌盲目乱闯。

最后，要有生存的坚韧毅力，顽强求生。胜利常常存在于再坚持一下的努力之中，在最困难的时刻，也往往是获救机会即将出现的时候。那些遇险境而生还者，往往是那些具有坚强意志、坚韧毅力、百折不挠、永不言败的斗士。因此，求生者必须有战胜一切艰难险阻的勇气和毅力，不管遇到什么样的困难、危机和病痛，都要想办法战胜它们，要有排除万难的决心和一息尚存就要抗争到底的毅力，顽强地生存下去。

二、生存的基本需要及其获取

生存的基本需要是水、火、食品和庇护所，它们各自的重要程度取决于所处的环境。沙漠地区水是最首要的问题，在极地圈中避寒场所是最首要的。在求生的一切努力中，第一个行动就是要确定当前的首要需求是什么，然后按照需求的轻重缓急，逐一想办法解决。

（一）水

水是人体的最基本需求，离开他人就无法生存。

1. 寻找水源的方法

（1）重点盯住低洼地。水往低处流，这是自然规律，因此，寻找水源首选之地是山谷底部地区。

（2）注意分析绿色植物的分布情况。尤其是在绿色植物分布均匀的地区，突然出现一小块长得特别茂密的植被，从那个地方往下挖，最容易找到水源。

（3）利用动物作为寻找水源的向导。绝大多数哺乳动物早晚都需要饮水，留意跟踪动物的足迹经常会找到水源；青蛙是两栖类动物，听到它的鸣叫声，就等于找到了水。

（4）留心特殊的含水地质结构。在干涸的河床或沟渠下面很可能会发现泉眼，尤其是在沙石地带；在岩石的断层间可能会发现湿地或泉眼，悬崖底部一般都会渗出水流；在悬崖入海处应注意生长茂密的植物，在那里很可能找到水。

2. 取水的方法

（1）露水的采集。在日夜温差较大的地区或季节，清晨会有很多露水。采集的办法是：用吸水性强的衣服或布料做成布团，在草地上来回拖动，以吸收叶片上的露水，待布团吸足露水之后，再将其拧在容器里或者直接吮吸。也可采集挂在树枝上的水滴和汲取岩石上的积水。

（2）雨水的收集。下雨时，尽可能选取大面积的集水区，利用各种可能的容器收集，可选择在比较低洼的地面上挖个坑，铺上防渗的塑料片、帆布材料或雨衣，以有效地收集雨水。

（3）冰雪化水。化雪时，应先熔化小块的雪，待罐子里的雪化成水后，再逐渐加雪，这样有利于热传导和保护化雪容器。

（4）植物中取水。某些树的汁液是可以饮用的，如椰子树、枫树、仙人掌等，早晨可以从这类富含水分的树上汲取汁液。竹子的竹节间常存有水，摇动它们，如果能听到咕嘟声响，肯定有水。从植物中取水，首先必须判明该植物的液汁是否有毒，以及性味如何。有毒的不能直接饮用，性味特异的要注意掌握适度。例如，椰子汁富含水分，但成熟椰子中的果汁饮用过多会引起腹泻，要注意掌握好恰当的度。

3. 净化饮用水

野外生存最重要的是保持良好的身体状态，所以，净化饮用水以保证安全卫生是非常重要的。野外条件下，净化饮用水的方法主要有以下几种。

（1）过滤。制作过滤器的基本材料，可以是裤子、沙子和木炭。过滤器最简单的制作方法是用裤子制作。先将裤子翻过来，再将一只裤腿塞进另一只裤腿里，捆扎起底部即可。把裤子浸湿，吊在三脚架上，里面装上沙子和木炭后，就可以注水过滤了。第一遍过滤出来的水，如果还不够干净，可以多过滤几遍。

（2）沉淀、消毒。过滤出来的水经过一定时间的沉淀，然后倒出上层的清水，就可以烧开饮用了。如果带有漂白粉或净水药片，则按照使用说明的要求，取出一定量的漂白粉或净水药片，加到过滤出来的水中，搅拌、沉淀后，上层的清水就是洁净水了。

（3）烧开或蒸馏。经过过滤、沉淀、消毒出来的水，只要用火烧开，就可以放心直接饮用；如果找到的是严重受污染的水源或者是海水、咸水等，则必须经过蒸馏，才能饮用。

（二）食物

食物是为人体提供热能和营养，以维持生命的基本物质。因此，受困于荒野，要战胜危机，生存下去，重要的是要想办法获取食物。

1. 植物类食物

世界各地，无论环境多么恶劣，极少有寸草不生的地区，总会有诸如灌木、藤本、蔓生类、草本或苔藓类的植物。许多植物都能食用，并为人体提供营养。野外生存，关键是要学会寻找到可以充饥的植物，并掌握辨别有无毒性的技巧。

1）辨别植物类食物的方法

当找到某种具有潜在食用价值的植物时，如果是自己所不认识、未曾尝试过的植物，在食用之前必须先尝试其性味，鉴别是否有毒，可否食用。尝试时，一人一次只能尝试一种。在尝试过程中，如果出现疑惑，就不要试下去，应尽快设法把它呕吐出来。木炭灰是可用的催吐剂。吞下少量木炭灰就会诱使呕吐，此外它还能吸附毒素。

注意：植物的每个部分都要经过试吃才行，因为有些植物可能某部分可以食用，另外部分则不能食用。

2）采集可食用植物

植物被挤破弄烂后会很快变质，不再适于食用。因此，采集时应注意排放有序，避免挤压和混合，以保持所采植物的鲜度。

（1）叶与茎。主要采摘柔嫩的幼枝。

（2）球根与块茎。可食用植物的球根和块茎富含淀粉，最好煮熟再食用。

（3）野果。野果除了生吃之外，还可以做成热浆汁或是甜味饮料。采摘时，最好挑选已经熟透或接近成熟的先摘，成熟的野果比较没有苦涩味。

（4）坚果。坚果蛋白质含量高，甚至还可熬出食用油。成熟的坚果会自动掉下来，也可用长棍把它们敲打下来。

（5）种子和谷类。采摘植物种子时，要特别注意尝试，严格鉴别是否含有致命的毒素，要取食那些经过检验可以食用的种子和谷类。

（6）菌类。菌类指的是各种蘑菇类植物。蘑菇虽然味美，但有少数种类的毒蘑菇，一旦误食,即可能致人死命。因此,采摘前,必须先学会鉴别的方法。不要采食长有白色菌褶、茎干基部有菌托及带菌环茎干的菌类;不要采食腐败的菌类。

(7) 树皮。很多树的树皮是可以食用的,尤其是北方地区的桦树、柳树、白杨和三角叶杨树的树皮。树皮的纤维比较粗,应煮烂一点再食用。

(8) 花朵。可食植物的花朵也是可以吃的,但由于花朵容易受到昆虫的污染,所以最好采摘尚未开放的,并且必须煮熟了才能食用。

3) 我国常见的可食野生植物

我国常见的可食野生植物有:山葡萄(生长在北方的山地,9月成熟,果实可生食,嫩条可解渴)、茅莓(也叫刺莓,生长在山坡灌木丛中或路旁,7~8月成熟,果实和嫩叶均可生食)、沙棘(生长在河岸旁的沙地或沙滩上,9~10月成熟,味微酸而甜,营养价值高)、苦菜(生长于山野和路边,易于采集,3~8月可采嫩茎叶生食)、蒲公英(生长于田野、路旁,易于采集,3~5月可采嫩叶生食)、荠菜(生长于田野、路边、水沟旁,易于采集,嫩苗可食,3~4月采全草,炒食、做汤均可)、野苋菜(主要产于南方,生长于田野、路边草地中,春季食其嫩叶)。

此外,还有车前草、仙人掌和竹子之类的陆地植物,以及沿海地区的海藻和紫菜等海洋植物。

2. 动物类食物

捕捉一切能够食用的小动物,是野外求生时解决食物来源的有效方法。比较容易捕捉的小动物主要有蛇、蛙、龟、蜥蜴、鱼、虾等。

(1) 蛇类。捕蛇首先必须保证自身安全。捕蛇的工具最好选取带有叉子的长木棍。打蛇要打七寸(即蛇的心脏所在位置),下手要快、要准。可先用叉子叉住蛇的颈部,用另一木棍或重物猛击其头部。对付树上栖息的蛇可先用棍棒将它们击落到地上,以防万一。总之,捕蛇既要胆大,又要心细,要谨防被毒蛇咬伤。蛇的宰杀,可以剥皮,也可以不剥皮。烹饪方法,可以红烧、清炖,也可以烧烤。

(2) 蜥蜴。蜥蜴各地均有,所有的蜥蜴肉都可以食用。大多数蜥蜴生性胆怯,但有些大蜥蜴和巨蜥受到攻击时会咬人。捕捉时要谨防被咬伤或被其利爪抓伤。捕捉到这类动物后,先砍头剁脚,然后剥皮、剖腹去除内脏,即可下锅烹饪或烧烤食用。

(3) 两栖动物。所有青蛙类的肉都可食用,但有些种类(如蟾酥)皮下有毒腺,烹煮之前必须剥皮。青蛙肉可煮成清汤,或红烧、爆炒,无论采用哪种烹饪方法,都必须煮熟煮透,以杀死寄生虫。

(4) 鳖鱼类。龟、鳖类爬行动物肉味鲜美,营养丰富,是求生者难得的美食。在水中的,可用渔网或钓钩捕捉;爬上岸的,个头不大的按住背部即可捕获,个头大的也只需把它掀翻,使其背部朝下,但要随时阻止它们翻身,也要防止被它们的利齿咬伤。宰杀时,可先重击其头部,将其杀死,然后沿腹部剖开,去除内脏,切除头部,即可根据需要切块下锅烹煮。鳖肉必须煮熟方可食用,鳖血营养也很丰富。

(5) 鱼类。在江、河、湖、海、池塘等各类水系,垂钓或捕捉鱼、虾,也是获取食物的重要手段。对捕捉到的鱼,食用前必须辨别是否有毒。通常在热带浅海中,没有鱼鳞而有刺、尖棘或硬毛，形状比较怪异的，可能是毒鱼，不可食用。在我国，含有毒素的鱼类约有20种，如河豚、刺鱼、鳞豚、六斑刺豚、角箱豚等，其中，最常见的有河豚。如果不慎误食毒鱼，应马上用高锰酸钾液洗胃，或服用催吐药、泻药将已食进的鱼毒排出。

（6）昆虫类。昆虫也是野外求生者能获取的动物性食物资源。最有利用价值的是白蚁、蚱蜢、蝗虫、蟋蟀、蜜蜂等。特别是蜜蜂，不但蛹、幼虫和成年蜂都可以吃，而且在蜂房里还可以找到蜂蜜。蜂蜜富有营养且易为人体所吸收，是求生者理想的食物。昆虫最好经过烹烧之后食用，这样既美味又安全。食用前，对诸如蝗虫、蚱蜢、蟋蟀之类的大型昆虫，要先去掉小腿及翅膀。因为腿毛会刺激消化道，某些种类幼虫的纤毛会引起皮疹。

（三）火

对于野外求生者来说，火有着特殊的重要意义。它不仅能保持体温，减少体内热量散失，还可以烤干衣服、煮饭烧水、熏烤食品、吓跑野兽、驱走害虫、锻造金属器具等。总之，火可能给人带来生机和活力。但是，用火不慎，引发火灾，也可能危及生命，破坏自然生态，造成不可挽回的损失。所以，野外求生者，不仅要懂得如何生火和用火，而且要懂得控制火焰燃烧，安全用火。

1. 选择生火点和构筑火炉

1）选择生火点

根据所处环境的地形特点，确定生火的地点。最好选择在靠近宿营处，既能保证用火安全，又便于火焰燃烧和散烟的地点。

（1）身处林区时，生火、用火必须考虑的首要问题是严防引发森林火灾。所以，生火点最好选在林中空地、林缘边、通过林区河流的岸上、小溪旁最高水位线上背风的地方。尽量避开易燃的针叶树林。

（2）身处草原时，生火点最好选在靠近水源的地方，如河流、水塘的旁边，也可选在背风的坡地上，但四周一定要开出2米以上的防火隔离带。用火过程必须全程有人值守，做到人走火灭。

（3）身处山地、丘陵地时，可寻找山洞，背风石崖旁，向阳背风的山坡上，或河床边、溪流旁的最高水位线以上的地方，但雨季要谨防山洪暴发。在山地生火时要依据植被情况，做好安全防火工作。

2）构筑火炉

为了保证用火安全，提高热效能，求生者应当在选定的生火点上，根据用途、地形特点和可能获取的材料，采用垒、挖、架等办法，构造合适的火炉。有条件时，也可以利用就便器材改造成火炉。

2. 搜集燃料

（1）主燃料。最好选择燃烧持续时间长、热效能好、不发烟或发烟少的燃烧物。野外生存可选择的燃烧物主要有枯木、干燥的动物粪便等。

（2）引火物。引火物最好是易燃物质。枯草、枯死的细小树枝、针叶松的落叶等是最好的引火材料。

3. 点火方法

（1）火柴点火。

（2）凸镜生火。在阳光直射的情况下，可利用随身携带的放大镜、望远镜和照相机的凸镜将太阳光聚焦于引火物之上，将其点燃。

（3）火刀击打火石。操作方法：左手食指和拇指捏住火石，食指和中指之间夹住引火物（通常是带有余灰的引火纸卷），并使火石靠近引火物，右手握住打火刀（没有火刀用其他刀具的背部也行），按照划火柴的动作，用力击打火石，使之迸出火花，点燃引火物。

（4）钻木取火。操作方法：用一根干燥坚硬的纺锤状木棒在一块干燥的软木底座上摩擦钻孔，靠钻孔摩擦发热而点燃引火物。

（5）电池生火。电池放电产生的电火花可用来点火。一小块沾了点汽油的布就是最好的引火物，只要在这块布上方爆出火花，就能燃起火苗。

4. 用火

（1）合理安排工作，注意节省燃料。火焰燃烧起来后，求生者应当根据自己的需要，要分清轻重缓急，统筹安排工作顺序，合理利用燃料燃烧产生的热能。

（2）掌握燃烧技巧，保证持续用火。野外生火非常不容易，所以，必须注意保存火种。为了使火焰持续燃烧，必须备有较多的燃料，并学会控制燃烧的技巧。当需要用火时，可添加诸如干燥的松木等树脂含量高、容易燃烧的软质木柴；当暂时不用火，但又必须保持火种时，则添加不易燃烧的湿柴火、硬质木柴，并把炉子的进、排气孔封住或只留一个小孔，以减少空气流通，达到控制燃烧的目的；当必须烧火过夜，以供夜间取暖时，可以采取软、硬木柴搭配，干、湿木柴混用的方法，以延缓燃烧速度，达到持续供热，保证安全过夜的目的。添加湿柴火时，最好先放在火堆旁边或炉灶门口烘烤，待烤干后再推到中间燃烧。

（3）注意用火安全，防止引发火灾。野外生火，最重要的是安全用火，必须注意，在选择生火地点时，要尽量避开易燃的植被；生火前，生火点四周要有足够的防火隔离带，如果没有自然形成的隔离带，应人工开辟 2 米以上的防火隔离带；要有灭火应急措施，在生火点的旁边，必须备有沙土堆或水，或备有灭火工具，一旦火势失控，马上扑灭；从点火到撤离的整个用火过程，火堆、火炉边都必须有人值守，发现燃烧有可能失控时，立即进行处理；撤离生火地点时，必须把火彻底扑灭，并用沙土覆盖，以防死灰复燃，引发火灾。

（四）露营地与庇护所

野外求生，在短时间内难以得到救助，不得不在荒野之中生活较长时间的情况下，露营地与庇护所是满足生存需要的非常重要的场所。

1. 选择露营地

露营地的选择应当注意：尽量选在可以防风、防雨，山洪冲不到，不会受到落石或雪崩威胁，比较平坦的地方，因为宽阔的空间有助于发送求救信号，易于被救援者发现；尽量选在离水源较近，附近有充足可利用的林木的地方；尽可能选择有自然地形地物可以利用的地方，这样可以为构筑庇护所打下良好的基础。尽量避开独立的高大乔木；尽量避开下一次暴风雨中可能倒下的死树；尽量避开野兽出没的地方。

2. 寻找和构筑庇护所

野外求生者所遇到的绝大多数情况是利用就便器材露营，或利用自然地形地物加就便器材露营。

（1）利用洞穴。洞穴，即使又窄又浅，也可以成为很好的庇护所。位于山谷较高处的山洞比较干燥，洞内气候受外界影响不大，是比较理想的栖息之所。位于谷底和深不可测的山洞，相当潮湿，不适宜居住，应当慎用。对所要利用的山洞，进洞前要注意观察，看是否有野兽。若一时难以判定时，可在洞口生起篝火，并往洞里扇风，使烟火往洞里灌，用烟熏火燎的方法，吓跑野兽，驱赶蚊虫。对山洞的改造利用并不复杂，通常要做的工作是，整理进出通道，制作洞门屏障，以防野兽侵扰。洞门屏障，若洞口较小，可制作一片篱笆，夜间休息时，用绳索从里面拉住；若洞口较大时，可用圆木横拦在洞口作为屏障。

（2）架设帐篷。可搭建简易帐篷的材料有：雨衣、塑料薄膜、盖布等覆盖面料，以及竹竿、木棍等骨架材料。帐篷的样式：可搭建成屋顶形、半屋顶形、圆锥形、拱形等简易帐篷。其大小和形状可根据地形特征、器材数量和露营人数灵活确定。

（3）简易庇护所。通常是寻找就近可利用的地形地物，加以改造和补充搭盖，构成的临时栖息所。其主要形式有以下几种：

①利用天然凹坑。凹坑有部分挡风效果，在凹坑的顶部再加上遮盖，就是很好的简易栖息所。凹坑最好选在斜坡上，以利排水，如果是平地上的凹坑，四周要挖好排水沟。改造的方法是，先在凹坑的中部搭上一根结实的圆木，作为基本支撑，然后把木棍、树枝分两边整齐地搭在圆木上，上面再覆盖塑料薄膜、大型叶片或草皮等覆盖物。

②利用倒地的树干。利用时，最好选择与风向垂直的树干，这样可以取得较好的防风效果。改造的方法是，在树干的背风处挖一个凹坑，利用树干为支撑点，在凹坑的上方搭建棚顶。

③利用石块。上述两种栖身所空间太小，只能躺着，不太舒服。如果在坑的四周垒起石块以增加棚高，就可以增大栖身所的空间，这样，就不仅能够躺着，而且可以坐着，甚至站着活动，可以大大改善野外生活的质量。

3. 露营地的管理

为了提高营地的生活质量，最大限度地争取获救机会，就必须对生活在营地的人进行科学合理的分工，进行有效的管理。

（1）制订管理规定，进行科学分工。首先，应成立组织，推举营地负责人，以统一管理、指挥和协调营地的生活秩序和救援工作；其次，要建立花名册，进行组织分工；最后，努力使营地始终保持高昂的士气。

（2）搞好营区卫生，预防疾病传播。

（3）制订营地生活纪律，内容通常包括值班规定、用火规定、用水规定、内务及卫生规定、离开营地的规定，以及营地负责人认为需要规定的事项。

【思考题】

1. 行军前的准备工作包括哪些？
2. 如何选择宿营地区？
3. 到达宿营地之后，需要做哪些工作？
4. 野外生存的基本需要有哪些？如何获取？

附录1　中华人民共和国国防法

(1997年3月14日第八届全国人民代表大会第五次会议通过　根据2009年8月27日第十一届全国人民代表大会常务委员会第十次会议《关于修改部分法律的决定》修正　2020年12月26日第十三届全国人民代表大会常务委员会第二十四次会议修订)

第一章　总　　则

第一条　为了建设和巩固国防，保障改革开放和社会主义现代化建设的顺利进行，实现中华民族伟大复兴，根据宪法，制定本法。

第二条　国家为防备和抵抗侵略，制止武装颠覆和分裂，保卫国家主权、统一、领土完整、安全和发展利益所进行的军事活动，以及与军事有关的政治、经济、外交、科技、教育等方面的活动，适用本法。

第三条　国防是国家生存与发展的安全保障。

国家加强武装力量建设，加强边防、海防、空防和其他重大安全领域防卫建设，发展国防科研生产，普及全民国防教育，完善国防动员体系，实现国防现代化。

第四条　国防活动坚持以马克思列宁主义、毛泽东思想、邓小平理论、"三个代表"重要思想、科学发展观、习近平新时代中国特色社会主义思想为指导，贯彻习近平强军思想，坚持总体国家安全观，贯彻新时代军事战略方针，建设与我国国际地位相称、与国家安全和发展利益相适应的巩固国防和强大武装力量。

第五条　国家对国防活动实行统一的领导。

第六条　中华人民共和国奉行防御性国防政策，独立自主、自力更生地建设和巩固国防，实行积极防御，坚持全民国防。

国家坚持经济建设和国防建设协调、平衡、兼容发展，依法开展国防活动，加快国防和军队现代化，实现富国和强军相统一。

第七条　保卫祖国、抵抗侵略是中华人民共和国每一个公民的神圣职责。

中华人民共和国公民应当依法履行国防义务。

一切国家机关和武装力量、各政党和各人民团体、企业事业组织、社会组织和其他组织，都应当支持和依法参与国防建设，履行国防职责，完成国防任务。

第八条 国家和社会尊重、优待军人，保障军人的地位和合法权益，开展各种形式的拥军优属活动，让军人成为全社会尊崇的职业。

中国人民解放军和中国人民武装警察部队开展拥政爱民活动，巩固军政军民团结。

第九条 中华人民共和国积极推进国际军事交流与合作，维护世界和平，反对侵略扩张行为。

第十条 对在国防活动中作出贡献的组织和个人，依照有关法律、法规的规定给予表彰和奖励。

第十一条 任何组织和个人违反本法和有关法律，拒绝履行国防义务或者危害国防利益的，依法追究法律责任。

公职人员在国防活动中，滥用职权、玩忽职守、徇私舞弊的，依法追究法律责任。

第二章 国家机构的国防职权

第十二条 全国人民代表大会依照宪法规定，决定战争和和平的问题，并行使宪法规定的国防方面的其他职权。

全国人民代表大会常务委员会依照宪法规定，决定战争状态的宣布，决定全国总动员或者局部动员，并行使宪法规定的国防方面的其他职权。

第十三条 中华人民共和国主席根据全国人民代表大会的决定和全国人民代表大会常务委员会的决定，宣布战争状态，发布动员令，并行使宪法规定的国防方面的其他职权。

第十四条 国务院领导和管理国防建设事业，行使下列职权：

（一）编制国防建设的有关发展规划和计划；

（二）制定国防建设方面的有关政策和行政法规；

（三）领导和管理国防科研生产；

（四）管理国防经费和国防资产；

（五）领导和管理国民经济动员工作和人民防空、国防交通等方面的建设和组织实施工作；

（六）领导和管理拥军优属工作和退役军人保障工作；

（七）与中央军事委员会共同领导民兵的建设，征兵工作，边防、海防、空防和其他重大安全领域防卫的管理工作；

（八）法律规定的与国防建设事业有关的其他职权。

第十五条 中央军事委员会领导全国武装力量，行使下列职权：

（一）统一指挥全国武装力量；

（二）决定军事战略和武装力量的作战方针；

（三）领导和管理中国人民解放军、中国人民武装警察部队的建设，制定规划、计划并组织实施；

（四）向全国人民代表大会或者全国人民代表大会常务委员会提出议案；

（五）根据宪法和法律，制定军事法规，发布决定和命令；

（六）决定中国人民解放军、中国人民武装警察部队的体制和编制，规定中央军事委员会机关部门、战区、军兵种和中国人民武装警察部队等单位的任务和职责；

（七）依照法律、军事法规的规定，任免、培训、考核和奖惩武装力量成员；

（八）决定武装力量的武器装备体制，制定武器装备发展规划、计划，协同国务院领导和管理国防科研生产；

（九）会同国务院管理国防经费和国防资产；

（十）领导和管理人民武装动员、预备役工作；

（十一）组织开展国际军事交流与合作；

（十二）法律规定的其他职权。

第十六条 中央军事委员会实行主席负责制。

第十七条 国务院和中央军事委员会建立协调机制，解决国防事务的重大问题。

中央国家机关与中央军事委员会机关有关部门可以根据情况召开会议，协调解决有关国防事务的问题。

第十八条 地方各级人民代表大会和县级以上地方各级人民代表大会常务委员会在本行政区域内，保证有关国防事务的法律、法规的遵守和执行。

地方各级人民政府依照法律规定的权限，管理本行政区域内的征兵、民兵、国民经济动员、人民防空、国防交通、国防设施保护，以及退役军人保障和拥军优属等工作。

第十九条 地方各级人民政府和驻地军事机关根据需要召开军地联席会议，协调解决本行政区域内有关国防事务的问题。

军地联席会议由地方人民政府的负责人和驻地军事机关的负责人共同召集。军地联席会议的参加人员由会议召集人确定。

军地联席会议议定的事项，由地方人民政府和驻地军事机关根据各自职责和任务分工办理，重大事项应当分别向上级报告。

第三章 武 装 力 量

第二十条 中华人民共和国的武装力量属于人民。它的任务是巩固国防，抵抗侵略，保卫祖国，保卫人民的和平劳动，参加国家建设事业，全心全意为人民服务。

第二十一条 中华人民共和国的武装力量受中国共产党领导。武装力量中的中国共产党组织依照中国共产党章程进行活动。

第二十二条 中华人民共和国的武装力量，由中国人民解放军、中国人民武装警察部队、民兵组成。

中国人民解放军由现役部队和预备役部队组成，在新时代的使命任务是为巩固中国共产党领导和社会主义制度，为捍卫国家主权、统一、领土完整，为维护国家海外利益，为促进世界和平与发展，提供战略支撑。现役部队是国家的常备军，主要担负防卫作战任务，按照规定执行非战争军事行动任务。预备役部队按照规定进行军事训练、执行防卫作战任务和非战争军事行动任务；根据国家发布的动员令，由中央军事委员会下达命令转为现役部队。

中国人民武装警察部队担负执勤、处置突发社会安全事件、防范和处置恐怖活动、海上维权执法、抢险救援和防卫作战以及中央军事委员会赋予的其他任务。

民兵在军事机关的指挥下，担负战备勤务、执行非战争军事行动任务和防卫作战任务。

第二十三条 中华人民共和国的武装力量必须遵守宪法和法律。

第二十四条 中华人民共和国武装力量建设坚持走中国特色强军之路，坚持政治建军、改革强军、科技强军、人才强军、依法治军，加强军事训练，开展政治工作，提高保障水平，全面推进军事理论、军队组织形态、军事人员和武器装备现代化，构建中国特色现代作战体系，全面提高战斗力，努力实现党在新时代的强军目标。

第二十五条 中华人民共和国武装力量的规模应当与保卫国家主权、安全、发展利益的需要相适应。

第二十六条 中华人民共和国的兵役分为现役和预备役。军人和预备役人员的服役制度由法律规定。

中国人民解放军、中国人民武装警察部队依照法律规定实行衔级制度。

第二十七条 中国人民解放军、中国人民武装警察部队在规定岗位实行文职人员制度。

第二十八条 中国人民解放军军旗、军徽是中国人民解放军的象征和标志。中国人民武装警察部队旗、徽是中国人民武装警察部队的象征和标志。

公民和组织应当尊重中国人民解放军军旗、军徽和中国人民武装警察部队旗、徽。

中国人民解放军军旗、军徽和中国人民武装警察部队旗、徽的图案、样式以及使用管理办法由中央军事委员会规定。

第二十九条 国家禁止任何组织或者个人非法建立武装组织，禁止非法武装活动，禁止冒充军人或者武装力量组织。

第四章　边防、海防、空防和其他重大安全领域防卫

第三十条 中华人民共和国的领陆、领水、领空神圣不可侵犯。国家建设强大稳固的现代边防、海防和空防，采取有效的防卫和管理措施，保卫领陆、领水、领空的安全，维护国家海洋权益。

国家采取必要的措施，维护在太空、电磁、网络空间等其他重大安全领域的活动、资产和其他利益的安全。

第三十一条 中央军事委员会统一领导边防、海防、空防和其他重大安全领域的防卫工作。

中央国家机关、地方各级人民政府和有关军事机关，按照规定的职权范围，分工负责边防、海防、空防和其他重大安全领域的管理和防卫工作，共同维护国家的安全和利益。

第三十二条 国家根据边防、海防、空防和其他重大安全领域防卫的需要，加强防卫力量建设，建设作战、指挥、通信、测控、导航、防护、交通、保障等国防设施。各级人民政府和军事机关应当依照法律、法规的规定，保障国防设施的建设，保护国防设施的安全。

第五章　国防科研生产和军事采购

第三十三条　国家建立和完善国防科技工业体系，发展国防科研生产，为武装力量提供性能先进、质量可靠、配套完善、便于操作和维修的武器装备以及其他适用的军用物资，满足国防需要。

第三十四条　国防科技工业实行军民结合、平战结合、军品优先、创新驱动、自主可控的方针。

国家统筹规划国防科技工业建设，坚持国家主导、分工协作、专业配套、开放融合，保持规模适度、布局合理的国防科研生产能力。

第三十五条　国家充分利用全社会优势资源，促进国防科学技术进步，加快技术自主研发，发挥高新技术在武器装备发展中的先导作用，增加技术储备，完善国防知识产权制度，促进国防科技成果转化，推进科技资源共享和协同创新，提高国防科研能力和武器装备技术水平。

第三十六条　国家创造有利的环境和条件，加强国防科学技术人才培养，鼓励和吸引优秀人才进入国防科研生产领域，激发人才创新活力。

国防科学技术工作者应当受到全社会的尊重。国家逐步提高国防科学技术工作者的待遇，保护其合法权益。

第三十七条　国家依法实行军事采购制度，保障武装力量所需武器装备和物资、工程、服务的采购供应。

第三十八条　国家对国防科研生产实行统一领导和计划调控；注重发挥市场机制作用，推进国防科研生产和军事采购活动公平竞争。

国家为承担国防科研生产任务和接受军事采购的组织和个人依法提供必要的保障条件和优惠政策。地方各级人民政府应当依法对承担国防科研生产任务和接受军事采购的组织和个人给予协助和支持。

承担国防科研生产任务和接受军事采购的组织和个人应当保守秘密，及时高效完成任务，保证质量，提供相应的服务保障。

国家对供应武装力量的武器装备和物资、工程、服务，依法实行质量责任追究制度。

第六章　国防经费和国防资产

第三十九条　国家保障国防事业的必要经费。国防经费的增长应当与国防需求和国民经济发展水平相适应。

国防经费依法实行预算管理。

第四十条　国家为武装力量建设、国防科研生产和其他国防建设直接投入的资金、划拨使用的土地等资源，以及由此形成的用于国防目的的武器装备和设备设施、物资器材、技术成果等属于国防资产。

国防资产属于国家所有。

第四十一条 国家根据国防建设和经济建设的需要，确定国防资产的规模、结构和布局，调整和处分国防资产。

国防资产的管理机构和占有、使用单位，应当依法管理国防资产，充分发挥国防资产的效能。

第四十二条 国家保护国防资产不受侵害，保障国防资产的安全、完整和有效。

禁止任何组织或者个人破坏、损害和侵占国防资产。未经国务院、中央军事委员会或者国务院、中央军事委员会授权的机构批准，国防资产的占有、使用单位不得改变国防资产用于国防的目的。国防资产中的技术成果，在坚持国防优先、确保安全的前提下，可以根据国家有关规定用于其他用途。

国防资产的管理机构或者占有、使用单位对不再用于国防目的的国防资产，应当按照规定报批，依法改作其他用途或者进行处置。

第七章 国防教育

第四十三条 国家通过开展国防教育，使全体公民增强国防观念、强化忧患意识、掌握国防知识、提高国防技能、发扬爱国主义精神，依法履行国防义务。

普及和加强国防教育是全社会的共同责任。

第四十四条 国防教育贯彻全民参与、长期坚持、讲求实效的方针，实行经常教育与集中教育相结合、普及教育与重点教育相结合、理论教育与行为教育相结合的原则。

第四十五条 国防教育主管部门应当加强国防教育的组织管理，其他有关部门应当按照规定的职责做好国防教育工作。

军事机关应当支持有关机关和组织开展国防教育工作，依法提供有关便利条件。

一切国家机关和武装力量、各政党和各人民团体、企业事业组织、社会组织和其他组织，都应当组织本地区、本部门、本单位开展国防教育。

学校的国防教育是全民国防教育的基础。各级各类学校应当设置适当的国防教育课程，或者在有关课程中增加国防教育的内容。普通高等学校和高中阶段学校应当按照规定组织学生军事训练。

公职人员应当积极参加国防教育，提升国防素养，发挥在全民国防教育中的模范带头作用。

第四十六条 各级人民政府应当将国防教育纳入国民经济和社会发展计划，保障国防教育所需的经费。

第八章 国防动员和战争状态

第四十七条 中华人民共和国的主权、统一、领土完整、安全和发展利益遭受威胁时，国家依照宪法和法律规定，进行全国总动员或者局部动员。

第四十八条 国家将国防动员准备纳入国家总体发展规划和计划，完善国防动员体制，增强国防动员潜力，提高国防动员能力。

第四十九条 国家建立战略物资储备制度。战略物资储备应当规模适度、储存安全、调用方便、定期更换,保障战时的需要。

第五十条　国家国防动员领导机构、中央国家机关、中央军事委员会机关有关部门按照职责分工,组织国防动员准备和实施工作。

一切国家机关和武装力量、各政党和各人民团体、企业事业组织、社会组织、其他组织和公民,都必须依照法律规定完成国防动员准备工作;在国家发布动员令后,必须完成规定的国防动员任务。

第五十一条　国家根据国防动员需要,可以依法征收、征用组织和个人的设备设施、交通工具、场所和其他财产。

县级以上人民政府对被征收、征用者因征收、征用所造成的直接经济损失,按照国家有关规定给予公平、合理的补偿。

第五十二条　国家依照宪法规定宣布战争状态,采取各种措施集中人力、物力和财力,领导全体公民保卫祖国、抵抗侵略。

第九章　公民、组织的国防义务和权利

第五十三条　依照法律服兵役和参加民兵组织是中华人民共和国公民的光荣义务。

各级兵役机关和基层人民武装机构应当依法办理兵役工作,按照国务院和中央军事委员会的命令完成征兵任务,保证兵员质量。有关国家机关、人民团体、企业事业组织、社会组织和其他组织,应当依法完成民兵和预备役工作,协助完成征兵任务。

第五十四条　企业事业组织和个人承担国防科研生产任务或者接受军事采购,应当按照要求提供符合质量标准的武器装备或者物资、工程、服务。

企业事业组织和个人应当按照国家规定在与国防密切相关的建设项目中贯彻国防要求,依法保障国防建设和军事行动的需要。车站、港口、机场、道路等交通设施的管理、运营单位应当为军人和军用车辆、船舶的通行提供优先服务,按照规定给予优待。

第五十五条　公民应当接受国防教育。

公民和组织应当保护国防设施,不得破坏、危害国防设施。

公民和组织应当遵守保密规定,不得泄露国防方面的国家秘密,不得非法持有国防方面的秘密文件、资料和其他秘密物品。

第五十六条　公民和组织应当支持国防建设,为武装力量的军事训练、战备勤务、防卫作战、非战争军事行动等活动提供便利条件或者其他协助。

国家鼓励和支持符合条件的公民和企业投资国防事业,保障投资者的合法权益并依法给予政策优惠。

第五十七条　公民和组织有对国防建设提出建议的权利,有对危害国防利益的行为进行制止或者检举的权利。

第五十八条　民兵、预备役人员和其他公民依法参加军事训练,担负战备勤务、防卫作战、非战争军事行动等任务时,应当履行自己的职责和义务;国家和社会保障其享有相应的待遇,按照有关规定对其实行抚恤优待。

公民和组织因国防建设和军事活动在经济上受到直接损失的,可以依照国家有关规定获得补偿。

第十章　军人的义务和权益

第五十九条　军人必须忠于祖国，忠于中国共产党，履行职责，英勇战斗，不怕牺牲，捍卫祖国的安全、荣誉和利益。

第六十条　军人必须模范地遵守宪法和法律，遵守军事法规，执行命令，严守纪律。

第六十一条　军人应当发扬人民军队的优良传统，热爱人民，保护人民，积极参加社会主义现代化建设，完成抢险救灾等任务。

第六十二条　军人应当受到全社会的尊崇。

国家建立军人功勋荣誉表彰制度。

国家采取有效措施保护军人的荣誉、人格尊严，依照法律规定对军人的婚姻实行特别保护。

军人依法履行职责的行为受法律保护。

第六十三条　国家和社会优待军人。

国家建立与军事职业相适应、与国民经济发展相协调的军人待遇保障制度。

第六十四条　国家建立退役军人保障制度，妥善安置退役军人，维护退役军人的合法权益。

第六十五条　国家和社会抚恤优待残疾军人，对残疾军人的生活和医疗依法给予特别保障。

因战、因公致残或者致病的残疾军人退出现役后，县级以上人民政府应当及时接收安置，并保障其生活不低于当地的平均生活水平。

第六十六条　国家和社会优待军人家属，抚恤优待烈士家属和因公牺牲、病故军人的家属。

第十一章　对外军事关系

第六十七条　中华人民共和国坚持互相尊重主权和领土完整、互不侵犯、互不干涉内政、平等互利、和平共处五项原则，维护以联合国为核心的国际体系和以国际法为基础的国际秩序，坚持共同、综合、合作、可持续的安全观，推动构建人类命运共同体，独立自主地处理对外军事关系，开展军事交流与合作。

第六十八条　中华人民共和国遵循以联合国宪章宗旨和原则为基础的国际关系基本准则，依照国家有关法律运用武装力量，保护海外中国公民、组织、机构和设施的安全，参加联合国维和、国际救援、海上护航、联演联训、打击恐怖主义等活动，履行国际安全义务，维护国家海外利益。

第六十九条　中华人民共和国支持国际社会实施的有利于维护世界和地区和平、安全、稳定的与军事有关的活动，支持国际社会为公正合理地解决国际争端以及国际军备控制、裁军和防扩散所做的努力，参与安全领域多边对话谈判，推动制定普遍接受、公正合理的国际规则。

第七十条 中华人民共和国在对外军事关系中遵守同外国、国际组织缔结或者参加的有关条约和协定。

第十二章 附 则

第七十一条 本法所称军人，是指在中国人民解放军服现役的军官、军士、义务兵等人员。

本法关于军人的规定，适用于人民武装警察。

第七十二条 中华人民共和国特别行政区的防务，由特别行政区基本法和有关法律规定。

第七十三条 本法自 2021 年 1 月 1 日起施行。

附录2　中华人民共和国兵役法

（1984年5月31日第六届全国人民代表大会第二次会议通过　根据1998年12月29日第九届全国人民代表大会常务委员会第六次会议《关于修改〈中华人民共和国兵役法〉的决定》第一次修正　根据2009年8月27日第十一届全国人民代表大会常务委员会第十次会议《关于修改部分法律的决定》第二次修正　根据2011年10月29日第十一届全国人民代表大会常务委员会第二十三次会议《关于修改〈中华人民共和国兵役法〉的决定》第三次修正　2021年8月20日第十三届全国人民代表大会常务委员会第三十次会议修订）

第一章　总　　则

第一条　为了规范和加强国家兵役工作，保证公民依法服兵役，保障军队兵员补充和储备，建设巩固国防和强大军队，根据宪法，制定本法。

第二条　保卫祖国、抵抗侵略是中华人民共和国每一个公民的神圣职责。

第三条　中华人民共和国实行以志愿兵役为主体的志愿兵役与义务兵役相结合的兵役制度。

第四条　兵役工作坚持中国共产党的领导，贯彻习近平强军思想，贯彻新时代军事战略方针，坚持与国家经济社会发展相协调，坚持与国防和军队建设相适应，遵循服从国防需要、聚焦备战打仗、彰显服役光荣、体现权利和义务一致的原则。

第五条　中华人民共和国公民，不分民族、种族、职业、家庭出身、宗教信仰和教育程度，都有义务依照本法的规定服兵役。

有严重生理缺陷或者严重残疾不适合服兵役的公民，免服兵役。

依照法律被剥夺政治权利的公民，不得服兵役。

第六条　兵役分为现役和预备役。在中国人民解放军服现役的称军人；预编到现役部队或者编入预备役部队服预备役的，称预备役人员。

第七条　军人和预备役人员，必须遵守宪法和法律，履行公民的义务，同时享有公民的权利；由于服兵役而产生的权利和义务，由本法和其他相关法律法规规定。

第八条　军人必须遵守军队的条令和条例，忠于职守，随时为保卫祖国而战斗。

预备役人员必须按照规定参加军事训练、担负战备勤务、执行非战争军事行动任务，随时准备应召参战，保卫祖国。

军人和预备役人员入役时应当依法进行服役宣誓。

第九条　全国的兵役工作，在国务院、中央军事委员会领导下，由国防部负责。

省军区（卫戍区、警备区）、军分区（警备区）和县、自治县、不设区的市、市辖区的人民武装部，兼各该级人民政府的兵役机关，在上级军事机关和同级人民政府领导下，负责办理本行政区域的兵役工作。

机关、团体、企业事业组织和乡、民族乡、镇的人民政府，依照本法的规定完成兵役工作任务。兵役工作业务，在设有人民武装部的单位，由人民武装部办理；不设人民武装部的单位，确定一个部门办理。普通高等学校应当有负责兵役工作的机构。

第十条　县级以上地方人民政府兵役机关应当会同相关部门，加强对本行政区域内兵役工作的组织协调和监督检查。

县级以上地方人民政府和同级军事机关应当将兵役工作情况作为拥军优属、拥政爱民评比和有关单位及其负责人考核评价的内容。

第十一条　国家加强兵役工作信息化建设，采取有效措施实现有关部门之间信息共享，推进兵役信息收集、处理、传输、存储等技术的现代化，为提高兵役工作质量效益提供支持。

兵役工作有关部门及其工作人员应当对收集的个人信息严格保密，不得泄露或者向他人非法提供。

第十二条　国家采取措施，加强兵役宣传教育，增强公民依法服兵役意识，营造服役光荣的良好社会氛围。

第十三条　军人和预备役人员建立功勋的，按照国家和军队关于功勋荣誉表彰的规定予以褒奖。

组织和个人在兵役工作中作出突出贡献的，按照国家和军队有关规定予以表彰和奖励。

第二章　兵役登记

第十四条　国家实行兵役登记制度。兵役登记包括初次兵役登记和预备役登记。

第十五条　每年十二月三十一日以前年满十八周岁的男性公民，都应当按照兵役机关的安排在当年进行初次兵役登记。

机关、团体、企业事业组织和乡、民族乡、镇的人民政府，应当根据县、自治县、不设区的市、市辖区人民政府兵役机关的安排，负责组织本单位和本行政区域的适龄男性公民进行初次兵役登记。

初次兵役登记可以采取网络登记的方式进行，也可以到兵役登记站（点）现场登记。进行兵役登记，应当如实填写个人信息。

第十六条　经过初次兵役登记的未服现役的公民，符合预备役条件的，县、自治县、不设区的市、市辖区人民政府兵役机关可以根据需要，对其进行预备役登记。

第十七条　退出现役的士兵自退出现役之日起四十日内，退出现役的军官自确定安置地之日起三十日内，到安置地县、自治县、不设区的市、市辖区人民政府兵役机关进行兵役登记信息变更；其中，符合预备役条件，经部队确定需要办理预备役登记的，还应当办理预备役登记。

第十八条　县级以上地方人民政府兵役机关负责本行政区域兵役登记工作。

县、自治县、不设区的市、市辖区人民政府兵役机关每年组织兵役登记信息核验，会同有关部门对公民兵役登记情况进行查验，确保兵役登记及时，信息准确完整。

第三章　平时征集

第十九条　全国每年征集服现役的士兵的人数、次数、时间和要求，由国务院和中央军事委员会的命令规定。

县级以上地方各级人民政府组织兵役机关和有关部门组成征集工作机构，负责组织实施征集工作。

第二十条　年满十八周岁的男性公民，应当被征集服现役；当年未被征集的，在二十二周岁以前仍可以被征集服现役。普通高等学校毕业生的征集年龄可以放宽至二十四周岁，研究生的征集年龄可以放宽至二十六周岁。

根据军队需要，可以按照前款规定征集女性公民服现役。

根据军队需要和本人自愿，可以征集年满十七周岁未满十八周岁的公民服现役。

第二十一条　经初次兵役登记并初步审查符合征集条件的公民，称应征公民。

在征集期间，应征公民应当按照县、自治县、不设区的市、市辖区征集工作机构的通知，按时参加体格检查等征集活动。

应征公民符合服现役条件，并经县、自治县、不设区的市、市辖区征集工作机构批准的，被征集服现役。

第二十二条　在征集期间，应征公民被征集服现役，同时被机关、团体、企业事业组织招录或者聘用的，应当优先履行服兵役义务；有关机关、团体、企业事业组织应当服从国防和军队建设的需要，支持兵员征集工作。

第二十三条　应征公民是维持家庭生活唯一劳动力的，可以缓征。

第二十四条　应征公民因涉嫌犯罪正在被依法监察调查、侦查、起诉、审判或者被判处徒刑、拘役、管制正在服刑的，不征集。

第四章　士兵的现役和预备役

第二十五条　现役士兵包括义务兵役制士兵和志愿兵役制士兵，义务兵役制士兵称义务兵，志愿兵役制士兵称军士。

第二十六条　义务兵服现役的期限为二年。

第二十七条　义务兵服现役期满，根据军队需要和本人自愿，经批准可以选改为军士；服现役期间表现特别优秀的，经批准可以提前选改为军士。根据军队需要，可以直接从非军事部门具有专业技能的公民中招收军士。

军士实行分级服现役制度。军士服现役的期限一般不超过三十年,年龄不超过五十五周岁。

军士分级服现役的办法和直接从非军事部门招收军士的办法,按照国家和军队有关规定执行。

第二十八条 士兵服现役期满,应当退出现役。

士兵因国家建设或者军队编制调整需要退出现役的,经军队医院诊断证明本人健康状况不适合继续服现役的,或者因其他特殊原因需要退出现役的,经批准可以提前退出现役。

第二十九条 士兵服现役的时间自征集工作机构批准入伍之日起算。

士兵退出现役的时间为部队下达退出现役命令之日。

第三十条 依照本法第十七条规定经过预备役登记的退出现役的士兵,由部队会同兵役机关根据军队需要,遴选确定服士兵预备役;经过考核,适合担任预备役军官职务的,服军官预备役。

第三十一条 依照本法第十六条规定经过预备役登记的公民,符合士兵预备役条件的,由部队会同兵役机关根据军队需要,遴选确定服士兵预备役。

第三十二条 预备役士兵服预备役的最高年龄,依照其他有关法律规定执行。

预备役士兵达到服预备役最高年龄的,退出预备役。

第五章 军官的现役和预备役

第三十三条 现役军官从下列人员中选拔、招收:

(一)军队院校毕业学员;
(二)普通高等学校应届毕业生;
(三)表现优秀的现役士兵;
(四)军队需要的专业技术人员和其他人员。

战时根据需要,可以从现役士兵、军队院校学员、征召的预备役军官和其他人员中直接任命军官。

第三十四条 预备役军官包括下列人员:

(一)确定服军官预备役的退出现役的军官;
(二)确定服军官预备役的退出现役的士兵;
(三)确定服军官预备役的专业技术人员和其他人员。

第三十五条 军官服现役和服预备役的最高年龄,依照其他有关法律规定执行。

第三十六条 现役军官按照规定服现役已满最高年龄或者衔级最高年限的,退出现役;需要延长服现役或者暂缓退出现役的,依照有关法律规定执行。

现役军官按照规定服现役未满最高年龄或者衔级最高年限,因特殊情况需要退出现役的,经批准可以退出现役。

第三十七条 依照本法第十七条规定经过预备役登记的退出现役的军官、依照本法第十六条规定经过预备役登记的公民,符合军官预备役条件的,由部队会同兵役机关根据军队需要,遴选确定服军官预备役。

预备役军官按照规定服预备役已满最高年龄的，退出预备役。

第六章　军队院校从青年学生中招收的学员

第三十八条　根据军队建设的需要，军队院校可以从青年学生中招收学员。招收学员的年龄，不受征集服现役年龄的限制。

第三十九条　学员完成学业达到军队培养目标的，由院校发给毕业证书；按照规定任命为现役军官或者军士。

第四十条　学员未达到军队培养目标或者不符合军队培养要求的，由院校按照国家和军队有关规定发给相应证书，并采取多种方式分流；其中，回入学前户口所在地的学员，就读期间其父母已办理户口迁移手续的，可以回父母现户口所在地，由县、自治县、不设区的市、市辖区的人民政府按照国家有关规定接收安置。

第四十一条　学员被开除学籍的，回入学前户口所在地；就读期间其父母已办理户口迁移手续的，可以回父母现户口所在地，由县、自治县、不设区的市、市辖区的人民政府按照国家有关规定办理。

第四十二条　军队院校从现役士兵中招收的学员，适用本法第三十九条、第四十条、第四十一条的规定。

第七章　战时兵员动员

第四十三条　为了应对国家主权、统一、领土完整、安全和发展利益遭受的威胁，抵抗侵略，各级人民政府、各级军事机关，在平时必须做好战时兵员动员的准备工作。

第四十四条　在国家发布动员令或者国务院、中央军事委员会依照《中华人民共和国国防动员法》采取必要的国防动员措施后，各级人民政府、各级军事机关必须依法迅速实施动员，军人停止退出现役，休假、探亲的军人立即归队，预备役人员随时准备应召服现役，经过预备役登记的公民做好服预备役被征召的准备。

第四十五条　战时根据需要，国务院和中央军事委员会可以决定适当放宽征召男性公民服现役的年龄上限，可以决定延长公民服现役的期限。

第四十六条　战争结束后，需要复员的军人，根据国务院和中央军事委员会的复员命令，分期分批地退出现役，由各级人民政府妥善安置。

第八章　服役待遇和抚恤优待

第四十七条　国家保障军人享有符合军事职业特点、与其履行职责相适应的工资、津贴、住房、医疗、保险、休假、疗养等待遇。军人的待遇应当与国民经济发展相协调，与社会进步相适应。

女军人的合法权益受法律保护。军队应当根据女军人的特点，合理安排女军人的工作任务和休息休假，在生育、健康等方面为女军人提供特别保护。

第四十八条　预备役人员参战、参加军事训练、担负战备勤务、执行非战争军事行动任务，享受国家规定的伙食、交通等补助。预备役人员是机关、团体、企业事业组织工作人员的，参战、参加军事训练、担负战备勤务、执行非战争军事行动任务期间，所在单位应当保持其原有的工资、奖金和福利待遇。预备役人员的其他待遇保障依照有关法律法规和国家有关规定执行。

第四十九条 军人按照国家有关规定，在医疗、金融、交通、参观游览、法律服务、文化体育设施服务、邮政服务等方面享受优待政策。公民入伍时保留户籍。

军人因战、因公、因病致残的，按照国家规定评定残疾等级，发给残疾军人证，享受国家规定的待遇、优待和残疾抚恤金。因工作需要继续服现役的残疾军人，由所在部队按照规定发给残疾抚恤金。

军人牺牲、病故，国家按照规定发给其遗属抚恤金。

第五十条 国家建立义务兵家庭优待金制度。义务兵家庭优待金标准由地方人民政府制定，中央财政给予定额补助。具体补助办法由国务院退役军人工作主管部门、财政部门会同中央军事委员会机关有关部门制定。

义务兵和军士入伍前是机关、团体、事业单位或者国有企业工作人员的，退出现役后可以选择复职复工。

义务兵和军士入伍前依法取得的农村土地承包经营权，服现役期间应当保留。

第五十一条 现役军官和军士的子女教育，家属的随军、就业创业以及工作调动，享受国家和社会的优待。

符合条件的军人家属，其住房、医疗、养老按照有关规定享受优待。

军人配偶随军未就业期间，按照国家有关规定享受相应的保障待遇。

第五十二条 预备役人员因参战、参加军事训练、担负战备勤务、执行非战争军事行动任务致残、牺牲的，由当地人民政府依照有关规定给予抚恤优待。

第九章 退役军人的安置

第五十三条 对退出现役的义务兵，国家采取自主就业、安排工作、供养等方式妥善安置。

义务兵退出现役自主就业的，按照国家规定发给一次性退役金，由安置地的县级以上地方人民政府接收，根据当地的实际情况，可以发给经济补助。国家根据经济社会发展，适时调整退役金的标准。

服现役期间平时获得二等功以上荣誉或者战时获得三等功以上荣誉以及属于烈士子女的义务兵退出现役，由安置地的县级以上地方人民政府安排工作；待安排工作期间由当地人民政府按照国家有关规定发给生活补助费；根据本人自愿，也可以选择自主就业。

因战、因公、因病致残的义务兵退出现役，按照国家规定的评定残疾等级采取安排工作、供养等方式予以妥善安置；符合安排工作条件的，根据本人自愿，也可以选择自主就业。

第五十四条 对退出现役的军士，国家采取逐月领取退役金、自主就业、安排工作、退休、供养等方式妥善安置。

军士退出现役，服现役满规定年限的，采取逐月领取退役金方式予以妥善安置。

参 考 文 献

[1] 唐礼寿. 石油高校军事基础教程(富媒体)[M]. 2版. 北京：石油工业出版社, 2023.

[2] 李小荣, 黄建华, 门绵. 军事理论实用教程[M]. 北京：中国电力出版社, 2017.

[3] 曲超法, 吕妍, 马小晶. 大学军事理论教程[M]. 成都：电子科技大学出版社, 2015.

[4] 刘善群, 刘鹏, 迟沂军. 军事理论教程[M]. 北京：科学出版社, 2009.

[5] 张建英, 刘征, 李彦磊. 大学军事理论教程[M]. 北京：国防大学出版社, 2019.

[6] 蔡颖辉, 李杰, 赵良富. 大学军事理论教程[M]. 长春：东北师范大学出版社, 2015.

[7] 罗蕊, 邹星庐, 门传开. 新编大学生军事理论教程[M]. 北京：科学出版社, 2018.

[8] 毛泽东. 毛泽东选集[M]. 北京：人民出版社, 1991.

[9] 军事科学院战争理论和战略研究部. 马克思主义战争观和当代战争[M]. 北京：军事科学出版社, 2007.

[10] 孙武. 孙子兵法[M]. 陈曦, 译注. 北京：中华书局, 2018.

[11] 程永生. 军事高技术与信息化武器装备[M]. 北京：国防工业出版社, 2010.

[12] 中共中央宣传部. 习近平新时代中国特色社会主义思想三十讲[M]. 北京：学习出版社, 2018.

[13] 童志鹏. 综合电子信息系统：信息化战争的中流砥柱[M]. 2版. 北京：国防工业出版社, 2008.

[14] 中共中央党史研究室. 中国共产党的九十年[M]. 北京：中共党史出版社, 2016.

[15] 胡锦涛. 在十届全国人大五次会议解放军代表团全体会议上的讲话[N]. 解放军报, 2007－3－12[2].

[16] 周俊杰. 习近平强军思想的创立形成[OL]. (2018.07.04)[2020.05.18] http：//theory. people. com. cn/n1/2018/0704/c40531－30124047. html.

[17] 高喜平, 丁俊萍. 习近平强军思想的内在结构、主要特点和重大意义[J]. 学习与实践, 2018(1).

[18] 曹国光. 现代军队装备信息化技术应用指导手册[M]. 北京：军事文献出版社, 2009.

[19] 钧政. 在习近平强军思想引领下胜利前进[J]. 求是, 2023(5).

[20] 军事科学院军队政治工作研究院. 建军之本, 强军之魂：坚持党对军队绝对领导的历史回顾与启示[J]. 求是, 2021(18).

[21] 中华人民共和国国务院新闻办公室. 新时代的中国国防[M]. 北京：人民出版社, 2019.

[22] 习近平. 在省部级主要领导干部学习贯彻党的十八届五中全会精神专题研讨班上的讲话[M]. 北京：人民出版社, 2016.